製造耶穌

史上NO.1暢銷書的傳抄、更動與錯用

Jesus

巴特・葉爾曼
(Bart D. Ehrman) ——著
黃恩鄰——譯

本書獻給
布魯斯・麥茨格（Bruce Metzger）

CONTENTS

導讀
還原《聖經》的文本真相 /蔡彥仁　8
前言
我與《新約》經文鑑別學　15

†

CHAPTER I
基督宗教《聖經》的開始　35

猶太教可說是西方文明中第一個「經書的宗教」，而基督宗教對書籍的態度，也受到了猶太教的啟發和影響。然而在古代，「讀」一本書通常不是為自己閱讀，而是大聲朗讀出來給他人聽。

†

CHAPTER II
早期基督宗教作品的抄寫者　67

在古代世界，複製書本的唯一方式，便是逐字逐句抄寫，一次一本地用手工複製。然而，早期教會沒有專業的抄寫者，他們可能看錯、聽錯、拼錯，甚至熱心地加上一些文字以資說明。

†

CHAPTER III
《新約》的經文：版本、抄本與差異　99

十七世紀聖經學者在閱讀了上百份希臘文《新約》抄本，並詳細檢查早期教會教父的著作以及敘利亞文、科普特文等早期版本之後，發現新約經文的差異高達三萬處左右。於是，所謂的原文，變成了開放的議題。如果我們不知道這些經文是否為原文，我們如何用它們來判斷正確的基督教教義和教導呢？

†

CHAPTER IV
探索原始經文：方法與發現　133

當人們仔細分析《新約》經文並發現這麼多不同異文之後，會認為《聖經》變動太大，因而開始爭論它是否足以作為信仰的唯一基礎。經文異文的問題，驚動了新教和舊教的聖經學者，十八、十九世紀因此成為經文鑑別成果最豐碩的時期。

†
CHAPTER V
關係重大的原文 165

如果經文確實受到更動,我們如何判定哪些是原文、哪些是後來抄寫者修改過的?建立最文本原貌並不是件輕鬆的任務,有時還十分費力。

†
CHAPTER VI
出於神學動機的經文更動 195

複製文本的抄寫者想確保經文會說出他們希望經文說出的話,因而把經文修改得「更好」。耶穌究竟是人?是神?還是都是?這是早期最大的神學爭論,抄寫者因此把他們的神學意見修入經文。

†
CHAPTER VII
經文所處的社會環境 227

基督宗教文獻的抄寫大體上是個「保存」的過程,但也是更動的過程。抄寫者難免捲入時代的爭論,因而在經文傳抄過程中,留下對女性、猶太人和異教徒貶抑或仇視的痕跡。

†
結論
修改《聖經》 263

†
附錄
訪談巴特.葉爾曼 280
讀者回應 290
著名的抄本 295
非《新約》原文的前十大排行榜 298

導讀
還原《聖經》的文本真相

蔡彥仁

†

　　基督教是當今世界第一大宗教，信徒約占全世界人口的三分之一，有二十億之眾，其中包含千百種教派、組織、教義、儀式、倫理教導、宗教生活形式等。雖然這個宗教人數眾多，信仰表達紛雜多元，但之所以能類屬同一個「基督宗教」，其基本前提有兩個：一、敬拜對象相同，就是耶穌；二、研讀和依據的經典相同，就是《聖經》。姑且不論不同的基督徒如何認識「耶穌」（例如主張他是純粹的人、是上帝在世的肉身顯現、是人亦是神、是道德教化的導師、是末世先知、是理想主義革命家等），或者如何理解《聖經》的記載（例如強調退隱苦修才是進天國之道、施捨淑世才是真正的基督徒、認罪悔改即可得救、水洗入浸方得永生、信心本身即足以涵蓋全部的救贖等），長久以來，宗教學者以及傳統基督教界即以此兩大前提為共識，作為界定基督教派或基督徒的標準。

　　不過，相較於同屬「一神信仰」（monotheistic religions）的猶太教和伊斯蘭教，基督教的「耶穌」和《聖經》這兩個範疇看似單純，卻又相當特別。主流猶太教認為耶穌是羅馬帝國時代的歷史人物，是宗教改革者，憑其對摩西律法的知識，企圖進一步改變人心、影響社會。他所帶領的

革新運動後來失敗，證明他並非是猶太人期待已久的彌賽亞救世主。第七世紀後起的伊斯蘭教雖然尊敬耶穌，但並不承認他是上帝之子，因為如此即違背真神阿拉的獨一性（tawhid）。他們認為耶穌是偉大的先知（rasul）之一，受差遣呼籲世人棄假歸真，重返一神信仰之道。主流基督教不能接受猶太教和伊斯蘭教對耶穌的看法，第二世紀以來，「正統」的護教之爭即極力駁斥那些不承認耶穌是神或否定耶穌具有神性的一切主張，最後在公元325年「尼西亞會議」（Council of Nicaea）中達成了「三一論」（Trinity），一方面確認耶穌是神，另一方面則強調這位神視救贖之需，化分成父、子、聖靈三個位格，在不同時段介入人類歷史。

在經典方面，猶太教、基督教、伊斯蘭教又同屬「書本宗教」（book religions），因為這三個宗教的基礎，皆建立在一本或一組經典之上。猶太教視摩西在西乃山所頒布的《妥拉》（Torah）最古老也最權威，屬於書寫的成文經典。自猶太人的聖殿在公元70年被毀之後，教法師（rabbis）的角色和重要性急遽提升，他們以口頭講解《妥拉》，這些講解內容在第二世紀之後陸續由門生集結成《密須那》（Mishnah）和《塔穆德》（Talmud），視為口傳經典，其地位不亞於原始《妥拉》。如此猶太教經典的神聖性，含有源自西乃山的神啟，也含有教法師的個別權威。伊斯蘭教則認為《古蘭經》（Quran）係阿拉親口授與先知穆罕默德的啟示，雖然啟示過程歷經十多年之久，但是字字真實，聲、義皆神聖，不可更改。穆聖去世之後，追隨者存錄他的言行事蹟並編為《聖訓》（Hadith），供穆斯林作為信仰生活的典範或行為的判準依歸，其重要性無可比擬，但神聖性則略遜《古蘭經》。

.　導　讀　.

　　相對之下，基督教的《聖經》和猶太教、伊斯蘭教的經典特色雖有類似之處，但仍具明顯差異。耶穌和他的門徒跟當代猶太人一樣，使用古老的摩西《妥拉》，並承認其權威性和神聖性。基督教後來脫離猶太教，自成一個宗教社群，方才開始創生自家經典。那些承認耶穌是彌賽亞的基督徒，先以口傳再以書寫的方式記錄耶穌言行事蹟，於是創生出《新約聖經》中的「福音書」文類。約在同一時期，重要的傳教士例如使徒保羅（the Apostle Paul）因為開拓與牧養教會之需，也以書信傳遞其對信仰、倫理、教規、人事、組織等問題的訓示，後來被集結為《新約聖經》中的「保羅書信」。其他教會領導人物亦在基督教發展的不同地區，視現實狀況之需進行書寫：或撰寫神學論述（theological treatises），或描繪天啟異象（apocalyptic visions），或申述教會治理之道（pastoral instructions），主題多元，而表達方式亦各有偏重。基於耶穌和使徒身分的權威，這些基督教著作自然孕育出內在的神聖性，在第一世紀末至第二世紀初逐漸形成一組獨立經典《新約》，其重要性甚至逐漸超越《妥拉》，並視其為可取代的《舊約》。無論如何，基督教的《聖經》最後仍把《舊約》納入，但純就《新約》而言，其來源的多樣性、鮮明的歷史時空背景、文體間的差異、主題的現實性取向等，應是不容爭議的特點。

　　兩千年以來，許多基督徒認為《聖經》是「上帝的話語」，每一字、每一句皆得自啟示，神聖且不容更改。從神學的觀點視之，如果認為《聖經》是早期一群耶穌追隨者的信仰表白，反映他們渴求真理的心境，記載這些基督徒與神聖超越者的互動經驗，這樣的認知是可以成立的。

但是如果認為《聖經》是在人毫無意識下天降神授，係屬超自然之物，則有違歷史客觀的事實。如上所述，《聖經》是一本人為之書，作者多人，他們的背景、身分、性格各不相同，其寫作動機亦有所差異。欲理解基督教的特性，將《聖經》還原至其成書的客觀脈絡應是重要的第一步。這也是巴特·葉爾曼在《製造耶穌》中再三強調的。

葉爾曼從史實的學術觀點介紹《聖經》的緣起、「正典化」過程（canonization）、多種的原文翻譯、古代抄寫者的艱辛與可能的筆誤、古籍文獻的保存、版本的繁雜與辨偽功夫等，可說讓現代讀者大開眼界。西方研究《聖經》所使用的「歷史批判法」（historical-critical method）源自十七世紀，至今已有三百多年的歷史，其目的即是在跨越不假思索的「純信仰」態度，改採有史實和文獻根據的求真方法，抽絲剝繭還原歷史真相，呈現基督教更接近人性的一面。葉爾曼專長的「經文鑑別學」（textual criticism）即是「歷史批判法」的產物，最具體的工作在於耙梳千百種古籍抄本，從中選取最可靠、錯誤最少的原始經文，據以建構值得信賴的《新約》聖經。

對於不少基督徒而言，或許這種「去除神話」（de-mythologizing）的考證作法對其信仰是一大打擊，因為撤除《聖經》的神聖光暈後，即等於解構信仰的根基，剩餘的似乎僅是人意的操縱和一連串的抄寫錯誤，而宗教的神聖性又安在？但是，世界各大悠久宗教的存在畢竟有其內在邏輯，基督教已經延續兩千年之久，至今不但未見式微，反而在拉丁美洲、非洲、亞洲等地越發蓬勃開展。還原《聖經》的文本真相之後，更能展示在神蹟或神啟的因素

外,歷代基督徒縱然帶有人性的種種弱點,仍憑其堅強信念,在不同歷史時空下為信仰做出全然奉獻。傳承久遠的各大宗教都是「積累傳統」(cumulative tradition),而能讓基督教延續不絕的要素,所依據的權威除了經典之外,尚有耶穌和聖徒的典範、愛的教義、出世而不離世的精神、深具感化力的儀式、健全的階層組織、信徒間的聯繫互動、宗教教育的普及等,難以盡列。這些都是我們要認識基督宗教不能忽略的重要層面。

葉爾曼是美國北卡羅萊納州州立大學宗教研究講座教授,已出版二十多本鉅著,其學術功力與貢獻廣受基督教學界讚譽。他的寫作特點在於邏輯嚴謹、敘述清晰,遣詞用句分寸合宜,其《新約與早期基督教文獻讀本》(*The New Testament and Other Early Christian Writings: A Reader,* 1997)以及《新約之後:早期基督教讀本》(*After the New Testament: A Reader in Early Christianity,* 1998)兩冊,已經是當今研究基督教的師生廣為採用的教科書。如今他用洗鍊的文字寫成《製造耶穌》,將基督徒甚至是基督教學者望而生畏的《聖經》經文鑑別始末,以深入淺出、多舉實例的方式展示出來,確實是居功厥偉。深信不但是基督教界,就是對於這個宗教感興趣的一般讀者,終將受益無窮。譯者黃恩鄰先生也相當稱職,信實地將原文傳遞給中文讀者,雅願大家出版社再接再厲,多出版類似的宗教書籍以嘉惠中文知識界。

蔡彥仁,國立政治大學宗教研究所教授,美國哈佛大學宗教歷史學博士。專長為比較宗教、宗教理論、猶太教傳統、基督教傳統。著有《天啟與救贖:西洋上古的末世思想》(台北:立緒,2001年)。

《新約聖經》中四部福音書的作者,以及傳統的象徵動物。不同福音書描繪出不同面向的耶穌:〈馬太福音〉的耶穌像個人(人性),〈馬可福音〉的耶穌像隻獅(尊貴),〈路加福音〉的耶穌像頭牛(卑微),〈約翰福音〉的耶穌像隻鷹(神性)。

PREFACE

前言：我與《新約》經文鑑別學

前言

不論我寫過多少著作，從我青少年後期開始研究《新約》至今，本書的主題可說是我這三十年來最關注的。這個主題盤據在我生命中如此之久，因此我想有必要從個人經歷開始說明：為什麼這個主題從過去到現在，一直對我那麼重要。

本書的主題，是關於《新約》的古代抄本、這些抄本之間的差異，以及抄寫者如何複製甚至更動這些抄本。一般而言，這些題材或許不足以成為個人自傳的關鍵，不過對我來說確是如此。畢竟這種事情是難以掌握的。

我會先談一些個人背景，隨後再說明這些《新約》抄本究竟如何在情感上、智性上影響了我，又如何影響了我對自我和世界的認識，以及我對上帝與《聖經》的看法。

我生長在1950年代中期的美國中部，那是個非常保守的年代，也是個非常保守的地方。我的成長過程沒有什麼特別。我生長在一個非常標準的家庭，有五個成員，我們上教堂，但不特別虔誠。從小學五年級開始，我們開始去堪薩斯州羅倫斯市的聖公會聚會。那間教會的主持神父是個慈祥又有見識的人，同時也是我們的鄰居，他的兒子還是我的朋友（我和他後來在中學時還曾為雪茄而闖禍）。這間教會就如同許多其他聖公會教會，在社會上備受尊敬，同時對社會的參與度也很高。它十分重視聚會儀式，而《聖經》則是這儀式的一部份。但《聖經》的角色並未因此受到過度強調，它與教會傳統以及生活常識，共同指導著信仰的內涵與實踐方式。事實上，在我們的談論或閱讀內容裡，《聖經》所占的份量並不多。即使是主日學課程，也著重於信仰實踐與社會議題，以及在世界上的生活準則。

但是在我們家中，《聖經》倒是特別受到重視。尤其

是我的母親,她有時會讀一段經文,並要確定我們理解了當中的故事及其背後的倫理教導(這些教導其實並沒有那麼「教條」)。高中之前,我一直把《聖經》當成一本重要的宗教神祕書籍,但顯然並不需要研究和精通。它帶有某種古老氣息,並且不可避免地與上帝、教會和崇拜聚會緊密相關。不論如何,我不覺得我有必要去深究。

高二時,事情出現了劇烈變化。我離開家鄉的教會,到了完全不同的環境,並在此獲得了「重生」的經驗。我是個標準的好學生,熱中於學校的各項運動,不過並沒有特別專精的項目;對於社交生活雖感興趣並且也投入其中,但並不隸屬於那些在金字塔頂端最受歡迎的菁英階級。至今我依舊記得當時的空虛感受,似乎沒有任何事物能夠填滿我的內心。不論是與朋友相處(我們那時已經嚴重陷入社交性飲酒和聚會),還是約會(開始進入性的神祕恐懼世界)、學校(我努力讀書且讀得不錯,但稱不上天才)、工作(我是某個盲人輔具器材公司的推銷員,挨家挨戶地工作)、教會(我是輔祭,並且極為虔誠。這工作必須在週六晚上準備好所有會用到的器具,然後週日早上參與儀式),我都感受到一種年輕人會有的寂寞。當然,我當時未理解到那是青春期特有的現象,我以為一定是少了什麼。

從那時候開始,我加入了基督宗教社團「校園活力青年」(Campus Life Youth),聚會在某個學生家裡舉行。我首次參加時,是在一個非常出名的學生家裡舉行庭院派對,我因此相信這個群體應該是不錯的。這個團體的領導者布魯斯大約二十來歲,他的專職就是組織年輕人參與當地的基督宗教社團,引導高中生歸正並「重生」,帶領他們參與研經、禱告聚會等活動。布魯斯的個性令人喜愛,比我

們的父母親還年輕，但又比我們年長、成熟。他帶來的訊息極具說服力：我們內在感受到的空虛（我們是年輕人，每個人都感到空虛），是因為基督沒有進駐我們心裡。只要我們呼求基督，祂就會進入我們內心，以喜樂和幸福充滿我們，而這一切只有那些被「救贖」的人才體會得到。

布魯斯信手拈來便能引用《聖經》，運用之自如令人訝異。由於我對《聖經》充滿敬畏，卻又對它一無所知，因此這些訊息聽起來便顯得極具說服力。這與我過去在教會中聽到的大大不同。過去那些既定的古老儀式，似乎更適合那些堅定不移的老信徒，而不是喜愛趣味和冒險、內心卻感到空虛的孩童。

長話短說，我認識了布魯斯，接受了他關於救贖的論點，祈求耶穌進入我心，並獲得了真實的重生經驗。我在十五年前出生，但這次的重生對我來說才是真正全新而令人振奮的經驗，從此開始了我人生的信仰之旅。這趟旅程後來歷經了巨大轉折，結果進入一條死胡同，殊不知柳暗花明，接著一條全新道路在我面前展開，並引領我未來三十年的信仰之旅。

我們這些獲得重生經驗的人，認為自己才是「真正」的基督徒，至於那些僅僅將上教堂當作例行公事的人，基督並未真正進駐他們心中，因此他們的信仰就只有外在的動作，而不具有真實的深度。我們與他們不同，因為我們熱中於研讀《聖經》和禱告。特別在研經這方面，布魯斯本人是個《聖經》通，他過去就讀芝加哥慕迪聖經學院，我們所有想得到（甚至是想不到）的問題，他都能拿著《聖經》來回答。我很羨慕他這種引用《聖經》的能力，因此很快就一頭栽進去，研讀每一段經文，理解它們的關係，

甚至記憶每個關鍵詞彙。

由於布魯斯的關係，我認為自己應當成為「真正的」基督徒，把自己完全獻身給基督宗教信仰。這表示，我得進入慕迪聖經學院全心投入聖經研究，並徹底改變生活形態。在慕迪，必須遵守特定道德準則，學生得簽下不喝酒、不抽菸、不跳舞、不玩牌、不看電影的切結書。此外，還有一大堆關於《聖經》的條款。就如我們所言，「在慕迪聖經學院，『聖經』是我們的中間名。」我幾乎是把它看成基督徒的新兵訓練營吧。不論如何，我下了決心，我的信仰不應該只是半調子，因此我申請了慕迪聖經學院，獲得入學許可，並在1973年秋季開始就讀。

在慕迪的經驗令人印象非常深刻。我決定主修《聖經》神學，也就是大量關於《聖經》研究和系統神學的課程。這些課程所教導的觀點只有一個，而且所有教授和學生都必須簽名同意：《聖經》是上帝全然無誤的（inerrant）[1] 話語。《聖經》中沒有任何錯誤，它每個遣詞用字，全都出於啟示。我所上的課都以此為前提，然後從這裡出發來進行教導；其他與此相異觀點，都是誤導人的、甚至是異端的。我想，有些人會認為這根本就是洗腦，但是對我來說，比起年輕時在社會化的聖公會中所教導的那種懦弱的《聖經》觀點，這真是一個向上提升的偉大躍進。對於完全委身的人來說，這才是基督宗教最真實的部分。

然而，關於《聖經》中每段話語甚至每字每句都是出自於啟示的說法，顯然是有問題的。就像慕迪神學院中，

---

[1] ——編注 「聖經無誤」（Biblical inerrant）是一種神學觀點，認為聖經中的一字一句都出於上帝的啟示，因此聖經中每字每句都不可能也不會出錯，即便是論及科學、地理、歷史等細節也都不會出錯。另一種觀點是「聖經無謬」（Biblical infallibility），認為聖經是一部信仰的書籍，因此在論及信仰和實踐的教導上不會出錯。

某一門課開宗明義就提到的：我們根本沒有《新約》的原稿。我們現在擁有的只是數年之後（大部分情況是很多很多年之後）複製出的抄本。再者，沒有一本抄本是完全正確的，因為抄寫者會在許多地方，有意或無意更動了它的內容。所有抄寫者都是如此。所以，除非我們確實擁有當初所啟示的原稿，否則我們現在擁有的，就只是那些原始稿件錯誤百出的抄本而已。既然《聖經》是啟示的，而且我們沒有原稿，在這情況下，最迫切的問題就是要去確認原始版本的《聖經》到底說了些什麼。

我許多在慕迪的朋友都不認為這個問題有多重要，甚至一點都不感興趣。他們安心停留在「聖經的原始文本是被啟示」的觀點，至於「原始文本並未保留下來」的這個事實，他們並不太在意。但我對這個問題非常感興趣。《聖經》上的話語是上帝所啟示，如果我們要曉得上帝最初如何與我們溝通，自然就得知道這些話語原本的樣子，因為《聖經》上的每一句話都是上帝的話。倘若上帝的話語中還摻雜了抄寫者有意無意中創造出來的話語，這樣的文本就無助於我們去認識上帝的話語了。

這就是我十八歲時對《新約》抄本開始產生興趣的原因。在慕迪，我學習了一點點所謂「經文鑑別學」（textual criticism）。「經文鑑別學」是專有名詞，指的是一種科學方法，要從某個被更動過的抄本還原出其原貌。但我還沒有真正準備好去接觸這種研究：首先，我得先學習《新約》的原始語言，也就是希臘文，還有其他相關的語言，例如希伯來文（《舊約》聖經的原始語言）、拉丁文，更不用說為了看懂其他學者的意見，還得學德文、法文等現代歐洲的語言。

我在慕迪的那三年,不僅課業表現優異,並且也嚴肅地思考要如何成為基督宗教學者。我當時認為,在福音派基督教中是有許多學識高深的學者,但在一般高知識水準的學術圈中,卻沒有多少福音派人士。因此,我必須得到足以讓我在一般學術圈中任教的學位,同時還能夠保持自己的福音派信仰,這樣我才能在學術圈中為福音派發聲。不過我得先完成我的學士學位,因此我決定進入福音派最好的學院:芝加哥近郊的惠頓學院(Wheaton College)。

惠頓只招收福音派基督徒,並且是布道家葛培理(Billy Graham)等人的母校。即便如此,慕迪的朋友還是警告我,我在惠頓學院很可能找不到任何真正的基督徒;從這裡可以看出,慕迪的立場是多麼傾向基本教義派了。一開始,我發現惠頓對我而言的確是太自由了點。學生談論著文學、歷史和哲學,而非《聖經》中一字一句的天啟。即使他們還是從基督宗教的角度來切入,但難道他們不知道真正重要的是什麼嗎?

我決定在惠頓主修英國文學,因為長久以來,閱讀已經成為我的興趣之一,而且我知道,如果想進入學術圈,我就必須精通《聖經》以外的其他學術領域。同時我也決定全力學習希臘文。在我進入惠頓的第一年,我遇見了霍桑博士(Dr. Gerald Hawthorne),他是我的希臘文老師,同時也是我的生命中影響極大的學者、老師和朋友。霍桑就像我在惠頓遇見的其他教授一樣,是虔誠的福音派基督徒,但他仍勇於質疑自己的信仰。當時我把他這種行為當成是信仰上的軟弱(事實上我那時已經幾乎可以回答他提出的所有問題了);但最後,我把這樣的質疑視為對真理真正虔誠的信仰表現:願意敞開自己,相信人的觀念需要隨著知識和生命

經驗的進展而改變。

學習希臘文對我來說是個令人興奮的經驗。在初級希臘文中，我學得很好，而且學習欲十分旺盛。但到了進階課程，希臘文對我來說不僅變得有點困難，而且還影響我對《聖經》的看法。我開始了解到，唯有閱讀和研究原來的語言，才能掌握《新約》文本的完整意義和精妙之處（同樣的事情也發生在學習希伯來文和《舊約》身上），因此我更想要把這語言徹底學好。在這同時，我也開始質疑過去的信念：上帝真的啟示了《聖經》中的每個字句嗎？如果《聖經》文本的意義只能透過研讀希臘文和希伯來文原典才能掌握，這不就是說，大部分沒有讀過古代語言的基督徒，就永遠無法完整接觸到上帝想傳遞的訊息嗎？這會不會讓《聖經》中天啟的教義，最後變成學者菁英的教義呢？（畢竟他們才有必備的知識和閒暇時間去學習語言，並研讀原始經文）如果大部分的人完全無法接觸到這些話語，只能接觸到那些多少有些粗糙的翻譯（例如英文），而即使接觸到也是無能為力，那麼，說這些話語是上帝的啟示，又有什麼意義呢[2]？

在我更深入思考那些乘載著這些話語的抄本之後，我的問題變得更複雜了。越是學習希臘文，對於《新約》抄本保存以及經文鑑別學的技術，就越發感到興趣，因為這兩者都有助於我們重建《新約》的原始字句。我不斷回到這個基本問題：如果我們手上有的並非上帝當初無誤啟示的字句，而是抄寫者所複製的抄本，這些抄本有時是對

---

[2]——我的朋友西克（Jeff Siker）說，閱讀希臘文的新約，就好像在看彩色版的《聖經》，而閱讀其他的翻譯本，就好像在看黑白版的。雖然還是有一些差距，不過我想大家可以明白他的意思。

的、有時（根本就是常常！）是錯的，那我們如何能說《聖經》是上帝絕對無誤的話語呢？我們根本沒有原初的話語！我們有的僅僅是錯誤百出的抄本，而且大部分在歷經數百年的傳抄過程中，顯然以上千種方式刪除或修改了原本的字句。

這些質疑困擾著我，也驅使我更深入去挖掘、去了解《聖經》究竟是什麼。我在兩年內完成了惠頓的學業，並在霍桑教授的指導下，跟隨在普林斯頓神學院（Princeton Theological Seminary）的學者麥茨格（Bruce M. Metzger，他同時也是這個領域中的頂尖學者），投入了新約經文鑑別學的研究[3]。

我福音派的朋友再度警告我，不要前往普林斯頓神學院，因為我不可能在那邊發現「真正」的基督徒。那畢竟是長老會的神學院，而不是真正培養重生基督徒的地方。但是我過去所讀過的英國文學、哲學、歷史，更別說希臘文，都大幅拓展了我的視野。現在我對所有的知識都充滿了熱情，不論是神聖的還是世俗的。如果踏上真理的追尋之旅，會使我不再成為高中時認識的那個重生基督徒，那就這樣吧。不論這段真理的探索會把我帶往何處，我都要持續追尋。我也相信，比起過去福音派背景所提供的那些真理，我此行學到的任何真理（不論如何意外和難以調和），都不會更為薄弱。

進入普林斯頓神學院之後，我立刻報名了一年級的希伯來文和希臘文解經課程，並在課表上盡可能填滿所有類似的課程。我發現這些課程不論對我的學業或是個人，都是一項挑戰。我願意擁抱學業上的挑戰，但個人層面的挑

---

[3]——編注 麥茨格的《新約經文鑑別學》（*The Text of the New Testament*）中譯本已於1981年出版。

戰,則是攸關情感而非只是個麻煩而已。如同我先前提到的,我在惠頓的時候,就已經開始質疑「聖經是上帝絕對無誤的話語」之類的基本信念,而這類信念在普林斯頓期間更深入研究之後,則受到了更嚴重的衝擊。我試圖抵抗任何會改變我觀點的誘惑,還找到幾個跟我一樣來自保守福音派的朋友,企圖一起「維持信仰」(回頭來看,當時運用這樣的詞彙實在好笑,畢竟,我們上的可是基督宗教神學學程裡的課啊)。但這些課程開始吸引我了。

這個轉折發生在第二個學期史托瑞(Cullen Story)教授的課堂上。他是個虔誠且值得尊敬的教授,開授了我最喜愛的福音書〈馬可福音〉的經文釋義。在這堂課中,我們必須完全以希臘文來閱讀〈馬可福音〉(我在學期開始前的一週,一口氣背完了該書中所有的希臘文生字);我們得在筆記本中記下一些對關鍵段落的解釋心得;我們討論解釋文本的過程中所產生的問題;最後還要自己選擇一個詮釋的核心,寫出期末報告。我選擇了〈馬可福音〉第2章。在這裡,耶穌的門徒在安息日走過麥田時摘取麥子來吃,因而與法利賽人發生衝突。耶穌告訴法利賽人「安息日是為人設立的,人不是為安息日設立的」,並提醒他們,當大衛王在他的部屬飢餓時,如何在「亞比亞他做大祭司的時候」進入聖殿,並且吃了裡面只有祭司才能夠食用的陳設餅[4]。這個句子有個著名的問題,就是當我們看耶穌引用《舊約》(〈撒母耳記上〉21章1-6節)時,會發現這個事件的場景並不是亞比亞他做大祭司的時候。當時的大祭司是亞比亞他的父親亞希米勒。換句話說,這個段落指出《聖

---

[4] 編注 根據猶太人的律法,安息日要放下一切勞務,包括收割作物。因此摘取麥子食用便觸犯了猶太人的規矩。而法利賽人則是猶太律法的詮釋者和維護者,對於遵守猶太律法尤其嚴格。

經》並非完全無誤的,而是包含某些錯誤的。(其他還有很多段落也是這樣。)

在繳交給史托瑞教授的報告中,我建立了一套繁瑣冗長的理論來說明,即使馬可提到這是在「亞比亞他做大祭司的時候」發生的事情,那也不表示亞比亞當時就真的是大祭司,而是表明該事件發生時,亞比亞他擔當了某個重要角色。我的論證是基於當中希臘文單字的意思,並且有點錯綜複雜。我認為史托瑞教授一定會認同我這個理論,因為我知道他是個優秀的基督徒學者,一定跟我一樣,不認為《聖經》中會有真正的錯誤。不過他卻只是在我報告的結尾處下了一行簡單的評語,而基於某些原因,這句話影響我極深。他說:「也許這只是馬可犯了錯而已」。

我開始思考我在這篇報告中花費的苦心,因而了解到我必須做出某些花俏奇特的解釋,才能繞過這個問題,而我的解釋的確是有點延伸過度了。想到最後,我了下結論:「嗯,也許馬可真的犯了錯。」

一旦我承認了這樣的錯誤,洪水的閘門就跟著開啟。既然在〈馬可福音〉的第2章中會有這樣一個渺小、不足為奇的錯誤,那麼其他地方也可能會出現一樣的錯誤。例如在之後的〈馬可福音〉第4章,耶穌在說芥菜種子是「比地上的百種都小」,而我知道它明明就不是最小的種子,此時也許我就不必費盡心思證明為什麼芥菜種子是世界上最小的種子。又例如馬可說,耶穌在逾越節的晚餐之後被釘十字架(〈馬可福音〉14章12、25節),而約翰卻說他是在吃之前被釘的(〈約翰福音〉19章14節),也許這真的是福音書之間的差異。或是說,路加在關於耶穌出生的記載中指出,約瑟和馬利亞在抵達伯利恆的一個月之後回到了拿撒

勒，並且遵守了潔淨禮（〈路加福音〉2章39節），而馬太卻指出他們其實是逃往埃及（〈馬太福音〉2章19-22節），也許這真的是福音書之間的差異。又例如，當保羅說他在前往大馬士革的路上歸信基督後，他並沒有前往耶路撒冷去見那些在他之前成為使徒的人（〈加拉太書〉1章16-17節），但是〈使徒行傳〉卻說他歸信後做的第一件事，就是離開大馬士革（〈使徒行傳〉9章26節），也許這真的是聖經中的差異。

我越是詳讀現有的《新約》希臘文抄本，就越能透過這樣的理解來解決碰到的問題。且不論原始的文本是否為啟示，我們實際遇到的問題是：我們並沒有原始文本。因此說它們是啟示的並沒有多大幫助，除非我能重建原來的文本。此外，在整個教會歷史中，廣大的主流基督宗教都沒有接觸過原始文本，這使得他們所謂的啟示成為一個不切實際的論點。我們不僅沒有原始受啟示的文本，也沒有那些原始文本的第一手抄本。我們甚至沒有那些原始文本第一手抄本的抄本，就連原始文本的抄本的抄本的抄本都沒有。我們現在所有的，是非常後來的抄本。這些大部分都是好幾個世紀以後的抄本，而且每本都不一樣，差異多達上萬處。我們會在本書提到，由於這些抄本彼此不同，我們甚至不知道他們實際上的差異有幾處。也許這麼說會比較簡單：所有抄本上的差異比《新約》的字數還要多。

在這些經文的差異中，大部分都是無關緊要或是瑣碎的。這些異文讓我們知道，古代抄寫者的拼音能力不會比今天的人好到哪裡去（他們甚至沒有字典，更不用說去校正拼音了）。即便如此，我們該怎麼面對這些差異呢？如果有人堅持《聖經》中的每個字都來自上帝的啟示，而我們卻沒有那些啟示的原始文本，那又有什麼意義呢？我們會看到，

在某些地方,我們甚至無法確定我們重建的原文是否正確。如果我們根本不知道那是什麼字,那麼探究《聖經》上的字代表什麼意思就有點困難了。

於是這成為我接受《聖經》啟示性的一大問題,因為我了解到,對上帝而言,保留《聖經》上的文字並不比當初啟示這些文字還難。如果祂要祂的子民擁有這些話語,祂就應該為他們保留(也許還要用他們能懂的語言,而不是希臘文或希伯來文)。我認為,既然我們沒有最初啟示的文字,就表示上帝並沒有為我們保留這些話語。既然祂沒有展現這項神蹟,我們也就沒什麼理由相信,祂在更早的時候曾透過神蹟啟示這些話語。

簡單說,我在研讀希臘文《新約》並研究這些經文抄本之後,使我從根本上反思自己對《聖經》的理解。這對我來說是一場震撼性的改變。在此之前,從我高中獲得重生經驗開始,一直到慕迪時期懷抱的基本教義立場,以及惠頓時期的福音派觀點,我的信仰全都建立在「聖經完全來自於啟示」的確切觀點上,相信它是上帝無誤的話語。然而現在,我不再以這個方式來看待《聖經》了。《聖經》對我而言,成了一本人為的書籍。就如同人類在傳抄過程中曾經對經文加以複製和更動,人類在寫下聖經的原始經文時,也一樣會有所更動。這本書從頭到尾,都是人為的。它是由不同作者在不同時間依照不同需求所寫下。有些作者堅定地相信,他們是因著上帝的啟示,才把所做的事情說出來,但是他們仍然有自己的觀點、自己的信念、自己的態度、自己的需求、自己的期待、自己的理解、自己的神學,而這些觀點、信念、態度、需求、期待、理解與神學,都在在影響他們的書寫。每位作者在這

· 前言 ·

些面向上都不盡相同。除此之外,這還意味著,如果馬可說的和路加不一樣,那就表示他的意見跟路加不同,而約翰也和馬太不同、保羅和〈使徒行傳〉不同、雅各也和保羅不同。作者是人,因此讀者得按照他(假設他們都是男性)所說的來理解他,而不是假設此作者與彼作者所說的都一樣或不會有衝突。總結來說,這本《聖經》就是人的作品。

　　對我來說這是個全新觀點,而且很顯然不是當初我所抱持的福音派觀點,當然也不是其他大部分福音派人士的觀點。對《聖經》觀點的改變,會對理解《聖經》造成什麼影響,容我舉個例子來說明。我在慕迪聖經學院的時候,校園非常流行何凌西(Hal Lindsey)的著作《那日子》(*The Late Great Planet Earth*),內容是關於人類的末日藍圖。何凌西的書不僅在慕迪出名,它還是1970年代英語非小說類的暢銷書(除了《聖經》以外,某種程度來說《聖經》也是非小說類)。何凌西跟我們那些在慕迪的同學一樣,相信《聖經》每個字句都是絕對無誤的,甚至相信,讀了《新約》,不僅可以知道上帝要你怎麼生活、怎麼信仰,還可以知道上帝未來有什麼計畫,以及祂會如何進行。這個世界正一步步走向災難性毀滅的末日危機,而《聖經》上無誤的字句經過解讀之後,就會透露出這一切會怎麼發生、如何發生以及在何時發生。

　　我對「何時」二字印象特別深刻。何凌西認為,耶穌關於無花果樹的比喻對我們指出了這場末日戰爭何時要來臨。耶穌的門徒希望知道何時「終局」會來到,祂回答:

> 你們可以從無花果樹學個比方:當樹枝發嫩長葉的時候,你們就知道夏天近了。這樣,你們看見

這一切的事,也該知道人子近了,正在門口了。
我實在告訴你們,這世代還沒有過去,這些事都
要成就。天地要廢去,我的話卻不能廢去。

——〈馬太福音〉24章32-34節

　　這個比喻在說什麼?何凌西認為這是上帝無誤的話語,而「無花果樹」在《聖經》中又經常拿來象徵以色列國,於是便以此來解讀這段文字。那麼,「當樹枝發嫩長葉」是什麼意思呢?這表示這個國家在休眠一整個冬季之後將會復甦。而什麼是以色列復甦的時刻呢?就是1948年以色列再度成為主權獨立的國家之際。耶穌指出,世界的終局會在以色列復甦的那個世代來到。而這個世代有多長呢?四十年。既然這神聖啟示是直接出自耶穌的口,這世界的終局大約會在1988年左右來到,也就是以色列建國之後四十年。

　　這訊息對我們當時而言極具啟發性,但現在看起來就很古怪了。1988年不但來到,而且也過去了,但末日戰爭卻沒有來到。另一方面來說,其他千禧年派的基督徒仍持續相信,《聖經》是部完整的啟示,可以按照字面的意義來解讀。它預示未來會發生的事件,然後一舉終結我們所熟悉的歷史。還有一部關於末世天啟異象的書籍,也是從字面來解讀《聖經》:黎曦庭(Tim LaHaye)和曾健時(Jerry B. Jenkins)所合著的《末日謎蹤》(Left Behind)系列。這系列的書籍同樣見證了那時瘋狂的潮流,在我們當時的銷售就超過6000萬冊。

　　一開始我把《聖經》視為信仰、生活和未來的無誤藍圖,到了後來則視為包含人為觀點、不具一致意見的人為作品,而且沒有一個意見能為我的生活方式提供絕對

. 前言 .

無誤的指引。這是個劇烈的轉變,這轉變是在我自己的思考中產生,並且到現在都還全然信服。當然,許多基督徒本來就不會以字面來解釋《聖經》,而且對他們而言,這樣的觀點很可能是偏頗且粗糙的(甚至古怪,而且與信仰無關)。然而,我們身邊仍有許多人持續以這種方式看待《聖經》。我曾無意間看到一個汽車廣告貼紙上寫著:「上帝如此說,我如此相信,而事就如此成了。」而我的反應都是:萬一上帝**沒**說呢?萬一你以為帶來上帝話語的那本書,其實含帶人的話語呢?萬一《聖經》根本沒有對於現代議題(墮胎、女權、同志權、宗教霸權、西方民主等)給予一個簡明的答案呢?萬一我們得自行判斷要生活的準則以及相信的內容,而不是把《聖經》當作錯誤的偶像,或是當作人類與全能者溝通的神諭呢?我們有充足的理由認為,《聖經》事實上不是關於我們生活的無誤指引,更何況,一如我之前指出的,我們(包括學者和一般讀者)甚至不知道《聖經》中許多地方的原始文字。

比起青少年時期和二十幾歲時所走過的路,這樣的認知讓我個人的神學觀點產生了劇烈轉變,並引領我走上一條完全不同的道路。我仍然喜愛《聖經》,也喜愛它所攜帶的許多訊息,就像我喜愛其他的基督宗教早期著作(這些作品的年代大致跟聖經同期或是稍晚,作者則大部分較不為人所知,例如安提阿的伊格那修[5]、羅馬的革利免[6]、亞歷山大的巴拿巴[7])或

5　　編注 Ignatius of Antioch,公元1-2世紀的安提阿主教,留有七封書信。
6　　編注 Clement of Rome,公元1-2世紀的羅馬主教,著有〈革利免壹書〉。
7　　編注 Barnabas of Alexandria,使徒教父,咸認為是〈巴拿巴書信〉的作者。

是大約同時期的其他著作（例如約瑟夫[8]、路吉阿諾斯[9]和普魯塔克[10]）。這些作者都嘗試去理解這個世界和他們的處境，其著作也都包含對我們有益的教導。因此，知道這些作者說了哪些話是很重要的，我們可以看到他們的言論和判斷，進而思考並根據這些話語來生活。

這使我回想起那些讓我感興趣的新約抄本，以及研究這些抄本的經文鑑別學。我堅信經文鑑別學是個令人信服且扎實的學術領域，不僅對學者而言非常重要，對《聖經》有興趣的人也是如此（不論是按字面解經的人、曾經按照字面解經的人、「有生之年絕不會按字面解經」的人，或是把《聖經》當成歷史文化現象而對它稍感興趣的人）。然而真正讓人傻眼的是，那些讀者（即使是對基督宗教、聖經或聖經研究有興趣的人）不管他們相不相信聖經無誤，幾乎都對經文鑑別學一無所知。儘管這是個已超過三百年歷史的學術領域，目前為止卻沒有任何一本相關書籍是寫給普羅大眾看的。這些人很可能對此一無所知，也不懂希臘文等深入研究時的必備語言。有些人甚至還不明白經文中會有「問題」，但是他們很可能會對這些問題感興趣，也會想知道學者是怎麼處理這些問題的[11]。

就我所知，這是第一本這樣的書。如果有人對經文鑑

8——編注 Titus Flavius Josephus，第一世紀時的著名的猶太史學家，著有《猶太古史》、《猶太戰史》、《駁阿比安》和他的自傳《人生》，常被拿來作為新約聖經史實的外證。
9——編注 Lucian of Samosata，公元第二世紀的敘利亞作家，以希臘文寫作，著有《信史》和《路吉阿諾斯對話集》等。
10　編注 Plutarch，公元1-2世紀的希臘文作家，著有《希臘羅馬名人傳》和《道德小品》。
11——可參見 David C. Parker, *The Living Text of the Gospels* (Cambridge: The Univ. Press, 1997)。

. 前言 .

別學一無所知,但也許會想知道抄寫者是如何更改經文而我們又是如何發現的,這就是我們的讀者。本書是基於我三十年來對該主題的思考,以及歷經如此激烈轉變之後,現今我對《聖經》所抱持的觀點。這本書寫給那些想知道我們現今手上的《新約》是怎麼來的人,讓他們了解,為什麼在某些情況下,我們甚至不知道最原始的文字是什麼,讓他們看看這些文字是在什麼有趣的情況下無意間被更動了,以及看看我們如何透過某些較嚴謹的方式來分析、重建原始文字的真正樣貌。最後,這本書跟我自身有關。這是一場漫長旅程的終點。也許對其他人而言,這可以是他們旅途的一個過程。

這是著名的拉布喇福音書（Rabbula Gospels），第六世紀精緻優雅的敘利亞聖經抄本。

CHAPTER I

基督宗教《聖經》的開始

I — 基督宗教《聖經》的開始

†

猶太教可說是西方文明中第一個
「經書的宗教」，
而基督宗教對書籍的態度，
也受到了猶太教的啟發和影響。

然而在古代，
「讀」一本書通常不是為自己閱讀，
而是大聲朗讀出來給他人聽。

在討論我們現有的新約抄本之前，要先從基督宗教在希臘、羅馬世界中一項不尋常的特徵說起：書籍的使用。事實上，如果要把這個特徵說得更清楚一點，我們得從孕育了基督宗教的猶太教說起。猶太教可說是西方文明中第一個「經書的宗教」，而基督宗教對書籍的態度，也受到猶太教的啟發和影響。

猶太教，經書的宗教

孕育基督宗教的猶太教，在羅馬的世界中即便不是獨一無二，也算得上不尋常了。猶太人跟地中海地區其他數百種宗教的追隨者一樣，認為有個神聖的國度，這個國度中居住著各種超人類的存在（如天使、大天使、權天使、能天使等等）；猶太人以動物和其他食物為祭物來表達對神明的尊崇；他們認為，神住在這世界上某個特別的聖地（也就是耶路撒冷的聖殿），因此便在那裡向神獻祭。他們為群體或個人需要向這位上帝祈禱，也講述上帝過去與人類發生過的故事，並希望祂現在能繼續幫助人類。這一切都顯示，對於羅馬帝國中其他多神信仰者而言，猶太教並不是一個陌生的宗教。

然而，猶太教在某些事情上卻非常獨特。帝國中其他宗教都是多神教，他們相信、崇拜各式各樣的神：國家級的大神、各地的小神，以及掌管人們出生、生活和死亡等面向的神祇。猶太教卻是一神信仰；猶太人只崇拜他們祖先的神，也就是那位創造這個世界、掌管這個世界，並且獨力供應祂子民所需的神。根據猶太傳統，這位全能的上帝呼召以色列人，要他們做祂的選民，並允諾會守護看顧他們，只要他們專一全意敬拜祂。猶太人相信他們與上帝

立了「約」，因此猶太人專屬於上帝，而上帝也專屬於猶太人。他們只敬拜、服從這唯一的上帝，因此也只有一座聖殿，而不像當時的多神教有許多神殿（例如不計其數的宙斯神殿）。當然，猶太人可以在他們的居住地崇拜上帝，但是要履行宗教義務向上帝獻祭時，就只能在耶路撒冷的聖殿中舉行。至於在聖殿之外，他們還是可以聚集在「猶太會堂」中祈禱或探討他們信仰核心的古老傳統。

這些傳統包含了上帝與以色列人祖先（如亞伯拉罕、撒拉、以撒、拉結、雅各、利百加、約瑟、摩西、大衛等等信仰上的男女領袖）之間發生的故事，以及選民應該如何崇拜和生活的詳細指導。猶太教之所以不同於羅馬帝國的其他宗教，原因之一，便是這些指導與古老故事都寫在神聖的經書上。

對西方宗教（猶太教、基督宗教、伊斯蘭等）已有深刻認識的現代人也許很難想像，為什麼書籍在上古西方世界的多神信仰中無足輕重。當時的多神信仰幾乎完全是以儀式和獻祭等行為來崇拜神祇，因此並不需要從書中學習任何教義，也幾乎不必從書中學習任何生活倫的準則。這並不是說多神信仰者對於所敬拜的神祇缺乏信仰內容，也不是說他們沒有道德，而是信仰與道德在宗教中幾乎沒有立足之地，這對現代人而言是非常古怪的。事實上，那時只有個人著作或哲學作品才可能成書。因為古老宗教本身並不需要特別的「正確教義」與「道德準則」，所以書籍也就與宗教無關了。

就這點而言，猶太教可說是非常獨特。它強調祖先的傳統、習俗與律法，並認為這些都記載在神聖的書籍上，因此，這些書籍對猶太人而言便如同「經典」。我們所關

注的公元[1]第一世紀,正是《新約》形諸筆墨的時期。分散在羅馬帝國境內的猶太人相信,上帝透過摩西的著作教導祂的子民,這些著作被編纂成《妥拉》(*Torah*,字面之意為「律法」或「準則」)。

《妥拉》包含五部書,有時又稱為《摩西五經》(*Pentateuch*,意即五本經卷):〈創世記〉、〈出埃及記〉、〈利未記〉、〈民數記〉、〈申命記〉。這五部書構成了《希伯來聖經》(也就是基督宗教的《舊約》)最開始的部分。裡面記載了世界是如何受造、以色列如何受呼召成為上帝的子民、以色列男女族長的故事,以及上帝如何參與其中。而最重要也最冗長的部分,是上帝交付給摩西的律法,指示祂的子民應當如何敬拜祂,以及群體生活該如何相處。這些都是以色列人必須學習、討論並遵行的神聖律法,而這些律法就寫在書中。

猶太人還有一些典籍,在宗教生活上同樣舉足輕重,包含先知書(如〈以賽亞書〉、〈耶利米書〉、〈阿摩司書〉等)、詩歌(如〈詩篇〉)及歷史書(如〈約書亞記〉、〈撒母耳記〉)。到了基督宗教發展初期,一部分希伯來作品(共22本)被視為神聖的正典。它們成了今日猶太教的《希伯來聖經》,同時也是基督宗教正典中的第一部分:《舊約》[2]。

以上關於猶太人及其書寫歷史的說明是很重要的,因為這些都是基督宗教的背景,也使得基督宗教在一開始就得以成為「經書的」宗教。當然,基督宗教始於耶穌,而

1——今日學者使用「公元」(common era, C.E.),而不再使用「主後」(anno Domini, A. D.),前者對各宗教的包容性顯然比後者還大。
2——關於猶太教《聖經》正典的形成,參考 James Sander, "Canon, Hebrew Bible", *Anchor Bible Dictionary*, ed. David Noel Freedman (New York: Doubleday. 1992), 1: 838-52。

耶穌本人就是猶太教的拉比（rabbi，亦即老師），他接受了《妥拉》的權威性（或許還有其他猶太經書的權威性），並把他對這些經書的詮釋傳授給門徒[3]。耶穌跟同時代的拉比一樣，認為上帝的旨意就在這神聖的典籍中，特別是摩西的律法。他閱讀、學習、解釋、遵從這些經書，並加以傳授。最初追隨耶穌的就是把這些猶太傳統典籍視為至高無上的猶太人。因此我們可以說，從一開始，基督宗教的信徒（亦即耶穌的追隨者）在羅馬帝國中便顯得與眾不同。他們有別於當時的其他人，把神聖的典籍視為神聖權威的來源，就跟在這之前的猶太人一樣。基督宗教一開始就是經書的宗教。

基督宗教，經書的宗教

雖然書籍對於早期基督宗教非常重要，但是並非所有基督徒都能夠閱讀；反之，大部分的早期基督徒就跟帝國中其他人（甚至包括猶太人）一樣，都是文盲。不過，書籍並不因此在這宗教中屈居次位。事實上，書籍在基督徒群體生活中扮演最核心的角色。

基督宗教早期書信

我們首先得注意到的是，在耶穌死後的第一個世紀，對於正萌芽的基督徒團體來說，有幾種書寫的形式是非常重要的。關於基督徒團體的資訊最早來自於教會領導者寫

---

[3] 我在此稱呼耶穌為「拉比」，並不表示他具有猶太教中的正統地位，只是說明他是猶太人的教師。耶穌當然不僅僅是個教師，也許最好把他視為「先知」。進一步探討可參考Bart Ehrman, *Jesus: Apocalyptic Prophet of the New Millennium* (New York: Oxford Univ. Press, 1999)，中譯《耶穌：天啟的末日先知》（台北：商周出版，2002）。

下的信件，而使徒保羅的信件是最早也最重要的。保羅在地中海東部建立了許多教會，這些教會大多位於充斥著異教徒（也就是帝國中其他多神教信徒）的城市中。保羅使他們相信，猶太人的上帝是唯一的信仰對象，而耶穌是祂的兒子，為世上的罪而死，並即將再臨，回到地上施行審判（參閱〈帖撒羅尼迦前書〉1章9-10節）。

我們不確定保羅怎樣使用經文（也就是《希伯來聖經》）證明他信息中的真理，以說服那些潛在的信徒；然而他的關鍵論點之一，便是強調他所傳的是「基督照聖經所說，為我們的罪死了，而且埋葬了；又照聖經所說，第三天復活了」（〈哥林多前書〉15章3-4節）。由此可見，保羅將基督死亡和復活的事件，對照到他對《希伯來聖經》關鍵經文的解釋。他是受過高等教育的猶太人，顯然不僅能夠閱讀《希伯來聖經》，還能夠向他的聽眾解釋，使他們相信基督宗教。

在許多當地人皈依基督宗教信仰之後，保羅就會前往另一處宣教，通常他都能成功改變當地人的信仰。然而，有些時候（常常?）他會得到先前所建教會的一些消息，有些時候（常常?）這些消息並非好消息：教會中某些成員開始為非作歹、行為失序、出現「假教師」、散播不同於保羅教導的觀念，部分教會成員甚至開始持守錯誤的教義等等。保羅聽到消息之後，便寫信給該教會試圖解決問題。這些信件對當時教會信徒的生活非常重要，最後有13封以保羅之名所書寫的信件成為經典，並收錄到《新約》中。

現存最早的基督教作品是保羅的〈帖撒羅尼迦前書〉（一般認為大約是公元49年的作品），它成書於耶穌死後20年，

也比記載耶穌生平的福音書早了20年。從保羅書信中我們可以知道，這些書信對早期的基督宗教是多麼重要。保羅在書信的最後寫道：「與眾弟兄親嘴問安，務要聖潔。我指著主囑咐你們，要把這信念給眾弟兄聽。」（〈帖撒羅尼迦前書〉5章26-27節）。顯然這封書信不是隨便念給某個稍微有點興趣的人聽而已。使徒保羅強調，這封書信一定要念給大家聽，信徒也要接受這封信的教導，因為他是保羅，是教會的創建者。

從一開始，各種信件便在整個基督徒團體之間互相流傳。這些書信維繫了不同地區的信仰團體、統合了基督徒的信念和實踐，也指出基督徒該有的信仰和行為。同時，這些信件還要在聚會的場合大聲朗讀出來，因為就如我先前所說，大部分的基督徒就跟其他人一樣，無法自己閱讀那些信件。

部分書信被收入《新約》。事實上，《新約》大部分是由保羅和其他基督徒領袖寫給基督徒團體（例如〈哥林多前後書〉、〈加拉太書〉等）或個人（例如〈腓利門書〉）的書信所組成的。此外，今日保留在《新約》的21封書信，只是所有書信中的一小部分而已。我們相信保羅所寫的書信，比《新約》中歸在保羅名下的書信還要多。例如他在〈哥林多前書〉5章9節中不經意提到更早之前寫給哥林多教會的一封書信，而這封書信現已失傳。他還提到哥林多教會寫給他的一封書信（〈哥林多前書〉7章1節）。他也在其他書信中提到他的反對者所寫的信件（〈哥林多後書〉3章1節）。這些信件都未保存下來。

另外，學者很早就開始懷疑，《新約》中以保羅為名

的書信,也許實際上是由他的追隨者在日後所寫[4]。如果這個懷疑屬實,便更加證明書信在早期基督宗教運動中的重要性:人們以使徒之名書寫,認為這樣能帶來更多威信,讓讀者更看重這封信。〈歌羅西書〉就是這類冒名書信。這封書信不但強調書信本身的重要性,還提到一封失傳的信:「你們念了這書信,便交給老底嘉的教會,叫他們也念;你們也要念從老底嘉來的書信。」(4章16節)很明顯,在這封書信中,保羅(不論是他本人,還是託名寫作的其他作者)還另外寫了一封書信給歌羅西鄰近的城市老底嘉。同樣的,這封書信也已經佚失[5]。

我的重點在於,書信對基督徒社群的生活極為重要,不但指引他們的信仰與實踐,並將所有教會連繫起來。各式各樣的基督徒團體遵守這些書寫文件或「書本」中的指示,並因著相互傳閱(〈歌羅西書〉4章16節)共同文獻而得到整合。這些書信塑造出基督宗教的獨特性,因而有別於分散在整個帝國境內的不同宗教。

對於這些基督宗教社群而言,重要的不只是信件。事實上,早期基督徒還製造、散布、閱讀了大量文獻,並加以遵循。在羅馬帝國的異教世界中,這種情況前所未有。在此,這些文獻我就不贅述了,我只簡要列舉一些廣為傳閱的書籍。

4——「第二保羅」(Deutero-Pauline)書信共有三封:歌羅西書、以弗所書和帖撒羅尼迦後書。另外,還有提摩太前後書和提多書這三封「教牧書信」。學者合理懷疑這些書信並非保羅之作,參考 Bart D. Ehrman, *The New Testament: A Historical Introduction to the Early Christianity Writing*, 3d ed. (New York: Oxford Univ. Press, 2004), chap 23.

5——結果有許多假造的信件都宣稱自己是那封老底嘉書信。至今在新約旁經的目錄中還有一封這樣的書信。它是模仿保羅的書信風格和詞彙拼湊出的一封書信,看起來就像是保羅書信。另有一封第二世紀時期的老底嘉書信,顯然是馬吉安(Marcion)所假造的,這封信至今已佚失。

早期福音書

基督徒一定都會想知道更多耶穌的生平、教導以及他死亡和復活的事蹟，於是便出現了各種記載耶穌生平的傳統和福音書。《新約》中的〈馬太福音〉、〈馬可福音〉、〈路加福音〉和〈約翰福音〉是四部當時流傳最廣的福音書，但事實上當時還有更多福音書。這些其他的福音書有些還在，例如據傳由耶穌門徒腓利所寫的〈腓利福音〉、多馬所寫的〈多馬福音〉，以及耶穌的女伴抹大拉馬利亞的〈抹大拉馬利亞福音〉。

還有一些已經失傳，其中包括最早的福音書。例如，就我們所知，〈路加福音〉的作者就說過他曾參考「許多」前人的著作（〈路加福音〉1章1節），而這些著作顯然都沒有存留下來。在路加所引用的這些福音書中，就有一部是學者稱為「Q」的福音書。Q福音書主要記載耶穌的語錄，馬太和路加都曾加以引用（例如祈禱文或八福）[6]。

就如我們所見，保羅或其他人往往透過《希伯來聖經》來解釋耶穌的生平。摩西五經與其他猶太人著作，如先知書和〈詩篇〉等，基督宗教也都廣泛使用。基督徒從中考究上帝的旨意，特別是在基督身上實現的部分。由於《希伯來聖經》的抄本（大多是希臘文譯本，也就是所謂的《七十士譯本》）不難取得，因此早期基督徒團體也以之為學習和思考的文獻。

6──Q 福音顯然已經下傳世，即使我們不清楚實際內容，我們仍有理由相信它是真實存在過的著作。參考 Ehrman, *The New Testament*, chap. 6。這裡 Q 來自於德文中的 Quelle，是「來源」之意（意思是說，它是〈馬太福音〉和〈路加福音〉大部分的材料「來源」）。

早期的使徒與使徒事蹟

在第一、二世紀,發展中的基督徒團體不只渴望知道耶穌的生平,對耶穌早期追隨者的生平事蹟也同樣感興趣。因此,基督徒在認識自身信仰的過程中,對於這些記載使徒生平事蹟的記錄越來越好奇,特別是他們在耶穌死而復活之後冒險犯難的傳教旅程,而這些著作也就自然而然逐漸占有重要地位了。其中的〈使徒行傳〉最後被收錄到《新約》中。此外,還有許多被記錄下來的事蹟,主要是針對特定使徒,例如〈保羅行傳〉、〈彼得行傳〉、〈多馬行傳〉等等。

基督宗教的天啟文學

如同我前文所述,保羅與其他門徒都宣稱耶穌即將從天上再臨,在地上施行審判。一切事物都將終結,這啟發了早期基督徒的想像,他們熱切期盼上帝會迅速介入這世界。他們將在耶穌的帶領下推翻邪惡勢力,在地上建立上帝的美好國度。有些基督徒便寫下預言,描述我們所知的世界在末日災難時會發生什麼事。在這之前,有一些猶太人寫過類似的「天啟」文學,例如《希伯來聖經》中的〈但以理書〉,或是猶太天啟文學作品中的〈以諾一書〉。在基督教的天啟文學中,最後被收入《新約》的只有一部,即約翰的〈啟示錄〉。其餘天啟文學如〈彼得啟示錄〉、〈黑馬牧人書〉(*The Shepherd of Hermas*)等,在早期基督徒社群中也受到廣泛閱讀。

教會規章

早期基督徒團體在保羅的時代及之後的一個世代中迅速增長。最早的教會(至少是保羅所建立的那些教會)是所

謂的靈恩團體（charismatic communities）。他們相信團體中每個成員都已獲得上帝所賜予的屬靈「恩賜」（希臘文為charisma），使人能夠教導、管理、濟貧、醫病、先知預言等等，以協助這些團體的續存。然而，信徒對世界末日立即來到的期盼逐漸消退，再加上如果教會希望能長期經營，那他們顯然需要更嚴謹的教會組織（參考〈哥林多前書〉11章、〈馬太福音〉16和18章）。地中海四周的教會（包括保羅所建立的眾教會）開始設立領導者來負擔教會事務並進行決策（而非讓聖靈「平等」賦予所有會眾任務）；此外，各種規定也開始成形，以此決定團體生活的形態、如何舉行儀式（例如洗禮和聖餐禮等）、如何訓練新進成員等。很快地，關於教會要如何管理和組織的文獻也開始出現。就我們所知，早在公元100年左右，就有〈十二使徒遺訓〉（Didache）這部著作廣為流傳。此後，這些所謂的教會規章如雨後春筍般現身，並在第二、第三世紀中變得越來越重要。

基督宗教護教學

基督教團體在逐漸發展的過程中，有時必須面對猶太人或異教徒的對抗，他們認為基督教這個新興信仰是種威脅，懷疑它的信徒在進行某種不道德和反社會的活動（一如今天的新興宗教也常受到懷疑）。這些基督宗教的反對者有時會引發區域性的逼迫，等到後來羅馬官方介入，開始逮捕基督徒、企圖使他們回復過去的異教信仰時，逼迫就上升到「官方」等級了。隨著基督宗教的成長，有些知識分子皈依成為基督徒。這些人學識豐富，能夠與那些反對基督宗教的言論對話並加以駁斥。這些知識分子的著作有時被稱為「護教學」，希臘原文的意思是「辯護」（apologia）。這些護教士以理性論述來捍衛這個新興信仰，企圖說明這

是一個宣揚道德行為的宗教,絕非帝國社會結構的威脅,更不是危險的迷信,而是展現敬拜獨一真神的崇高真理。這些護教作品對早期基督徒讀者極為重要,當他們面對逼迫時,這些著作提供了他們所需的論點。這類辯護在《新約》成書時期已經出現,例如〈彼得前書〉3章15節提到「有人問你們心中盼望的緣由,就要常作準備,以溫柔、敬畏的心回答各人」,或是〈使徒行傳〉中保羅與其他使徒面對控告時為自己辯護的記載。第二世紀中葉,護教學成了基督教作品的普遍形式。

基督宗教殉道者

大約在護教學出現的同時,基督徒也開始寫下他們受到逼迫和殉道的故事。新約中〈使徒行傳〉對此便有不少刻畫,例如反對基督宗教、逮捕基督徒領袖甚至處決領袖(例如司提反,見〈使徒行傳〉第7章)等,都是這類敘述的重要部分。到了公元第二世紀,記載殉道者事蹟的殉道史開始出現,〈坡旅甲殉道記〉(Martyrdom of Polycarp)即為首部著作。坡旅甲是士每拿[7]教會的主教,也是第二世紀初期基督教教會的重要領導人。坡旅甲殉道的事蹟記載在一封士每拿教會信徒寄往另一間教會的書信中。此後,其他殉道者的記載也開始出現。這些殉道記在基督徒之間也非常風行,因為能激勵那些同樣因信仰受到逼迫的人,並指引他們如何面對逮捕、折磨和死亡的最後威脅。

駁斥異端的作品

基督徒面對的問題並不只有外部的威脅或逼迫。從一

---

[7]——編註 Smyrna,位於小亞細亞,即今日土耳其的伊茲密爾(Izmir)。

開始，基督徒就意識到他們內部對該宗教的「真理」有多種解讀。例如使徒保羅在他的〈加拉太書〉中，就曾指責那些「假教師」。在讀過這些現存的文字記載後，我們可以清楚看到，這些保羅的反對者並非教外人士，他們也是基督徒，並且以全然不同的方式來理解這個宗教。為了處理這樣的問題，基督徒領袖寫下許多文章來反駁這些「異端」（也就是以錯誤的方式來理解這個信仰的人）。在某種意義上，保羅的部分書信可說是這類型作品的最早形式。畢竟各派系的基督徒最後都希望建立「正確的教導」（這也就是「正統」的字面意義），並駁斥錯誤的教導。這些駁斥異端的作品成了早期基督教文學的重要特徵。有趣的是，即使是那些「假教師」的團體，也會著書反對他們認為的「假教師」。因此，那些想要一勞永逸確立基督徒信仰內容（例如流傳至今的各種信經）的團體，有時會受到其他立場基督徒的激烈反駁（而這些基督徒的主張最後仍被判為錯誤的教導）。在較晚近發現的「異端文獻」中，我們可以發現這些所謂的異端團體往往堅持自己的觀點是正確的、那些「正統」的教會領袖則是錯的[8]。

早期基督宗教的經文注釋

在何為正確信仰、何為錯誤信仰的爭論中，牽涉到基督教文本應該如何詮釋的問題。這些文本也包括被基督徒視為聖經的《舊約》。對文本詮釋的爭論也顯示出某些重

8——例如〈彼得啟示錄〉（*Apocalypse of Peter*）和〈大賽特貳書〉（*The Second Treatise of the Great Seth*），這兩篇著作均是1945年於埃及的拿格‧哈瑪地（Nag Hammadi）山谷發現的。同時發現的還有許多諾斯底（Gnostic）的著作。關於該著作的英文翻譯，參考 James M. Robinson, ed., *The Nag Hammadi Library in English*, 3d ed. (San Francisco: HarperSanFrancisco, 1988), 362-78.

要文本對早期基督徒團體生活的意義。到了後來，基督宗教的作者開始寫下自己對文本的解釋，寫作目的不一定是要反駁那些錯誤的詮釋（雖然說常常是如此），有些時候只是要說明這些文本的意義，並顯示這些文本跟基督徒生活和信仰實踐有何關係。有趣的是，就我們所知，最早的基督宗教《聖經》注釋其實是所謂異端的作品：第二世紀的諾斯底主義者赫拉克里翁（Heracleon），所寫的〈約翰福音〉注釋[9]。到了公元第三和第四世紀，這些注釋、詞彙解釋、信仰實踐的闡述以及講道記錄等，在基督徒社群之間變得極為流行。

截至目前為止，我已經概述了對早期教會生活非常重要的幾種書寫形式。我希望呈現的是，書寫對於教會和信徒而言是至關重要的。基督宗教和帝國中的其他宗教不同，書本在一開始便扮演了重要的角色。耶穌和使徒的故事在信徒間不斷傳述，並記入書本；書本提供基督徒信仰內容與生活指引；書本把地理上分散的團體維繫成一個統合的教會；書本成為基督徒受逼迫時的支持，在面對折磨和死亡時給予他們可供效法的信心典範；書本不僅提供良好的建議，同時還提供正確的教義，警告錯誤的教導，並敦促人們接受正確的信仰；書本使基督徒得以知道其他著作的真正含意，指引他們如何思考、如何崇拜以及如何表現。書本完全是早期基督徒生活的重心。

---

[9] 諾斯底（Gnostic）一詞來自希臘文的 gnosis，意思是「知識」。諾斯底主義指的是第二世紀以後出現的宗教團體，他們強調藉由祕傳的知識，才能從這個邪惡的物質世界拯救出來。

基督宗教正典的形成

在眾多的基督教作品中,有些著作最後不僅被視為值得閱讀的書籍,對於基督徒的信仰和實踐更具有絕對的權威。這些書籍成了經典。

基督宗教正典的開始

基督宗教《聖經》的正典化是個漫長而複雜的過程,在此我不需詳述每個細節[10]。如同我曾經提過的,就某種程度上來說,基督宗教從一開始就有自己的正典,其創始者本身就是猶太教師,他把《妥拉》視為來自上帝、具有權威性的經書,並且將自己對《妥拉》的解釋教導給他的門徒。最早的基督徒是追隨耶穌的猶太人,他們接受《希伯來聖經》(在當時還沒有成為公認的「正典」)作為他們的經典。《新約》的作者(包括最早的保羅)在提到《聖經》時,指的就是《希伯來聖經》,亦即上帝給予祂子民的眾多經書之集大成,當中並預言彌賽亞(也就是耶穌)的來臨。

然而,沒過多久,基督宗教就開始接受其他著作,認為其重要性足以與猶太人的經卷並列。他們之所以承認這些著作,是基於耶穌教導的權威性,因此耶穌對經文的解釋便與經文本身一樣重要。耶穌在傳遞他教導時的用語,也會強化這種認知。例如在「登山寶訓」中的場景,就如同過去上帝頒布律法給摩西,耶穌也在山上頒布自己對這些律法的激進詮釋,顯示出他的解釋跟摩西律法一樣具有

---

[10] ——完整的討論,參閱 Bart D. Ehrman, *Lost Christianities: The Battles for Scripture and the Faiths We Never Knew* (New York: Oxford Univ. Press, 2003), esp. chap. 11。更多關於整個《聖經》正典化過程的細節,可以參考 Harry Gamble, *The New Testament Canon: Its Making and Meaning* (Philadelphia: Fortress Press, 1985)。該主題的權威學術著作,可參考 Bruce M. Metzger, *The Canon of the New Testament: Its Origin, Development and Significance* (Oxford: Clarendon Press, 1987)。

權威。像是耶穌在〈馬太福音〉第5章裡有一段「反論」：「你們聽見有吩咐古人的話，說：『不可殺人』（十戒中的一條）；又說：『凡殺人的難免受審判。』只是**我告訴你們**：『凡向弟兄動怒的，難免受審斷。』」又例如耶穌說：「你們聽見有話說：『不可姦淫。』（十戒中的另一條）只是**我告訴你們**：『凡看見婦女就動淫念的，這人心裡已經與她犯姦淫了。』」耶穌對律法的解釋，似乎就與律法本身具有相同權威。

在某些情況下，這些對經文的權威性解釋會在實質上與律法牴觸。例如耶穌說：「又有話說：『人若休妻，就當給她休書。』（〈申命記〉24章1節）只是**我告訴你們**：『凡休妻的，若不是為淫亂的緣故，就是叫她作淫婦了；人若娶這被休的婦人，也是犯姦淫了。』」顯然，如果離婚本身就不被允許，人們根本沒辦法以摩西的律法來為離婚背書。

不論如何，耶穌教導的公信力，很快就上升到跟摩西的教導（也就是《妥拉》）同一等級。在《新約》成書階段較後期的〈提摩太前書〉中（據說是保羅所作，但學者普遍認為這是後來的追隨者借用保羅的名義所寫的），這一現象變得更為明顯。在〈提摩太前書〉5章18節，作者敦促他的讀者必須供養他們當中的傳道人，並引用「經文」來支持他的說法。有趣的是，他引用了兩節經文，其中一節[11]來自《妥拉》，另一節[12]則來自耶穌。由此可見，對於作者而言，耶穌所說的話就跟《妥拉》一樣重要。

被這些二、三代基督徒視為與經文等同地位的，除了耶穌的教導，還有耶穌門徒的著作。我們的證據來自於

11——「牛在場上踹穀子的時候，不可籠住牠的嘴」，〈申命記〉25章4節。
12——「工人得工價是應當的」，〈路加福音〉10章7節。

《新約》成書中最後書寫的〈彼得後書〉。大部分學者認為這本書並非彼得所作，而是他追隨者的託名作品。在〈彼得後書〉第3章中，作者提到有假教師會扭曲保羅書信的意義，以此來為自己背書，「如強解別的經書一樣」。這顯示，保羅的書信同樣也被視為經書了。

在《新約》成書時期之後，某些基督徒的著作開始被當作教會生活和信仰的權威作品來引用。最著名的例子就是第二世紀早期一封來自坡旅甲（前面提到的那位士每拿主教）的書信。由於教會中某位領導者捲入財務管理不善的糾紛（也許是盜用教會公款），腓立比教會希望坡旅甲能給予他們一些建議。坡旅甲致腓立比教會的書信一直留存至今，它之所以能引起大家的興趣，原因之一，就是它大量引用了早期基督徒的著作。這封信只有短短十四章，坡旅甲從早期著作中引用的經文卻超過一百節，以確立它在處理腓立比教會事務上的權威（相較之下，他從《希伯來聖經》引用的經文只有十二節）。在該封信中，他還稱保羅的〈以弗所書〉為經書，更常見他直接引用或提及早期的著作，認為它們在教會群體中具有權威性的地位[13]。

基督宗教儀式與正典的形成

在坡旅甲書信寫作的年代之前，基督徒會在聚會崇拜時念誦《希伯來聖經》。例如〈提摩太前書〉的作者便要求他的收信者「要以宣讀、勸勉、教導為念」（4章13節）。就如同我們在寫給歌羅西教會的書信上所見，信末提到，他們在聚會過程中也會念誦基督徒的書信。我們還知道在

13——披旅甲著作的最新英文翻譯，參閱 Bart D. Ehrman, *The Apostolic Fathers* (Loeb Classical Library. Cambridge: Harvard Univ. Press, 2003), vol. 1

第二世紀中葉，大部分的基督宗教崇拜儀式中，也會公開誦讀經書。還有在護教士游斯丁（Justin Martyr）這位基督徒知識分子的〈第一護教學〉（1 Apology）中，我們可以瞥見他家鄉的羅馬教會的聚會過程：

> 在禮拜天，所有居住在城市或鄉下的人都聚集在一個地方，只要時間允許，他們會誦讀關於使徒的故事或先知的著作；在誦讀結束之後，聚會的主持人會一個字一個字講解，勸告大家效法上面的好榜樣。
>
> ——〈第一護教學〉67

基督宗教文獻在儀式中的使用（例如前面提到的「使徒的故事」，經常被認為是福音書），似乎提升了這些文獻在基督徒心目中的地位，因為它們如同猶太的經典（「先知的著作」），被視為是具有權威的。

馬吉安與正典的形成

我們可從現有資料更深入探索基督宗教正典的形成過程。在第二世紀中葉與游斯丁同一個時期，羅馬城中有另一位廣為人知的基督徒哲學教師馬吉安（Marcion），後來被判定為異端[14]。馬吉安在許多方面而言，都是個很有意思的人物。他從小亞細亞來到羅馬之前，就在造船業賺了一大筆錢了。在抵達羅馬之後，他捐獻了大筆經費給羅馬教會（也許部分是為了博得好感）。在他停留於羅馬的五年間，馬吉安花了許多時間向別人傳授他所認為的基督宗教，並撰寫了許多著作以詳加解說。問題在於，影響力最大的並不

---

[14] 關於馬吉安和他的教導，進一步資料請參閱 Ehrman, *Lost Christianities*, 103-8。

是他所寫的著作，而是他所編輯的著作。馬吉安是目前我們所知，第一位真正編定經書「正典」的基督徒，這樣的正典在馬吉安看來，足以作為信仰的神聖文本。

為了理解建立正典的最初動機，我們必須多了解一些馬吉安的獨特教導。馬吉安完全受到使徒保羅的生平和教導所吸引，他認為只有保羅才是早期教會中唯一的「真正」使徒。保羅在〈羅馬書〉和〈加拉太書〉等書信中教導人們，人們唯獨透過對基督的信心而非透過猶太教所規定的行為，才有資格站在上帝面前。馬吉安基於猶太律法和基督信仰之間的區別，得出了邏輯上的結論：律法和福音，有著絕對差異。這兩者的差異太大，顯然不可能來自同一位上帝。馬吉安因此認為，耶穌與保羅所說的上帝，其實並不是《舊約》的那個上帝。他認為事實上有兩個不同的上帝：一位是猶太人的上帝，祂創造世界，呼召以色列人做他的子民，並賜下嚴厲的律法；另一位是耶穌的上帝，祂差遣耶穌來到世界上，拯救人們脫離猶太人上帝的熊熊復仇之火。

馬吉安相信，我們對耶穌的理解來自於保羅的教導，因此他的正典自然會收納他所知道的十封保羅書信（亦即目前《新約》中所有的保羅書信，但不包括〈提摩太前後書〉和〈提多書〉）；另外，由於保羅曾經提過他自己的「福音」，馬吉安也在他的正典目錄中收錄了一卷福音書，是〈路加福音〉的某種改編版。馬吉安的正典總共收錄了十一卷：只有一卷福音書和十封書信，沒有任何《舊約》經卷。不僅如此，馬吉安同時還相信，那些與他信仰有出入的錯誤信仰者，為了讓經文符合他們的信仰，抄寫這十一卷經卷的時候增刪修改了不少地方，因而出現許多「錯誤」的觀

念,諸如把《舊約》的上帝當成耶穌的上帝。於是馬吉安便在他的正典中「更正」了這十一卷經卷的內容,而把舊約的上帝、上帝創世或勸人遵守律法的部分都予以刪除。

馬吉安希望修改正典的內容,使正典更符合他的教導,我們等一下也會看到,這種作法並非空前也非絕後。在他之前與之後,早期基督宗教文獻的抄寫者偶爾也會更改文本內容,俾使文本說出他們認為文本要說的東西。

馬吉安之後的「正統」正典

許多學者相信,其他的基督徒正是為了反對馬吉安,才開始對《新約》正典的成形投予較多關注。有趣的是,與馬吉安同時期的游斯丁只是很模糊地提到「使徒的故事」,而沒有提到究竟是哪些書卷(也許是福音書)得到教會接受,以及接受的原因。三十年後,另一位反對馬吉安的基督教作者,則站在更權威的立場來看待這件事情。他便是高盧地區(今日法國)里昂的主教愛任紐(Irenaeus)。愛任紐曾經寫下長達五卷的著作反駁馬吉安、諾斯底等異端,他對於哪些經卷應當納入福音書的正典,也有非常清楚的意見。

愛任紐的《駁異端》(*Against Heresies*)中有個段落常被引用。他提到,不僅是馬吉安,其他的「異端」也誤以為只有一本福音書(或是其他福音書)是聖經:認為猶太律法仍然有效的猶太人基督徒只使用〈馬太福音〉;某些不承認耶穌是真正基督的團體則只接受〈馬可福音〉;馬吉安和他的追隨者只接受某種版本的〈路加福音〉;而華倫廷派(Valentinians)的諾斯底主義者則只接受〈約翰福音〉。然而,在愛任紐看來,這些團體都錯了,因為:

福音書的數目不可能更多也不可能更少。我們居住的世界有四個方位，風也來自四個方向。既然教會分散在世界各處，而福音書又是教會的柱石與根基……所以教會應該要有四根樑柱……
　　　　　　　　　　　　——《駁異端》3.11.7

換句話說，既然世界上有四個角落、四種風向、四根柱石，那麼福音書也就必須要有四本。因此，在第二世紀末的時候，有的基督徒便堅持福音書不多不少**就是**馬太、馬可、路加、約翰這四本。

關於正典的爭論持續了好幾個世紀。顯然基督徒非常在意哪些書可以接受為權威性文本，好讓他們能夠(1)知曉在崇拜儀式中可以閱讀哪些書籍，及與此相關的(2)知道哪些書籍可以信任，作為他們生活和行動的行為準則。至於哪些書最後可視為正典，決策過程並不是渾然天成的，過程也並非一帆風順；相關的爭論細節非常冗長，有時甚至非常刺耳。今日許多基督徒也許會以為《新約》正典是在耶穌死後沒多久的某一人突然出現的，然而這個答案與事實相差甚遠。事實上，我們可以明確指出，今日新約中這二十七卷經卷，是在何時首度被視為《新約》正典的。令人驚奇的是，這個基督徒明列出二十七卷經書名單時，已經是第四世紀後半葉，幾乎是新約經卷成書之後300年了。這位作家是亞他那修（Athanasius），亞歷山大城一位非常有權勢的主教。公元367年，在他致埃及地區（隸屬他的管區）教會的年度教牧信函中，對於哪些經卷可以在教會中當成經典來閱讀，提出了一些建議。他列舉了二十七卷經卷，然後把其他的排除在外。這是至今存留的最早記錄，我們現今所知的《新約》經卷此時獲得首度認可。然而這件事

即使是在亞他那修手中，也沒有真正定案。爭論持續了數十年甚至數百年。我們的《新約》經卷一直都沒有蒐集起來成為一部正典，或被公認為聖經。一直到數百年之後，《聖經》才首度現身。

基督教作品的讀者

在上一節，我們主要是探討經典的正典化。如同先前所述，儘管在最初幾個世紀就有基督徒書寫下並閱讀了各類書籍，這些書籍並不因此就順理成章成為《新約》。此外，還有許多其他福音書、使徒事蹟、書信和天啟作品，甚至還有關於逼迫與殉道的記載、信仰的護教作品、教會章程、駁斥異端的著作、勸勉與指導的書信，以及對經卷的闡釋。這些不同的文學作品界定了基督宗教的範圍，並塑造出之後基督宗教的樣貌。在我們現階段的討論中，這個基本問題非常重要：究竟是誰在閱讀這些作品？

在現代人看來，這是個古怪的問題。如果作者是要寫給基督徒看的，那麼讀者自然就是基督徒了。然而，如果是在古代，這問題就特別尖銳了，因為在古時候，大部分的人都不識字。

在現今的西方世界，閱讀是生活的一部分。我們無時無刻不在閱讀。我們閱讀報紙、雜誌以及各式各樣的書籍，不論是傳記、小說、工具書、自助書籍，食物的、宗教的、哲學的，或是歷史與回憶錄等等。然而，古代人的閱讀情況，並沒有我們今日使用書寫語言那般便利。

從我們對識字率的研究知道，目前普遍的識字教育，

其實是種現代現象,是伴隨工業革命才出現的產物[15]。只有在國家認為,人民的識字能力有助於國家的經濟收益時,他們才願意投注大量資源(特別是時間、金錢以及人力資源),俾使所有人都能獲得基礎的識字教育。在非工業化的社會中,這些資源就得用在其他對生活更迫切的事情上,而識字能力對於社會經濟或幸福生活而言,並沒有多大幫助。因此,在現代之前,大部分社會中能夠閱讀和書寫的人都只占少數。

這種識字率不普及的情況,甚至發生在幾個我們所熟悉且以閱讀和書寫文化見長的古代社會,例如基督宗教早期的羅馬,甚至古典時期的希臘。哥倫比亞大學教授哈里斯(William Harris)指出,即使是在最重要學術中心的最鼎盛時代(例如公元前第五世紀處於高峰期的古典雅典),其識字率也不過10~15%而已。換句話說,即使在最好的情況下,仍然有85~90%的人不懂得閱讀和書寫。在第一世紀,整個羅馬帝國境內的識字率可能更低於這個比例[16]。

此外,要定義何謂閱讀和書寫,本身就是個非常複雜的問題。例如許多人能夠閱讀,但卻不知如何下筆書寫。那麼,閱讀是什麼意思?如果有人看得懂漫畫卻看不懂社論,他識字嗎?如果有人會簽名卻沒辦法抄寫一整頁的文字,他算會書寫嗎?

當我們回顧古代世界,問題會更為顯著。對於古典時代的人們而言,要定義何謂識字就更加困難了。第二世紀的埃及就有個著名的例子。在整個古代,由於大部分的人

15——參閱 William V. Harris, *Ancient Literacy* (Cambridge: Harvard Univ. Press, 1989)。
16——關於古代猶太人的識字率,參閱 Catherine Hezser, *Jewish Literacy in Roman Palestine* (Tubingen: Mohr/Siebeck, 2001)。

都不懂得如何書寫,所以當人們有需要,便會雇請當地懂得書寫和閱讀的「書吏」,從事稅收領據、法律合約、許可證、個人信件等等書寫工作。在埃及地區,有些地方官員的職責便是監管政府部門中的書寫相關工作。這些地方(或村落)的書寫工作通常是無法取得的。就如同許多「政府」的工作一樣,任職者必須自行花錢求官。然而這些書寫的官職,雖然需要自己掏腰包,但工作最後都落入有錢人家手裡,並在社會上形成一個階級。

我們用一個例子說明要定義識字能力究竟有多困難。主角是一位來自上埃及地區卡拉尼斯(Karanis)村的埃及書吏佩陶斯(Petaus),他通常會被派往托勒密・荷牧(Ptolemais Hormou)這個村莊,負責監管財務和農務工作。公元184年,佩陶斯必須處理人們對另一個書吏的抱怨,那是托勒密・荷牧當地的書吏伊斯克里翁(Ischyrion)。伊斯克里翁被派往另一個地方擔任文書的工作,然而他負責的那個村莊卻抱怨這個人根本不適任,因為他「不識字」。在處理爭端的過程中,佩陶斯認為伊斯克里翁並非完全不識字,因為他的確有在政府文件上簽名。換句話說,對佩陶斯而言,一個人只要有能力簽名,他就是識字的。

佩陶斯本人實際上也沒多好。在一張他用來練習簽名的蒲草紙上,我們可以看到他用希臘文寫了十二次「我,佩陶斯,村莊書吏,在此簽名」。詭異的是,前四次他都寫對了,但是第五次的時候,他的最後一個字漏掉了第一個字母,之後的七次,他都漏掉了同一個字母。這顯示,他其實不知道自己在寫什麼,他只是複製前一行的東西而已。他顯然連自己寫出來的文字都不會閱讀,而他還是政

府的書吏呢[17]。

　　如果我們把佩陶斯這樣的人視為是「識字」的,那麼古代究竟有多少人真正能夠閱讀文本,並知道他們在說什麼呢?我們雖然不可能知道真正的數據,不過顯然識字的比例不會太高。因而,我們有理由相信,在當時基督宗教社群中,識字率只會比一般社會上的比例來得低,因為大部分的基督徒來自於社會中未受教育的較低階層,特別是在基督宗教早期。當然,使徒保羅和其他《新約》作者等善於書寫的人是例外,大部分基督徒仍是不識字的。

　　就連最早的基督徒(亦即耶穌的門徒)也是如此。根據福音書的記載,我們發現耶穌的門徒大多只是加利利的平民(例如未受教育的漁夫)。其中,彼得與約翰在〈使徒行傳〉中還被明確記載為「沒有學問的」(〈使徒行傳〉4章13節)。使徒保羅說哥林多教會的會眾「按著肉體有智慧的不多」(〈哥林多前書〉1章27節),這表示受過教育的只是少數,並非大多數人。到了公元第二世紀以後,情況並沒有改善。如同我所指出的,雖然有一些知識分子改信基督宗教,但是大部分的基督徒仍來自社會底層,沒有受過教育。

　　許多相關證據也都支持同樣看法。最有趣的是第二世紀末一位反對基督宗教的異教徒克爾蘇斯(Celsus)。克爾蘇斯在他的著作《真話》(*The True Word*)中提出幾個論點攻擊基督宗教,並認為這是愚蠢而危險的宗教,應當立刻除掉。可惜我們沒有《真話》一書,我們有的只是著名基督宗教教父俄利根(Origen)在自己的著作中對該書的引用。

17——相關探討,可以參閱 Kim Haines-Eitzen, *Guardians of Letters: Literacy, Power, and the Transmitters of Early Christian Literature* (New York: Oxford Univ. Press, 2000), 27-28。以及該書中對 H. C. Youtie 的引用。

俄利根生於克爾蘇斯之後七十年，受人之託寫書回應克爾蘇斯的控告。他的著作《駁克爾蘇斯》（*Against Celsus*）被保留了下來，成為最主要的資訊來源，我們因此得以了解克爾蘇斯這位飽學之士如何在他的書中批判基督徒[18]。俄利根的著作有個最大特色，就是他在提出自己的駁斥之前，會幾乎逐字不漏地引用克爾蘇斯的著作，使我們得以準確重建克爾蘇斯的意見。其中，克爾蘇斯批評基督徒為無知的中下階層人士，更令人訝異的是，俄利根並不否認這項事實。克爾蘇斯對基督徒的批評如下：

> （這些基督徒的）教導大致如下：「不要讓任何受過教育的、聰明的、理智的人靠近。因為這些才能對我們而言是邪惡的。但是那些無知的、愚蠢的、未受教育的人，或是小孩，讓他們盡量過來吧。」
>
> ——《駁克爾蘇斯》3.44

> 此外，我們可以看到，那些在市街上展示他們的神祕知識並四處乞討的人，不會走進有知識的人中間，也不敢在這些有知識的人面前展現他們的高尚信仰。只有當他們看見年輕男孩、奴隸或蠢蛋時，才會拋頭露面，出來炫耀一番。
>
> ——《駁克爾蘇斯》3.50

同樣的，在私下場合，我們可以發現，那些羊毛

18——公定的英譯版本，參考 Henry Chadwick, *Origen's "Contra Celsum"* (Cambridge: The Univ. Press, 1953)。

匠、鞋匠、洗衣匠以及不識字的鄉巴佬，在他們的長者或有知識的主子面前，吭都不敢吭一聲。然而，一旦他們在私底下與小孩子或笨女人在一起時，就會在那邊大發謬論，說些什麼他們可以不用理會父親或師傅的話……；他們說那些教導全是胡說八道、毫無見識……然而，只要他們願意，他們應該離開他們的父親和師傅，去與女人和小孩為伴，一起製衣、製鞋、洗衣，這樣他們可以獲得最好的學習。這些人便是如此告誡他們的。

——《駁克爾蘇斯》3.56

俄利根回覆道，真正的基督宗教信仰者事實上是明智的（事實上，有些真的是受過良好教育的），但是他們的明智在於他們尊敬上帝，而非世上的事物。換句話說，他並不否認在基督宗教的群體中，大部分的人都是底層未受教育的階級。

古代基督宗教中的公開朗讀

於是，早期基督宗教便出現這個弔詭的現象。基督宗教是經書的宗教，擁有各種書寫著作，這些著作對於信仰每個層面也都極為重要。然而，大部分的信眾卻無法閱讀這些著作。我們要如何理解這樣的矛盾呢？

事實上，如果我們回想前面所提示的，整個現象就不會那麼奇怪了：在整個古代，各個團體中一般都會有識字的人來服務不識字的人。因此在古代，「讀」一本書通常不是為自己閱讀，而是大聲朗讀出來給其他人聽。只要有

人將某書的內容讀給你聽,你就可以宣稱自己讀過了該本書。既然書本對於早期基督宗教的發展而言如此重要,我們可以確定,這些書籍幾乎都是在某些社交場合(例如聚會崇拜時)大聲朗誦出來的。

我們可以回憶保羅在寫給帖撒羅尼迦教會的書信中,提醒讀者要「把這信件念給眾弟兄聽」(〈帖撒羅尼迦前書〉5章27節)。這很顯然便是要求在團體中把他的信件大聲朗誦出來。〈歌羅西書〉的作者也提到:「你們念了這些書信,便交給老底嘉的教會,叫他們也念;你們也要念從老底嘉來的書信。」(〈歌羅西書〉4章16節)。如果我們回想殉道者游斯丁的第一手報導:「在禮拜天,所有居住在城市或鄉下的人都聚集在一處,只要時間允許,他們會誦讀使徒的故事或先知的著作。」(〈第一護教學〉67)。同樣的情節也可以在其他早期基督宗教著作中看到。例如在〈啟示錄〉中:「念這書上預言的和那些聽見又遵守其中所記載的,都是有福的。」(〈啟示錄〉1章3節)很顯然指的就是公開朗讀書信。在第二世紀中葉知名度較低的〈革利免貳書〉(2 Clement),作者提到自己的勸勉時指出:「我要讀這勸勉的話給你們聽,你們要遵守那些書寫下來的經文,這樣你們才能拯救自己和你們的讀經者。」(〈革利免貳書〉19章1節)

簡而言之,對早期基督宗教而言,至關重要的書籍是要讓人朗讀出來的,因此那些不識字的人才能聽到、理解,甚至研究書中的內容。儘管事實上早期基督宗教的成員中絕大部分都是不識字的,但他仍然是一個高度文字化的宗教。

在這裡,我們應該討論一個關鍵議題。如果書籍對於

早期基督宗教而言是如此重要，如果它們會在地中海一帶的基督宗教社群中流傳誦讀，那麼，這些團體究竟是如何拿到些書的？這些書是如何流傳的？這不像今天可以用電腦或電子產品（甚至是可移動式的工具），進行書籍的出版與複製。如果這些信仰團體能獲得各種流通的基督宗教書籍，他們究竟是如何拿到這些抄本的？是誰抄寫的？對於我們探討的議題而言，更重要的是，我們（或者他們）究竟如何知道手上的抄本是正確的，而沒有在複製的過程中被更動呢？

這是第四世紀梵諦岡抄本上的書頁,在第一欄和第二欄之間有個注記,是中世紀一位抄寫者對於前一位抄寫者擅自更動文字所下的惡評:「愚蠢、騙徒,別亂更動舊的文字!」

CHAPTER II

早期基督宗教作品的抄寫者

II — 早期基督宗教作品的抄寫者

†

在古代世界，
複製書本的唯一方式，
便是逐字逐句抄寫，
一次一本地用手工複製。

然而，早期教會沒有專業的抄寫者，
他們可能看錯、聽錯、拼錯，
甚至熱心地加上一些文字以資說明。

如我們在第一章所見，基督宗教從一開始便是文字的宗教，在這個甫於地中海四周生長茁壯的宗教社群中，各式各樣的書籍扮演了生活與信仰最核心的角色。那麼，這些基督宗教著作究竟是如何流傳和散布的呢？答案是，如果一本書要廣泛流傳，就得不斷複製。

希臘羅馬世界中的抄寫活動

在古代世界，複製書本的唯一方式，便是逐字逐句抄寫。這是緩慢而費力的工作，而且沒有替代方案。我們今日已經習慣於在某本新書出版的隔天，就能在全國各大書籍門市的書架上看到成堆新書了。我們也完全相信，只要是同一個版本的書（例如《達文西密碼》），不管那一本，內容一定是一樣的。不論我們讀的是哪一本，它們的內容絕對不會有差異。

然而在古代，情況並不是如此。書籍不但無法大量流通（沒有卡車、飛機或火車），也無法大量生產（沒有印刷技術），只能緩慢、痛苦、一次一本地用手工複製。抄寫者偶爾會更動書籍的內容，有時候是偶然的錯誤（例如漏抄某一行或是其他無心之過），有時候則是蓄意更動內容。因此，即使少部分書籍可以有許多複本，每一本的內容卻不大相同。古代的讀者往往無法確定他們所讀的就是作者當初所寫的，內容很可能更動過了。事實上，更動的幅度也許不只一點點。

今天，出版商可能會一次出版許多書籍，並立即送到書店販賣。在古代，由於書籍無法大量製造，而且沒有出

版商或書店,因此情況大為不同[1]。通常作者在寫出一本書之後,或許會讓一群朋友閱讀,或大聲朗讀出來給他們聽。在這過程中,作者可能會修改書上某些內容。之後等作者完成了這本書,他或她可能會抄寫幾本給親朋好友,這就是書籍的出版作業了。書籍出版之後,便不再只受作者控制,而會受到他人控制。如果這些人想要更多抄本,例如為了分享給親朋好友,他們就要請當地專職抄書的抄寫者,或者專門抄寫書籍的識字奴隸來複製新的抄本。

抄寫是個讓人抓狂的過程,不但緩慢而且還不太正確,以這種方式生產出來的抄本往往變得與原版不大一樣。證據來自一些古代作者本身,我提幾個有趣的例子來說明。公元第一世紀,羅馬哲學家塞內加(Seneca)在一篇關於憤怒的著名文章中,提到兩種憤怒的差別。一種是為了會傷害我們的事情而憤怒,一種是為了不會傷害我們的事情而憤怒。為了闡明後一種憤怒,作者舉的例子是「某些無生命的東西,例如那些因為字體太小而被我們摔到地上,或因為錯誤百出而被我們撕碎的抄本」[2]。閱讀一本充滿「印刷錯誤」(或是抄寫者所犯的錯誤)的書籍,無疑是令人沮喪和抓狂的。

另一個幽默的例子,則是羅馬詩人馬提亞(Martial)的格言,他在詩中跟他的讀者說道:

> 如果此頁中的詩,你看起來太過晦澀難解,或是
> 文筆不佳,那不是我的錯,是抄寫者為了寫出來

---

[1]——關於進一步的探討,參閱Harry Y. Gamble, *Books and Readers in the Early Church: A History of Early Christian Texts* (New Haven: Yale Univ. Press, 1995), chap. 3

[2]——*Seneca: Moral Essays,* ed. and trans. John W. Basore (Loeb Classical Library. London: Heinemann, 1925), 221.

給你看，倉促間用自己的文筆胡謅，才把這首詩搞砸的。但如果你認為不是他的問題，而是我的錯，那我認為你毫無才智。就如同我批評那些平淡無味的詩句一樣：「是的，請看，那真是糟糕。」他們很糟糕，但是你也沒好到哪去。[3]

抄寫書籍很自然會產生許多抄寫上的錯誤，而這也是古代人們公認的問題。

早期基督宗教的抄寫活動

在早期基督宗教的文獻中，有許多關於複製書籍的記載[4]。其中一件最有意思的著作，是第二世紀初大受歡迎的〈黑馬牧人書〉。這本書在第二到第四世紀之間廣為流傳，有些基督徒甚至認為該把它納入《聖經》正典。例如在至今留存下來最古老也最著名的《聖經》抄本，也就是第四世紀的西乃抄本（Codex Sinaiticus）中，就將該書納入《新約》。〈黑馬牧人書〉是《新約》中最冗長的書卷，在該書中，基督宗教先知黑馬（Hermas）敘述他所看到的許多異象，有的和將來會發生的事情有關，有的則與當時基督徒個人或團體生活有關。在這本書的前面部分，黑馬在異象中看到一個老婦人，婦人天使般的形體象徵著基督的教會。她拿著一本小書大聲朗讀，並請求黑馬，把他所聽到的宣講給他的基督徒同伴聽。黑馬回答，他無法記住她讀過的所有內容，因此請求老婦人「給我那本書，讓我抄

---

[3] ——*Martial: Epigrams*, ed. and trans. Walter C. A. Ker (Loeb Classical Library. Cambridge: Harvard Univ. Press, 1968), 1:115

[4] ——完整的探討，參閱 Haines-Eitzen, *Guardians of Letters*.

寫一份」。老婦人給了他這本書,黑馬就開始敘述:

> 我拿了那本書,來到空地的另一端開始抄寫。因為我不知該如何區分不同音節,所以只好把上面所有內容一字字抄寫下來。當我抄完書上所有內容,我手上的書就突然被抽走,我沒看清楚那是誰做的。
>
> ——〈黑馬牧人書〉5.4

即使那只是一本很小的書,但要一個字一個字抄寫也是很困難的。黑馬說他「不知道該如何區分不同音節」,指的可能是他不擅於閱讀,也就是說,他沒受過專業的文書訓練,無法流暢地閱讀文字。古老的希臘文本(包括《新約》在內的所有最早期基督宗教著作)都有個問題,就是當人們抄寫的時候,並不會使用任何標點符號、不會區分大小寫,甚至更讓現代讀者感到怪誕的,是字與字之間沒有任何空白間距。這種「連續書寫」(scriptuo continua)閱讀起來顯然是曠日廢時,更遑論要理解內容了。例如godisnowhere 這個字,可以理解為有神論的「上帝正在這裡」(God is now here),也可以理解為無神論的「上帝不存在」(God is nowhere)[5];至於lastnightatdinnerisawabundanceonthetable這句話要怎麼拆解呢?它指的是正常還是反常的狀況[6]?

黑馬說他無法區分不同音節,說明了他無法流暢閱讀文本內容,但是可以認得當中的字母,所以是一次抄寫一

---

[5]——此一範例取自 Bruce M. Metzger and Bart D. Ehrman, *The Text of the New Testament: Its Transmission, Corruption and Restoration*, 4th ed. (New York: Oxford Univ. Press, 2005), 22-23.
[6]——編注 這句話可拆解為「昨晚的晚餐我看到桌上擺滿了豐盛食物」(Last night at dinner I saw abundance on the table)或是「昨晚的晚餐我看到小圓麵包在桌上跳舞」(Last night at dinner I saw a bun dance on the table)。

個字母。很顯然,如果你在抄寫時不知道所讀的是什麼,發生錯誤的機率就更大了。

黑馬在另一個異象中也提到抄寫的問題。那位老婦人再次出現,並詢問他是否已經將抄好的那本小書交付給教會領袖。黑馬回答說還沒有,老婦人便告訴他:

> 你做得很好,因為我還有些話要加上去。等我完成了所有的話,那些被揀選的人就能透過你來認識這些話了。因此,你要另外寫下兩本小書,一本寄給革利免(Clement),另一本寄給葛拉特(Grapte)。革利免會將該書寄送到外邦城市,因為那是他的使命。而葛拉特則會用來勸勉寡婦和孤兒。而你,則要在這個城市中,跟領導教會的長老一起閱讀你的那一本。
>
> ——〈黑馬牧人書〉8.3

一方面,黑馬要在他費時抄寫的書中添加一些內容,另一方面還要多抄寫兩本。其中一本要交給一個叫做革利免的人;而我們透過其他文本得知,這個人也許就是第三任羅馬主教革利免。這有可能是在他成為教會領袖之前,因為這裡提到他似乎是羅馬基督教社群派往他城的代表。不知道革利免是否為負責抄寫書籍的書吏呢?另一份抄本則要交給一個叫做葛拉特的婦女,或許她也是個書吏,負責為羅馬教會中某些成員抄寫書籍。儘管黑馬本人連分辨音節都有問題,他仍然要負責將自己的抄本念給他所在的基督徒社群聽,而當中大部分的人應該都是不識字的,因此沒辦法自行閱讀書信上的內容。至於他是怎麼辦到的,則沒有任何解釋。

在這裡，我們得以一窺早期基督宗教中抄寫書籍的實況。四散於整個地中海區的教會也許與此相似，而且可能沒有一間能跟羅馬教會一樣龐大。在教會中，有些成員被選出來擔任書吏的工作。有些人對文字較為熟練，例如革利免顯然必須擔負傳播基督宗教文獻的工作；至於黑馬，此處僅僅是因為他得到這個指令。教會中識字的成員（其中有些人的識字能力較好）所複製的文獻，會在聚會時朗讀出來給全體會眾聽。

關於這些基督宗教社群中的抄寫人員，我們還知道些什麼？我們無法確定革利免和葛拉特的身分，不過我們確實知道其他關於黑馬的資訊。他提到自己曾是奴隸（〈黑馬牧人書〉1.1），而且顯然識字，相對而言受過較良好的教育。他不是羅馬教會中的領袖（他並未名列教會眾「長老」之一），但後來的傳統認為，他是第二世紀中葉羅馬城主教庇護（Pius）的兄弟[7]。可見，即使黑馬曾是奴隸，這個家族在基督徒社群中仍然擁有相當的聲望。因為只有受過教育的人才可能識字，而且一般而言，有錢有閒的人才可能受教育（除非他是受訓成為識字的奴隸）。我們因而得知，早期基督宗教的書吏大多是當地較富裕、受過教育的教會成員。

在基督宗教之外的其他的羅馬世界中，負責抄寫的人大多是專業書吏或識字的奴隸（由主人指派擔任抄寫工作）。也就是說，在羅馬帝國中，負責抄寫文字的人通常並非想要這些著作的人，多半反而是為他人抄寫的。然而，近代研究早期基督宗教抄寫者的學者卻有項重大發現：基督宗教的文本抄寫者往往就是需要那些文本的人。也就是說，

---

[7] ——此資訊記錄於穆拉托利正典（Murantorian Canon）中，該文獻為最早的「正典」書目，作者不詳。參閱 Ehrman, *Lost Christianities*, 240-43.

這些抄寫的基督徒，多是為了個人（或團體）需求，要不然就是為了教會中其他人的需要而抄寫[8]。因此基督宗教早期文獻的抄寫者，大多不是那種以抄寫為生的專職書吏（例如前面提到的黑馬）；他們只是教會團體中識字、有辦法抄寫、且願意抄寫的成員。

其中某些成員（或者根本是大部分成員）可能本身就是教會的領袖。我們有理由相信，早期基督宗教的領導人大多是那些教會中較富裕的成員。因為在公元第一、二世紀，並沒有現今所謂的教堂建築，而古代城市中的人們大多住在狹小的屋子中，只有那些有錢人的家才夠大，足以同時容納許多人。我們可以據此合理推斷，教會當時都在信徒家中聚會，而那些提供自己住家作為聚會場所的人，同時也就是教會的領袖。在許多留存至今的基督教書信中，作者問安時都會提到某某人「家裡的教會」。這些有錢的主人往往受過較好的教育，因而書信中有時也會要求主人把信「讀」給會眾聽。因此，我們可以在〈提摩太前書〉4章13節中看到：「你要以宣讀、勸勉、教導為念，直等到我來。」同樣的，教會領袖很可能也得負責抄寫那些要在聚會過程中讀給會眾聽的文獻。

早期基督宗教文獻的抄寫問題

在基督宗教早期的兩、三個世紀，進行抄寫工作的大多不是專業抄寫者[9]，只是教會中受過教育的人士；他們做

8——此為Kim Haines-Eitzen, *Guardians of Letters* 一書中的重要結論。
9——這裡所謂的專業，指的是受過抄寫特殊訓練，或以抄寫為業、領酬勞的人。到了後來，修院中的僧侶也受過一些抄寫訓練，但並不收取報酬，這些人我也視為「專業」人士。

這項工作,是因為他們有能力又有意願完成它。因此我們可以預期,這些早期抄本一定有不少抄寫過程中產生的錯誤。事實上,我們的確有可靠證據說明這問題確實存在,基督徒讀者有時會抱怨這些文本,並試圖重建作者的原文。例如第三世紀的教父俄利根,便曾對他的追隨者抱怨福音書的抄本:

> 如果不是抄寫者的疏忽,就是其他膽大妄為的傢伙故意扭曲,導致這些抄本之間出現這麼大的差異;他們若非疏於檢查自己所抄寫的文字,就是在檢查的過程中隨意增加、刪減。[10]

發現這個問題的不只有俄利根。他反對的異教徒克爾蘇斯在70年之前也發現了同樣的問題。克爾蘇斯在他的著作中惡意指控那些基督宗教的抄寫者在他們複製的過程中所做的事情:

> 有些信仰者,就像爛醉的人一樣,會自己跟自己作對。為了避免被別人批評而無法回應,竟然竄改福音書上三、四個地方,甚至更多的內容。
> ——《駁克爾蘇斯》2.27

令人訝異的是,儘管俄利根曾在其他著作中譴責教會中抄寫程度之拙劣,但是當他面對這位教外人士的指控時,卻否認基督徒會更改文本內容。如果有,那也是某些

10——*Commentary on Matthew* 15. 14,引自 Bruce M. Metzger, "Explicit References in the Works of Origen to Variant Readings in New Testament Manuscripts," in *Biblical and Patristic Studies in Memory of Robert Pierce Casey,* ed. J. Neville Birdsall and Robert W. Thomson (Freiburg: Herder, 1968), 7879.

異端團體在惡意修改《聖經》內容。[11]

我們已經看過,某些異端團體會修改他們所複製的文字,以使文本符合他們的立場。這是第二世紀哲學神學家馬吉安受到的指控,因為他的正典只接受十一卷經卷,並且刪除了那些不符合他認知中的保羅的部分(他認為《舊約》的上帝並非真正的上帝)。馬吉安的「正統」反對者愛任紐,對馬吉安的作為有如下描述:

> 拆解保羅書信,刪減使徒的話語,毀棄那創世的上帝、我們的主耶穌基督之父,並移除使徒所引用的先知書。使徒藉由那些段落教導我們,在主降世之前,先知就已經宣告過了。
> ——《駁異端》1.27.2

馬吉安並非唯一竄改《聖經》的人。跟愛任紐同時期的哥林多城「正統」主教戴奧尼索斯(Dionysius),就抱怨那些錯誤的信仰者肆無忌憚地竄改他的著作,就如同他們曾經竄改《聖經》的內容:

> 我的基督徒同伴邀請我寫信給他們,我就寫了。這些魔鬼的使徒卻在裡面添加稗子,移除部分內容又加上其他內容。災難必定為他們存留。他們既然同謀竄改我卑微的著作,如果當中有人膽敢修改上主的話語,那也不足為奇了。

在早期基督教作者中,經常出現對這類「異端」的指控,亦即指控他們竄改《聖經》,以使《聖經》說出他們

11——《駁克爾蘇斯》2.27

想說的。值得注意的是，根據近來的研究，我們手上現有的手稿顯示，這項指控恐怕應該反過來才是。那些所謂正統傳統的抄寫者，常常更動手上的文本，有時是為了防範那些認同異端信仰的基督徒，不讓他們有「誤用」文本的機會，有時則是為了使文本內容更符合該團體所信奉的既有教義[12]。

文本可能被不贊同其內容的抄寫者任意更改，這種危機隨處都在。我們得記住，早期基督宗教著作的抄寫者是在沒有印刷機和出版社、也沒有著作權法的環境中複製文本。作者要如何確保他們的著作在流傳出去之後不會受到更動？簡單來說：沒辦法。作者有時會咒詛那些未經允許便修改他們著作的抄寫者，正是這個原因。在納入《新約》的早期基督教著作中，就有這樣的例子。〈啟示錄〉的作者在文末便提出了嚴厲的警告：

> 我向一切聽見這書上預言的作見證，若有人在這預言上加添什麼，神必將寫在這書上的災禍加在他身上；這書上的預言，若有人刪去什麼，神必從這書上所寫的生命樹和聖城刪去他的分。
>
> ——〈啟示錄〉22章18-19節

一般以為，這是在警告讀者必須接受和相信書上所寫的內容，將之視為先知的啟示。但事實上，這是對那些書籍抄寫者的標準警告，威脅他們不可增加或修改任何內容。類似的咒詛還可在眾多早期基督教著作中發現，例如

12——參閱 Bart D. Ehrman, *The Orthodox Corruption of Scripture: The Effects of Early Christological Controversies on the Text of the New Testament* (New York: Oxford Univ. Press, 1993).

第五世紀拉丁基督宗教學者魯菲努斯（Rufinus），就曾經在他關於俄利根著作的翻譯中發出更嚴厲的咒詛：

> 我實實在在地站在神聖父、聖子和聖靈面前，懇切請求大家，凡是翻譯或閱讀這些書的人，都要憑著他對於即將降臨的天國、死裡復活的奧祕、懲罰魔鬼及其天使的永恆烈火的信仰。他若不想進那滿是哭泣、咬牙切齒、烈火不滅、靈魂不死之地，就不應添加也不減損、不插入或修改經文，並對照原稿校對自己的副本。[13]

在這裡，我們看到作者以地獄硫磺烈火的恐怖景象，威脅那些竄改書上文字的人。在沒有著作權法保障的時代，抄寫者可以任意更動文本內容，作者若想確保著作完整無缺地傳抄，最嚴厲的辦法就是直接威脅抄寫者。

更動文本

如果我們以為，文本抄寫者只會因為個人的因素而更動文本內容，那我們就錯了。事實上，在早期基督宗教抄本中所發現的更動，大部分都與神學或意識型態無關。絕大部分的更動純粹都是出於筆誤、不小心跳掉、粗心大意添加進去、拼字錯誤等諸如此類的失誤。抄寫者本身不適任或許也是個問題：我們得注意到，早期的抄寫者幾乎都沒有受過抄寫訓練，他們僅僅是教會中識字的人，能夠（或

---

[13] 參閱 Gamble, *Books and Readers*, 124. 的引文，該引文出自魯菲努斯在 Origen, *On First Principles*, 一書的前言。（譯注：中文譯文引自俄利根著作的中文譯本，石敏敏譯，《論首要原理》[香港：道風書社，2002]，頁5）

多或少的）抄寫且願意抄寫而已。但即使到了第四或第五世紀，基督宗教的抄寫者在教會中逐漸成為專業階級[14]，甚至到更晚期，大部分的抄本都是由修院中專職抄寫工作的修士所抄寫。但即便如此，抄寫者的技術仍然參差不齊。不論如何，抄寫工作都是一項苦差事，我們偶爾可以在抄本最後的注記中，看到抄寫者如釋重負地寫道：「感謝上帝，終於抄完了！」[15]有時候，抄寫者會注意力不集中、肚子餓、想睡覺；有時候則是一直受到干擾而無法專心工作。

即使是那些能幹、受過訓練、機敏的抄寫者，偶爾也會犯錯。有時候，他們修改文本因為他們覺得文本的內容**應該**如此。這不僅僅是出於特定的神學因素，而是其他的動機導致抄寫者故意更動文本上的內容。例如說，他們抄寫到某個段落時，發現有錯誤似乎需要更正，有可能是內文彼此矛盾、某些地理標示上的錯誤，或是錯誤的經文引用。因此，當抄寫者試圖修正時，他們的動機有時是極為單純的。但這無疑仍更動了文本，因此作者原本的文字就被修改最後遺失了。

我們在第四世紀的梵諦岡抄本（Codex Vaticanus）中，就可以看到這種蓄意更改文本內容的有趣事例。此抄本是至今早保存最好的古老抄本，之所以稱為梵諦岡抄本，是因為它是在梵諦岡圖書館發現的。在〈希伯來書〉的開頭，大部分抄本都這樣寫：「基督常用他權能的命令托住（希臘文為PHERŌN）萬有。」(1章3節)，然而在梵諦岡抄本中，

14——參閱本章註解 9

15——關於其他勞累困頓的抄寫者加到抄本上的文字，參閱 Metzger and Ehrman, *Text of the New Testament,* chap. 1, sect. iii. 中所引用的案例。

原來的抄寫者使用的字稍有不同,他使用了另一個很相近的希臘文動詞,變成:「基督常用他權能的命令**顯現**(希臘文為PHANERŌN)萬有。」數個世紀之後,另一位抄寫者讀到抄本上這句話,決定將其從原本的**顯現**更改為較常見的**托住**,他塗去了原來的字,然後寫上另一個字。又過了幾個世紀,第三位抄寫者讀到這一句子,並發現前人修改的痕跡,結果他又把**托住**擦掉,寫上原來的**顯現**。然後他在抄本的空白處加上注記,說明他對上一位抄寫者的觀點:「愚蠢、騙徒,別亂更動舊的文字!」

我把這一頁的影印本框起來,掛在我桌前的牆上,隨時提醒自己這些抄寫者更動或再更動文字的習性。顯然,這更動了一個字,但那又有什麼關係?關係在於,如果想知道作者要說什麼,唯一的方式,就是去理解他實際上所有的遣詞用字。想像一下,如果有人是針對文本上某個單字發展出一篇講道,要是那個字並非該書作者實際使用的字,那怎麼辦?基督用他權能的命令顯現萬有還是托住萬有,意義截然不同。

發現「原文」的複雜過程

如此一來,一本抄本中往往有抄寫者各式各樣的改動。我們會在後面的章節詳細探討這些更動的種類。在這裡,我們只需知道抄本有遭到更動,而且更動的幅度很大,特別是在基督宗教的前兩個世紀,因為當時擔任抄寫工作的並非專業人士。經文鑑別學的學者面對的最重要問題在於,現有抄本錯誤這麼多,要如何還原原始的文本(也就是作者第一次寫下的文字)?更糟的情況是,一旦文本在抄

寫過程中產生了某種錯誤，這錯誤就會一直留在文本中，甚至比原來的文字流傳得還要久遠。

也就是說，抄寫者一旦更動了一份文本，不論是有意還是無意的，更動過的地方就會**永久**保存在他的抄本上（當然，除非另一位抄寫者將它更正過來）。而下一位抄寫者在複製這份文件時，不但會複製前者的錯誤，還會增添自己的錯誤。再下一位抄寫者複製前一份抄本時，會複製前兩個人的錯誤，然後再加上自己的錯誤。唯一可以更正錯誤的方法，是抄寫者發現了前人的錯誤並試圖解決。然而，這並不保證抄寫者所做的修正就會是對的，當他試圖更正他認為錯誤的地方，有可能反而改錯了。如此一來，我們手上的抄本會有三種狀態：原來的、錯誤的、試圖更正卻仍改錯的。錯誤會越來越多，而且還會不斷重複；有時候錯誤會被更正過來，但有時候錯誤反而會混在一起，然後這樣持續了好幾世紀。

當然，有時候抄寫者手上的抄本可能不只一份，因而得以對照其他抄本來修正既有錯誤。這的確會大幅改善問題，但另一方面，錯誤的抄本也可能誤導抄寫者，改掉正確的抄本。可能性是無窮多的。

既然問題這麼多，我們怎能期待得到作者當初寫下的原文呢？這是個大哉問。事實上，就是因為這個問題過於龐大，許多經文鑑別學的學者開始認為我們應該擱置所謂的「原文」問題，因為原文根本不可得。這種說法也許過於偏頗，不過從《新約》舉出幾個例子，可以讓大家看看這問題究竟有多困難。

問題經文的範例

第一個問題經文,可以參考保羅的〈加拉太書〉。光是原來書信上所寫的內容,就有許多不清不楚的地方,因此若有人想放棄尋找「原文」也是可以體諒的。加拉太並不是一個城市,也不只有一間教會,而是小亞細亞(今日土耳其)的一個地區,保羅在那裡建立了許多教會。當他開始書寫〈加拉太書〉時,他究竟是寫給其中一間教會,還是寫給所有教會呢?既然他沒有清楚提及哪一座城市,我們可以假設他是寫給整個地區的所有教會。那麼,他是寫了許多份相同的信件,還是只寫一封,希望當地教會互相流傳?我們都不知道。

假設保羅寫了許多封相同的書信,他是怎麼做的呢?首先,這封信就跟其他書信一樣,不是他自己親手寫的,而是交由抄寫的秘書代寫的。證據就在這封信的最後,保羅親手加上一段後記,讓收信者知道那封信真的是他寫的:「請看我親手寫給你們的字是何等的大呢!」(〈加拉太書〉6章11節)這在古代的信件中很常見。換句話說,保羅用口述的方式,由抄寫者代寫信件[16]。比起這些抄寫者,保羅的字跡較大,可能也比較不專業。

那麼,如果保羅是用口述的方式,他是一個字一個字口述嗎?或者他只是略述幾個要點,然後讓抄寫者自行發揮?這兩種方式在古代信件書寫中都很普遍[17]。如果信件是由抄寫者自由發揮寫成的,我們能確定他寫的就是保羅想

---

[16]——替保羅抄寫的秘書在《聖經》中只有一次表明自己的身份。亦即在〈羅馬書〉中,秘書叫做德提,參閱〈羅馬書〉16章22節。

[17]——參閱 E. Randolph Richards, *The Secretary in the Letters of Paul* (Tubingen: Mohr/Siebeck, 1991)。

要的嗎？如果無法確定，那我們所擁有的究竟是保羅的話還是某個不知名抄寫者的話？假設保羅是一個字一個字口述信件內容好了，那抄寫者有沒有可能會寫**錯**字呢？那事情就很詭異了，因為這樣一來，即使是最原始的手稿也會有「錯誤」，而接下來所有的抄本中，這些寫錯的地方自然都不是保羅原本的話了。

假設保羅的書吏百分之百正確好了。如果保羅複製了幾份相同的書信，我們能夠確保這些複製的內容百分之百正確嗎？即使這些抄本都是在保羅眼前複製的，總會有一、兩個字抄錯，這裡或那裡被更動一下。在這種情況下，萬一只有其中一份抄本成為接下來其他抄本的源頭，並從第一世紀、第二世紀，一直流傳到第三世紀，那會怎樣呢？在這種情況下，那份作為母本的抄本，並不完全是保羅所寫（或是想寫）的。

一旦這封書信寄達加拉太地區的某一座城市並開始流傳，它自然就會繼續複製，而錯誤也就會繼續製造出來。有時候，抄寫的人可能會有意或無意更動文本，這份有錯的抄本會被複製，而有錯的「抄本的抄本」又會繼續複製，一直延續下去。在這過程中，原來的抄本（或者是**所有的**原文抄本）可能會遺失、破舊或損毀。所以，就不可能比對抄本和原文以確保內容是否「正確」了，即使有人想得到這麼聰明的辦法，他也無能為力。

那麼，留存至今的都不是原先信件的抄本，沒有任何一份是保羅首做的抄本，也沒有一份抄本是那些加拉太地區的教會收到信後所抄寫的，甚至連那些二手抄本的抄本都沒有。我們現有最早且還算完整的〈加拉太書〉抄本（事實上這份抄本是殘破的，中間有好幾處遺失）是一份稱為P[46]的蒲

草紙抄本（它是第46份被編目歸類的《新約》抄本）。這份抄本寫於公元200年左右，大約是保羅寫信之後的150年。保羅書信在對錯交雜的抄寫過程中流傳，如此經過了150年，才有抄本保留下來。因此，我們無從重建P^{46}抄本之前的原文。這究竟是不是一份準確的抄本呢？如果是的話，它有多準確？它當然會有些錯誤，就像它的母本，及其母本的母本一樣。

簡而言之，關於〈加拉太書〉「原文」的探討，是非常複雜的。我們沒有原文。我們所能做的，頂多就是回到早期流傳的階段，並根據目前手上倖存的抄本（中世紀以後越來越多），盡量重建出可以合理反應保羅實際所寫的內容，或者，至少可以反應出他口授時希望寫出來的內容。

關於重建原文的問題，第二個例子是〈約翰福音〉。該福音書與《新約》中其他三卷福音書有極大差異，故事不同，風格迥異。在〈約翰福音〉中，耶穌的話語不再精簡直接，而是長篇大論，例如〈約翰福音〉中，耶穌就不曾使用比喻，這和其他三卷福音書都不一樣。此外，〈約翰福音〉記載的事件，也往往是《新約》中的孤例，例如耶穌與尼哥德慕的對話（第3章）、與撒馬利亞婦人的對話（第4章）、水變酒的神蹟（第2章），或是拉撒路復活的故事（第10章）。耶穌在〈約翰福音〉的作者筆下，成了一位與其他三卷福音書迥然不同的人物，耶穌花許多時間詮釋自己究竟是誰（天上派來的那一位），並行使「神蹟」來證明自己所言不假。

無疑地，約翰手上有自己的資料來源，也許是描述耶

穌行使神蹟或描寫耶穌講道的傳說[18]。他將這些資料整合成自己的版本以描述耶穌生平、傳道、死亡和復活。也許約翰真的寫下許多不同版本的福音書。例如讀者很早就發現〈約翰福音〉的第21章是後來才加上去的。這卷福音書在20章30-31節就應該結束了，第21章顯然是事後增補的，也許是為了補足耶穌復活後顯現的事蹟，也許是為了解釋，該福音書的講述者「主所愛的門徒」早已預見自己的死亡（〈約翰福音〉21章22-23節）。

即使是其他段落也與其他福音書的記載不一致。〈約翰福音〉一開始的序言（1章1-18節）就自成一格，與其他福音書大異其趣。在序言中以極優美的詩句描寫上帝之「道」在太初就與上帝同在，道就是上帝，並在耶穌基督裡「成為肉身」。這段如詩般的風格在其他福音書中是找不到的。然而，同樣的主題在後文中不斷出現，但這段文字中的重要詞彙卻未再現身；在其後〈約翰福音〉的敘述中，耶穌被描繪成從天上而來的那一位，卻沒再稱呼他為「道」。也許這是因為〈約翰福音〉起始段落的資料來源，和後面其他段落的不同。也許〈約翰福音〉還有較早的版本，現在看到的起始段落是後來才加上去的？

按照前面的描述，倘若〈約翰福音〉第21章與1章1-18節兩部分並非原本福音書的內容，那麼，那些想要重建「原文」的經文鑑別學學者該怎麼辦？究竟要重建哪一種

18——即使在新約之中，也會指出福音書作者所引用的「來源」。例如〈路加福音〉1章1-4節，作者便提到「許多」嘗試著述耶穌生平言行事蹟的前人，並說明自己在閱讀過他們的著作，以及訪談「親眼看見又傳給我們」的人之後，決定自己寫出一本不同於其他人的「正確」著作。換句話說，關於他所敘述的事蹟，路加同時擁有書寫的和口傳的文獻（他本人不曾親眼看過耶穌）。其他福音書大約也是同樣的情況。關於〈約翰福音〉的來源，參閱 Ehrman, *The New Testament*, 164-67

「原文」？若是我們手上所有的希臘文抄本，都包含了這些有問題的段落，是否表示經文鑑別學的學者在重建經文時，也要納入這些段落呢？但是，重建「原文」難道不是要重建出那沒有這些段落的**較早**版本嗎？如果有人想要重建更早的版本，他只重建出所謂第一版的〈約翰福音〉就好了嗎？為什麼不乾脆再推回去，重建福音書背後那些奇蹟、講道甚至口傳傳統的來源？

這些都是經文鑑別學學者感到苦惱的問題，因而有些人認為，我們應當放棄追求所謂的原文，因為我們根本連什麼是「原文」都沒有共識，至少〈加拉太書〉與〈約翰福音〉是如此。然而，就我而言，我認為即使我們不能百分之百確定可做到什麼地步，有一件事仍然是確定的：現有一切抄本都抄自其他抄本，而那些抄本又抄錄自其他更早的抄本。我們至少可以為今日《新約》各經卷，找出目前可得的**最古老**且**最早**的抄本傳統。舉例來說，我們手上現有的〈加拉太書〉抄本，全都可以回溯到某一更早的文本；同樣的，〈約翰福音〉的抄本也都可以回溯到包含第21章與前言的某一版本。如此看來，往回追溯到某些較早可及的版本，是我們目前最可行的了，不論我們是不是真的達到了所謂的「原文」，至少這樣也夠好了。這些最古老的版本，至少已經與作者所寫的原文非常接近，足夠作為詮釋的基礎了。

重建《新約》原文

類似的問題同樣出現在其他基督宗教的著作中，不論這些作品是否有納入《新約》，不論它是福音書、使徒事蹟、書信、天啟文學作品，甚至是其他早期基督宗教著

作。經文鑑別學的任務,在於辨別這些作品最早的形式。接下來我們會依循既定的規則來辨別抄本中的差異,決定何者為失誤、何者為故意,以及如何追溯到最原始的作者。而這些一點都不輕鬆。

另一方面,重建的結果也許會非常有啟發性、有趣甚至刺激。經文鑑別學的學者已經可以根據一些相對確定的資料,認定現存抄本中某些部分並未出現在《新約》的原始文本上。若有人不太熟悉經文鑑別學,卻對《新約》(例如英文譯本)非常熟悉,他們或許會對某些結果感到十分訝異。在本章結尾,我將探討兩處福音書的段落。這些段落對當時甚至今日的基督徒而言,都是《聖經》中非常受歡迎的段落,只是至今我們已經可以非常肯定地說,它們並未出現在《新約》的原始文本上。

犯姦淫的婦人

關於耶穌與犯姦淫婦人的故事,可說是《聖經》中最廣為人知的耶穌故事之一。它也是以耶穌生平為主題的好萊塢電影中最受喜愛的故事。它甚至出現在梅爾・吉勃遜的〈受難記〉中(雖然該電影只關注耶穌受難前最後幾個小時,並以罕見的倒敘法來敘述)。儘管這樣的故事極受歡迎,但《新約》中僅有〈約翰福音〉7章53節~8章12節一處有記載,而且這故事甚至並未出現在原本的〈約翰福音〉中。

耶穌與犯姦淫婦人的故事大家耳熟能詳。耶穌在聖殿中教導,一群與他有不共戴天之仇的文士(亦即書吏)與法利賽人,帶著一個「行淫之時被拿的」婦人來到他面前。他們這麼做是想要試探耶穌。他們告訴耶穌,按照摩西律法,這樣的人應該被石頭打死;但是他們想要知道他對這件事情的看法。他們應當拿石頭打死她,還是憐憫她?當

然,這是個陷阱。如果耶穌要他們放過這個女人,他就違反上帝的律法;如果耶穌要他們拿石頭打死這女人,他就跟自己關於愛、憐憫、寬恕的教導互相抵觸。

耶穌並沒有立刻回答他們,而是彎腰在地上寫字。但他們依舊繼續質問,於是耶穌就說:「你們中間誰是沒有罪的,誰就可以先拿石頭打她。」那些把婦人帶來的人一個個離開了(顯然因為感到自己也犯過錯),而耶穌則繼續在地上寫字。所有人都走了之後,只剩下那個婦人,耶穌此時才抬起頭來說:「婦人,那些人在哪裡呢?沒有人定妳的罪嗎?」那婦人說:「主啊,沒有。」耶穌回答道:「我也不定妳的罪。去吧,從此不要再犯罪了!」

這是非常棒的故事,不但充滿憐憫並運用機智來扭轉情勢,耶穌以他的智慧逃過了詭計,同時也幫助了那個可憐的女人。然而,細心的讀者可以發現,這故事還有不少問題。例如說,如果這個女人是在行淫的過程中被抓到的,那行淫的男人呢?根據摩西的律法,他們兩個都應該用石頭打死才對(〈利未記〉20章10節)。此外,當耶穌在地上寫字時,他究竟在寫些什麼?根據一個古老傳說,他是在寫那些控訴者的罪狀,讓他們知道自己犯了什麼罪,令他們羞愧離去!就算耶穌的確教導關於愛的訊息,難道他真的認為上帝給摩西的律法已經失效,無需再遵守了嗎?難道他認為罪惡都不需要懲罰了嗎?

這個故事充滿火花、使人著迷,並具備內在的吸引力,但此外還有個更大的問題:它並不是〈約翰福音〉中原有的內容。事實上,它甚至不是任何福音書中的內容,它是後來抄寫者加上去的。

我們如何得知的呢?事實上,研究這些抄本的學者都

確知這個特殊案例。稍後我們會更深入檢視這些學者用哪些證據來判斷。在這裡，我簡單指出各派學者都認同的基本事實：這故事並沒有出現在最古老且保存得最好的〈約翰福音〉抄本上[19]；這段落的書寫風格也迥異於其他〈約翰福音〉的段落，包括緊接在它之前和之後的故事；它同時還使用了許多福音書中不曾出現的單字、詞彙。那麼結論當然是：這不是福音書中原有的敘述。

那麼它究竟是怎麼被加到福音書中的呢？有幾種不同的理論。大部分學者認為，它也許是關於耶穌的口傳傳統中，一個廣為流傳的知名故事，它在某一時刻被抄錄到抄本旁邊的空白處。結果有些抄寫者或其他人把頁邊的注記當成正文的一部分，因而在某個故事結束之後（也就是〈約翰福音〉7章52節），立即插入這個故事。值得注意的是，其他抄寫者有的將這段記載插到《新約》中其他地方，例如〈約翰福音〉21章25節之後[20]，有的則挺有意思地安插到〈路加福音〉21章38節之後。不論這段到底是誰寫的，不會是約翰寫的。

讀者很自然會想到這樣的矛盾：如果這故事不是〈約翰福音〉原來的故事，那它應該被視為《聖經》的一部分嗎？對於這個問題，每個人的答案也許都不一樣，但對於大部分的經文鑑別學學者而言，答案是否定的。

〈馬可福音〉的最後十二節

我們要討論的第二個例子，對於一般草草讀過《聖經》的讀者來說可能不會很熟悉，但在《聖經》釋義的歷

---

[19]──稍後我們會看到為什麼有些抄本顯然比其他抄本要來得「更好」。
[20]──編注 亦即整卷〈約翰福音〉的最後。

史上卻是影響深遠，研究《新約》經文鑑別學和文本傳統的學者也因此產生許多問題。這個範例是〈馬可福音〉的結尾部分。

根據馬可的記載，耶穌被釘十字架上，並在安息日之前由亞利馬太的約瑟所埋葬（15章42-47節）。安息日當天，抹大拉的馬利亞與其他兩位婦女來到墓前要用油膏塗抹耶穌的身體（16章1-2節）。當她們抵達時，卻發現石頭已經滾開。她們進入墓穴，看見一個身穿白袍的少年人。他告訴她們：「不要驚恐！妳們尋找那釘十字架的拿撒勒人耶穌，他已經復活了，不在這裡。請看安放他的地方。」接著他指示那些婦女去找耶穌的門徒，告訴他們耶穌已經先他們一步前往加利利，他們會在那裡看見他，「正如他從前所告訴你們的。」然而那些婦女逃出墓穴，沒有告訴任何人，「因為她們害怕」（16章4-8節）。

接著是許多現代的英文譯本都有的〈馬可福音〉最後十二節：耶穌向抹大拉的馬利亞顯現，抹大拉的馬利亞去告訴其他門徒，但沒有人相信她（16章9-11節）。爾後耶穌又向兩個門徒顯現（16章12-14節），最後向十一個門徒顯現（也就是所謂的「十二使徒」，但不包括那個出賣耶穌的猶大）。耶穌譴責他們的不信，並指示他們往普天下去傳福音「給萬民聽」，那些相信且受洗的「必然得救」，但那些不相信的「必被定罪」。最後是有趣的兩小節：

> 信的人必有神蹟隨著他們：就是奉我的名趕鬼；說新方言；手能拿蛇；若喝了什麼毒物也必不受害；手按病人，病人就必好了。──16章17-18節
>
> 接著耶穌便被接到天上，坐在上帝的右邊。門徒於是踏入這個世界，開始傳揚福音，並有神蹟隨

著,證實他們所傳的道是真的。

——16章19-20節

這是一段了不起的記載,神祕、動人而且強而有力。五旬節教會(Pentecostal Christian)也用這一段來證明耶穌的追隨者要能夠口說人不能懂的「方言」,就如同他們自己在聚會中的表現。還有個「弄蛇教派」(Appalachian snake-handler)也會引用這節經文,至今他們都還手握毒蛇以展示自己對耶穌話語的信心:他們可以握著毒蛇而毫髮無傷。

然而,這裡同樣有個問題:這個段落並非〈馬可福音〉原有,而是後來抄寫者加上去的。

就某個層面來看,這裡的經文問題比犯淫婦女的經文還要有爭議,因為一旦**缺少**了最後這幾節經文,〈馬可福音〉的結尾便截然不同,並且難以理解。但我們稍後會看到,學者並不會基於這個考量就傾向於接受這幾節經文。學者之所以認為這幾節經文是後人加上去的,理由很充分,甚至幾乎無可爭議。他們會爭論的只有,既然帶有這段結尾的英文譯本(雖然都會註明此段不足採信)和後期的希臘文抄本都不是原來的版本,那麼〈馬可福音〉真正的結尾是什麼?

要說明這些經節並非〈馬可福音〉原始的結尾,證據就跟犯姦淫婦人的經文差不多,因此我無需在此贅述每個原因。在我們現有兩份最古老且保存得最好的〈馬可福音〉抄本上,都沒有這幾節經文,還有其他抄本也可以佐證;它們的書寫風格也迥異於〈馬可福音〉其他部分;這段經文與前段經文之間的轉折非常難以理解(之前的敘述中已經提過抹大拉的馬利亞,但第9節提到她時,她似乎完全不知道耶穌復活的事情。另外有個希臘文原文的問題,使這個轉折看起來更為棘

手）；同樣的，在這些經節裡，有許多單字和詞彙在〈馬可福音〉其他地方都找不到。簡而言之，這些證據足以說服幾乎全部研究文本的學者，這些經節是後來才加進去的。

然而，如果沒有這些經節，整個故事會結束得很突然。我們可以注意一下，如果把這些經節抽掉，結局會變得怎樣。少年人要求這些婦女通知門徒，耶穌已經先行一步前往加利利，要在那裡與他們會合，但是她們卻逃出墳墓，沒有告訴任何人，「因為她們害怕」。然後福音書就結束了。

很顯然，抄寫者認為這樣的結局太過唐突。這些婦女沒有告訴任何人嗎？那門徒不就不知道耶穌已經復活了嗎？難道耶穌也沒有向門徒顯現嗎？怎麼可以有**這樣**的結尾！為了解決這個問題，抄寫者自己加上了結尾[21]。

有些學者同意抄寫者的立場，認為就福音書而言，16章8節的結局真的太過突兀了。一如我先前指出的，這並不表示學者相信後來抄本中出現的最後十二節就是〈馬可福音〉原來的結尾。他們知道那不是，但他們認為，也許〈馬可福音〉原來的最後一頁（也就是關於耶穌最後在加利利遇見門徒的記載）已經遺失了，而我們今日所有的抄本都只能回溯到那個被截掉結尾、少了最後一頁的版本。

這種解釋完全是有可能的。不過，依照其他學者的意見，也有可能馬可真的在16章8節之處結束了他的福音書[22]。這顯然是個驚人的結尾。這些門徒完全不知道關於耶穌復活的真理，因為那些婦女從來都沒有告訴他們。我們

21——事實上，不同抄寫者往往會加上不同結尾，而不只有現今英文《聖經》中讀者所熟悉的這12節的版本。關於各種不同結尾，參閱 Bruce M. Metzger, *A Textual Commentary on the Greek New Testament*, 2d ed. (New York: United Bible Society, 1994), 102-6.
22——參閱 Ehrman, *The New Testament*, chap. 5, esp. 79-80.

會猜想馬可用這種方式結束福音書，因為這種結尾與他在福音書中其他主題的結束方式很像。研究〈馬可福音〉的學者很早就發現，〈馬可福音〉中的門徒不同於其他福音書的故事，他們從來都沒有「開竅」。他們不斷說他們不懂耶穌（6章51-52節、8章21節），即使耶穌在許多場合告訴門徒他會受難並且死亡，門徒顯然也完全不理解他的話語（8章31-33節、9章30-32節、10章33-40節）。也許這些門徒實際上從來都沒弄懂過，不像讀者從一開始就了解耶穌是從哪裡來的。有趣的是，整部〈馬可福音〉中，一旦有人知道耶穌的某些事情，耶穌都會吩咐那個人要保持沉默。當然，這些人常常會忽略他的命令，到處傳播消息（參考1章43-45節）。這可真是諷刺！因為那些婦女在墓穴中得到的命令，是要去宣布這消息而非保持靜默，但是她們一樣忽略這個命令，反而保持沉默。

　　簡而言之，馬可很可能有意要透過這個突兀的結局來教育他的讀者。這是讓讀者停下來的好辦法，讓他們顫抖地吸一口氣，然後問道：什麼？

結論

　　前面所討論的段落，只是抄寫者更動《新約》抄本的上千個案例中其中兩個例子。在這兩個段落中，我們處理的都是抄寫者在文本中增加內容，而且增加的分量頗為可觀。雖然大部分的變動幅度都沒有這幾個大，但是在我們現有的《新約》抄本中，仍然存在許多重大（以及無關緊要）的更動。在接下來幾章，我們要探討學者是怎麼發現這些更動的，他們又如何發展出一套方法來辨識哪個版本更早（或是所謂的「原始文本」）。我們將特別關注這些文本是如

何被更動，以及這些更動如何影響《聖經》的英文譯本。

最後，我要以一個特別尖銳且諷刺的觀察（其實我們可能已經注意到了）為本章作結。我們在第一章看到，基督宗教就其外觀而言，是個經書的宗教，將某些文本視為權威性的經典。然而，在本章我們卻看到，我們並未真正擁有這些權威性的文本。這是個文本導向的宗教，但它的文本卻被改過，而且流傳下來的抄本互不相同，有時差異還很大。而經文鑑別學的任務，正是要試圖恢復這些文本最古老的形式。

這顯然是個至關重要的任務，因為我們不能在不知道真正原文的情況下解釋《新約》經文。另外，我想表明的是，認識這些經文，不只是對那些把聖經當作神聖啟示的人才重要，那些對西方文明史、社會、文化有興趣的人來說，也很重要。因為《新約》是一部龐大的文化遺產，是一部受到數百萬人尊崇的書籍，今日世界上最大的宗教，就建立在這部經典上面。

伊拉斯姆（Desiderus Erasmus），荷蘭鹿特丹知名的人文主義者，他出版了史上第一版的希臘文新約聖經。圖為十六世紀早期杜勒（Albrecht Duerer）的雕版畫。

CHAPTER III

《新約》的經文:版本、抄本與差異

Ⅲ一 《新約》的經文：版本、抄本與差異

†

十七世紀聖經學者在閱讀了
上百份希臘文《新約》抄本,並詳細檢查
早期教會教父的著作
以及敘利亞文、科普特文等早期版本之後,
發現新約經文的差異高達三萬處左右。

於是,所謂的原文,變成了開放的議題。
如果我們不知道這些經文是否為原文,
我們如何用它們來判斷
正確的基督教教義和教導呢?

截至目前為止，我們提到的主要是基督宗教在公元第三世紀之前的抄寫活動。當時基督宗教文獻的抄寫者大多不是受過專業訓練的職業書吏，而只是教會中識字、能讀能寫的基督徒，撥空出來抄寫教會中的文獻[1]。他們不曾受過抄寫的專門訓練，因此比專業的抄寫者更容易出錯。這說明了為什麼我們手上那些早期基督宗教作品中**最早的**抄本之間以及這些抄本與後來的抄本之間會有如此巨大的差異，這些差異甚至比中世紀中葉抄本之間的差異還要大得多。到後來，專業抄寫者成為基督宗教知識分子中的一個階級，抄寫員專業化的到來，改善了文本的複製過程，出錯的情況才大幅減少。

在此之前的幾個世紀，基督宗教的文本在哪裡寫下或是寄送至何處，就在那裡進行複製。由於這些文本是在**當地複製**，所以不同地方會產生不同的文本傳統也就不足為奇了。也就是說，羅馬地區的抄本大多是同一個圈子裡的文件互相複製而來的，因而會出現許多相同的錯誤；這些文件沒有受到巴勒斯坦抄本的影響。同樣的，巴勒斯坦地區流傳的抄本也有有別於埃及地區的亞歷山大抄本，具有自身的特徵。此外，在早期的幾個世紀的某些地區，當地抄寫者的技術顯然比其他地區好。

現代學者發現，亞歷山大城（古代世界的重要知識中心）的抄寫者特別嚴謹，專注投入且技巧相對出眾，即使在較早期的幾個世紀亦然。他們一代一代地，完好地將早期基督宗教文獻的內容保存了下來。

1——關於專業的書吏或抄寫者，參閱第二章注解9。

專業的基督宗教抄寫者

基督宗教何時開始運用專業的抄寫者來抄寫文本呢？基於某些理由，我們相信大約是在公元第四世紀初。因為在那之前，基督宗教一直都是羅馬帝國中人數稀少的小型宗教，經常受到反對甚至壓迫。公元312年，羅馬皇帝君士坦丁皈依基督宗教，情況自此發生了劇烈變化。突然之間，基督宗教從被本地暴徒或羅馬帝國官方逼迫的社會底層，搖身一變為帝國宗教舞台上的要角。逼迫不但嘎然而止，西方世界的最高掌權者也開始對教會寵愛有加。在這個連皇帝都公開效忠基督的時代，成為基督徒變成一項時髦的事情，大量的人民因而改信基督宗教。

一旦越來越多受過高等教育的人皈依這個信仰，這些人自然是最適合抄寫基督宗教傳統文獻的人。我們有理由相信，大約在同一個時期，基督宗教的繕寫室（scriptorium，專供抄寫文獻的地方）開始在各大都市地區興起[2]。根據某些記載，我們推測基督宗教的繕寫室曾在第四世紀初期運作過。公元331年，君士坦丁大帝為了在他興建的幾間大教堂中擺放華麗精緻的聖經抄本，寫信給該撒利亞的主教優西比烏（Eusebius）[3]，要求他製作五十份聖經抄本，經費由帝國支付。優西比烏慎重其事，並監督整個執行過程。很顯然，想要完成這件重大任務，就需要專業的繕寫室，更不用說抄寫時所需的材料了。在此之前的一、兩個世紀，地方教會只能要求成員撥空來抄寫文獻。這是一個和先前完

2——關於早期早期幾個世紀沒有抄寫工作室的論證，參閱Haines-Fitzen, *Guardians of Letters*, 83-91。

3——優西比烏因為寫了十卷關於基督宗教早期三個世紀的歷史著作，而成了基督教歷史之父。

全不同的時代。

《聖經》從第四世紀開始由專業人員進行複製，文本中混入的錯誤自然就減少許多。經過數個世紀，抄寫希臘文聖經最後成為修道院修士的工作，他們在修道院中花費無數時日，小心謹慎地抄寫這些神聖經文。這項工作持續到中世紀，並一直延續到十五世紀發明活字印刷術為止。我們手上的希臘文抄本大多出自東方拜占廷帝國地區（今日的土耳其和希臘等地）的中世紀基督宗教抄寫者之筆。也因此，這些第七世紀以後的希臘文抄本有時又稱為「拜占廷」抄本。

如同我曾經指出的，熟悉新約抄本傳統的人，都知道拜占廷抄本之間往往非常相近，而最早期抄本之間不僅差異極大，甚至與後來的拜占廷抄本也有偌大出入。造成這種現象的原因很簡單：這不僅和抄寫者有關（專業與否），也和抄寫的場所有關（在相對受限的地方）。如果我們以為後來的抄本因為彼此相似度較高，便與所謂的新約「原文」較相近，那就大錯特錯了。我們應該問道：這些中世紀抄寫者用這麼專業的方法抄寫文本，但手上的母本是從哪裡來的呢？他們從較早的文獻中取得經文，而較早的文獻則是較早的抄寫者抄錄自更早的文本。因此，與原文形式最為相近的抄本，反而很可能是早期那些變異更大且不專業的抄本，而不是後來那些較標準化的專業抄本。

武加大拉丁譯本

在上一小節我總結了羅馬帝國東部的書本抄寫活動。在那裡，希臘文一直是主要語言。然而，在不久之後，許多不以希臘文作為日常生活語言的地區，便希望擁有屬於

自己當地語言的基督教《聖經》。約在第二世紀中末葉，許多地區都將《新約》翻譯成當地方言，例如帝國西部大部分地區主要語言的拉丁文、敘利亞地區的敘利亞文，或是埃及地區的科普特文（Coptic）。而這些翻譯的經文又分別由當地的抄寫者進行抄寫複製[4]。

拉丁文翻譯在聖經文本的歷史上特別重要，因為帝國西方有許多基督徒都以拉丁文作為主要語言。然而拉丁文譯本的問題很快就浮現了，因為譯本實在太多，而且譯文之間還有許多重大出入。到了第四世紀末，這個問題有了決定性的轉折，教宗達瑪蘇一世（Damasus）委託當時最重要的學者耶柔米（Jerome）修訂一份「官方」的拉丁文譯本，作為羅馬及其他拉丁語區的權威文本。耶柔米本人也提及拉丁文譯本過多的問題，並著手去解決。他找了一份手上最佳的拉丁文譯本，將它與手上最好的希臘文抄本互相比對，因而做出一份新版的拉丁文福音書。至於《新約》其他部分的新編拉丁文譯本，則可能是他本人或是追隨者所做的[5]。

耶柔米翻譯的拉丁文聖經又稱為「武加大」（vulgate，「通用」的意思）譯本。這是西方基督教會通行的《聖經》譯本，並且一再被複製和抄寫。數個世紀以來，基督徒閱讀著、學者研究著、神學家使用著這個譯本，並持續至今。今日我們擁有的新約抄本中，武加大抄本的數量有希臘文抄本的兩倍之多。

4——關於這些早期版本（不同譯本）的新約《聖經》，參閱 Metzger and Ehrman, *Text of the New Testament*, chap. 2, sect. ii.

5——關於拉丁文版本的新約《聖經》（包括耶柔米的版本），參閱 Metzger and Ehrman, *Text of the New Testament*, chap. 2, ii.2.

首份印刷版的希臘文《新約》

如前所述，整個中世紀時期，東方（拜占廷文本）與西方（拉丁文武加大譯本）地區抄寫流傳的《新約》都有一個標準版本。直到十五世紀古騰堡（Johannes Gutenberg, 1400-1468）發明了印刷機，才改變了書本（特別是聖經）的複製流程。藉由活字印刷術，人們可以確保印出的每一頁文字都完全相同，字裡行間不會有任何差異。抄寫者必須逐一複製每一複本的時代已經過去，意外造成或故意產生的文本差異也不復存在。印刷就像刻在石頭上一樣不會改變。此外，書本的生產更快速，不再需要逐字逐句抄寫，也因此降低了成本。幾乎沒有其他發明可像印刷術一樣對現代世界造成如此革命性的影響，能夠望其項背的，只有個人電腦的發明了（也許，個人電腦的重要性終將超越印刷術）。

古騰堡印刷術所生產出來的第一項重要產品，是1450-1456年間印刷的精裝拉丁文《聖經》（武加大譯本）[6]。在其後半個世紀，歐洲其他地區的印刷廠分別又生產出大約五十種版本的武加大《聖經》。奇怪的是，在印刷術出現的頭幾年，卻沒有任何生產希臘文《新約》的急迫性。原因不難發現，我們剛剛也提示過了：整個歐洲的學術圈，包括《聖經》學者，在將近一千年來已經習慣將耶柔米的武加大譯本當作教會唯一的《聖經》了。就像現代某些教會把英王詹姆士欽定版（King James Version）當成「真正」的《聖經》一樣。希臘文《聖經》被認為是與神學或知識學習無關的；在使用拉丁語的西方世界，希臘文被視

6——較完整的資料及其他印刷版本的探討，參閱 Metzger and Ehrman, *Text of the New Testament*, chap. 3.

為希臘正教（Greek Orthodox）的語言，而當時人們又認為希臘正教是從真正的教會分裂出去的宗派。極少有西歐學者懂得希臘文。因而，在一開始的時候，沒有人覺得印刷希臘文《聖經》是什麼急迫的事情。

第一位考慮出版希臘文《新約》的西方學者是西班牙的樞機主教西美納（Ximenes de Cisneros, 1437-1517）。在他的帶領之下，蘇尼卡的狄耶哥羅培茲（Diego Lopez de Zuniga）等學者編纂了一部多達數冊的《聖經》。這部《聖經》是**多國語言版**的，裡面包含數種語言的經文。它的《舊約》，每一頁都並列希伯來文原文、武加大譯本的拉丁文與七十士譯本的希臘文。其中，編輯者認為武加大譯本的地位最為崇高，這可從他們對經文排列方式的評注得知：武加大譯本被比喻成釘在兩個罪人中間的基督，而兩個罪人就是錯誤的猶太人（希伯來文）和分裂出去的希臘人（七十士譯本）。

這部著作在西班牙的阿卡拉（Alcalá）印製，阿卡拉的拉丁文是康普魯頓（Complutum），因而西美納的譯本又稱為《康普魯頓合參本聖經》（*Complutensian Polyglot*）。最先印刷出來的是新約聖經（第五冊，印刷於1514年），裡面包含了希臘文經文以及一部希臘拉丁文字典。全書總共六冊，第六冊有希伯來文的文法和字典，以協助讀者閱讀前四冊的內容。當時沒有打算依次出版，而六卷一起出版要花費相當多的時間。整套聖經到1517年才印完，而且由於這是天主教的出版品，要等教宗利奧十世（Leo X）的祝聖才能面世。1520年，它終於得到祝聖，但基於某些複雜的原因，最後拖到西美納過世五年後的1522年才正式發行。

如前所見，當時教會和帝國東方的學者手上有許多種

版本的希臘文聖經抄本。狄耶哥羅培茲及其同僚要如何決定使用哪個版本的抄本呢？而他們手上又有哪些版本呢？很遺憾，學者無法確切回答這些問題。西美納在全書的獻辭中表達他對教宗利奧十世的感激，感謝他「從使徒藏書中出借」希臘文聖經抄本。因而此版聖經的希臘文抄本可能來自梵諦岡的收藏。然而，有些學者推測他們使用的其實是當地取得的希臘文抄本。丹麥學者摩登哈維爾（Moldenhawer）在《康普魯頓合參本聖經》出版後的250年參訪了阿卡拉，檢視當地的圖書資源，試圖解答抄本來源的問題，卻無法找到任何希臘文《新約》的抄本。由於摩登哈維爾推測當地圖書館一定曾經收藏希臘文聖經抄本，在不斷打探之下，圖書館員告訴他當地圖書館確實曾經藏有一些古代的《新約》希臘文抄本，然而在1749年左右，它們都被當成「無用的羊皮紙」賣給煙火製造商托里歐（Toryo）了（雖然無用，卻很適合拿來製作煙火）。

後來也有學者試圖否定這一說法的真實性[7]。但至少這個故事告訴我們，新約希臘文抄本的研究並非煙火科學[8]。

第一本希臘文《新約》出版

雖然《康普魯頓合參本聖經》是第一本付梓印刷的希臘文《新約》，但它卻不是第一個出版的。如前所見，《康普魯頓合參本聖經》在1514年印刷，但一直到1522年才真正出版。在這期間，積極的荷蘭人文主義知識分子伊

7——請參閱 Samuel P. Tregelles, *An Account of the Printed Text of the Greek New Testament* (London: Samuel Bagster & Sons, 1854).

8——編注 New Testament is not rocket science，也可譯為「新約抄本研究並不難」。此處作者在玩文字遊戲。

拉斯姆（Desiderius Erasmus）編輯並出版了希臘文《新約》，讓他獲得了「首版」（editio princeps）的殊榮。伊拉斯姆多年來斷斷續續研究新約與其他古典著作，因此考慮過要將不同版本的《聖經》經文並列印製。1514年8月，他訪問瑞士巴塞爾時，出版商約翰・福洛本（Johann Froben）才成功說服他，以進一步落實這個想法。

伊拉斯姆和福洛本兩人都知道《康普魯頓合參本聖經》的出版計畫，因而想盡快出版他們的希臘文聖經。但是伊拉斯姆由於雜務纏身無法專注於出版工作，直到1515年7月，他才動身前往巴塞爾，尋找可以作為底本的希臘文抄本。他並未發現大量抄本，但找到的已經夠用了。他依賴的多半只是少量中世紀晚期抄本，並直接在這些抄本上注記，讓印刷工人直接按照抄本上的標記排版。

很顯然，雖然伊拉斯姆可以參考其他抄本，並根據上面的內容比對校正，但是他僅僅依賴一份十二世紀的抄本來編輯福音書和其他經卷。〈使徒行傳〉與其他書信，也是使用十二世紀的抄本。至於〈啟示錄〉，他則必須借用他的朋友羅可林（Johanne Reuchlin，日耳曼人文主義學者）手上的抄本。不幸的是，羅可林的抄本有許多地方根本無法閱讀，而且還少了最後一頁（也就是〈啟示錄〉的最後六節）。伊拉斯姆急於完成出版工作，便直接從武加大拉丁文譯本翻回希臘文，以彌補缺漏的部分，因而產生了一些其他希臘文抄本中都找不到的內容。稍後我們會看到，在一個世紀以後，英王詹姆士欽定版的翻譯者，就是以伊拉斯姆的希臘文《新約》作為翻譯底本。

伊拉斯姆的版本從1515年10月開始付印，九個月之後便完成印刷。該版本除了匆促編成的希臘文文本，還在旁

邊並列校訂過的武加大拉丁文譯本（在第二、第三版中，伊拉斯姆還納入他自己的拉丁文翻譯以替代武加大譯本，震驚了不少仍把武加大譯本當成「唯一」《聖經》的神學家）。這是一本大部頭的書，全書厚達近千頁，但即使如此，伊拉斯姆自己後來還是說這「毋寧是急就章而非編定好的」（*praecipitatum verius quam editum*）。

值得注意的是，伊拉斯姆的版本是希臘文《新約》的首版，其意義不僅在於它的歷史趣味，更重要的是，它在文本的發展史上，成為接下來西歐三百多年的希臘文標準版本（伊拉斯姆總共出版過五個版本，這些版本全都是以當初匆促集結成的首版為底稿）。許多學者熟知的希臘文聖經出版者都以它為準：斯蒂芬紐（Stephanus，或稱Robert Estienne）、伯撒（Theodore Beza）、波納文圖拉與亞伯拉罕・埃爾澤維（Bonaventure and Abraham Elzevir）。這些文本或多或少都依循它們之前的文本，最後都追溯到伊拉斯姆的文本。而由於伊拉斯姆僅僅參考少數中世紀末期的抄本（有時候只有兩份，甚至一份，而〈啟示錄〉中的某些部分，甚至沒有參考任何抄本），所以這些中世紀後期的文本，就都承襲了伊拉斯姆版本中的錯誤。出版商大多沒有尋找更多、更古老且更好的抄本當底本。他們僅僅重複印製同樣的文本，只做少部分修正。

其中有些版本顯然十分重要。例如斯蒂芬紐於1550年出版的第三版，就是史上第一個在經文上標注幾種不同抄本差異的版本，而他的第四版（1551年）可能更重要，因為他把希臘文經文分成許多小節。這些分節方式後來大多被保存到英文的譯本中。在此之前出版的希臘文版本，所有經文都連在一起，沒有標注章節段落。關於斯蒂芬紐如何

替希臘文聖經分出段落章節，有個有趣的小傳說。斯蒂芬紐的兒子後來提到，他父親是在旅行途中，於馬背上決定章節分段。這當然是說斯蒂芬紐是「在路上工作」，也就是晚上住宿旅社時編定這些章節的。然而，既然斯蒂芬紐的兒子字面上說他父親是「在馬背上」完成工作的，某些評論家便揶揄他真的是在馬背上工作，每當他的馬顛簸一下，斯蒂芬紐的筆就跳一下，結果產生了那些至今在英文譯本上都還看得到的奇怪分節方式。

然而，我在此想指出的是，這些後來的希臘文《新約》版本（包括斯蒂芬紐的版本）最終都可以追溯到伊拉斯姆的**首版**，而那個版本又是來自某些較晚期且不見得可靠的希臘文抄本（亦即那些他在巴塞爾找到的，以及從朋友羅可林手上借來的的抄本）。因而，我們沒有理由相信，這些抄本是品質特別好的抄本，它們只是伊拉斯姆手上現有可得的抄本而已。

事實上，這些抄本**不是**品質最好的，它們是原文出現之後一千一百多年的產物！舉例來說，伊拉斯姆在福音書所使用的主要抄本，就同時包含了〈約翰福音〉中犯姦淫婦人的段落，以及〈馬可福音〉的最後十二節，我們在上一章中得知，這些都是福音書中原來沒有的段落。

此外，在伊拉斯姆所依據的抄本中，有個重要段落遺漏了。那就是〈約翰壹書〉5章7-8節，學者稱之為「約翰小條」（Johannine Comma），這一段落出現在武加大拉丁文譯本中，卻未出現在大部分的希臘文抄本中。長久以來，這個段落一直是基督教神學家最喜愛的段落，因為當中明確指出了三位一體的教義；有三個位格存在於神性（Godhead）之中，而三個位格仍然是一位上帝。在武加大譯

本中,這個段落寫道:

> 在天上作證的有三:父、道及聖靈,這三樣都歸於一。在地上作證的有三:就是聖靈、水及血,這三樣都歸於一。

這個段落不好理解,但它很明白支持了教會關於「三而一之上帝」的傳統教導。沒有這節經文,三位一體的教義便只能透過統合許多經文才能推論出來,得到父是神、基督是神,聖靈也是神,且只有一位神的結論。相反地,有這節經文,便可以簡明直接地陳述此一教義了。

然而,伊拉斯姆在希臘文抄本中並沒有發現這一段落,抄本上的原文只有:「作見證的有三:就是聖靈、水與血,這三樣都歸於一。」那麼「父、道、聖靈」那一段到哪裡去了?它們沒有出現在伊拉斯姆的主要抄本中,也沒有出現在他所參考的其他抄本上,因此他的首版希臘文中自然就沒有這段經文了。

就因為這樣,伊拉斯姆惹惱了與他同時期的神學家,他們指控他竄改經文,試圖消滅三位一體的教義,並貶低此教義的結論,也就是基督完全的神性。特別是《康普魯頓合參本聖經》的主編史都尼卡也公開詆毀伊拉斯姆,並堅持要他在下一版中,把這節經文歸還至原有的位置上。

接下來的情節發展是,伊拉斯姆(也許是在某個不小心的情況下)答應在下一版的希臘文新約中放回該節經文,但有個條件,就是他的反對者得先找出有這節經文的**希臘文抄本**才行(只出現在拉丁文抄本上是不夠的)。結果,這樣一份希臘文抄本就出現了。當然,這個抄本是特製的,很顯然有人抄寫了一份該書信的希臘文抄本,抄到約翰小條時,便

把拉丁文翻譯成希臘文然後加上去,使得約翰小條回到那個讓人熟悉的有用神學形式。換句話說,這份為伊拉斯姆特製的抄本,是十六世紀的產品。

儘管伊拉斯姆抱持著疑惑,他還是信守承諾,並在下一版以及其後所有版本中納入「約翰小條」。如我先前所言,這些版本後來成為斯蒂芬紐、伯撒、波納文圖拉與亞伯拉罕・埃爾澤維等人出版的希臘文《新約》之依據。這些版本同時也成為英王詹姆士欽定譯本所使用的底本。因此,從1611年的詹姆士譯本到二十世紀的現代譯本等讀者熟悉的英文《聖經》中,都包含犯淫婦人的段落、〈馬可福音〉最後十二節以及約翰小條,儘管在較古老、較好的希臘文《新約》抄本中**都沒有**這些段落。這些段落僅僅是因為某些意外,根據伊拉斯姆手邊所能拿到、以及一本為他特製的抄本,進入了英語世界。

在十六、十七世紀時,各種版本的希臘文《聖經》都如此相像,以至於出版者可以宣稱他們的文本是全世界所有學者以及希臘文《新約》讀者共同接受的。這是當然的,因為這些經文沒有其他競爭者!波納文圖拉與亞伯拉罕・埃爾澤維(他倆是叔姪關係)在1633年某一版的《聖經》上對讀者如此宣告:「你現在所看到的,是所有人公認的經文,我們沒有增加或毀損任何內容[9]。」他們這段宣言在學術圈非常出名,同時也最常被拿來引用。這段話,尤其是「所有人公認的經文」這幾個字,後來便成了所謂的「公認經文」(*Textus Receptus*,簡寫為 T. R.)。經文鑑別學的學者用該詞彙來專指所有以伊拉斯姆版本為底本的聖經,而

---

[9]——拉丁原文如下:textum ergo habes, nunc ab omnibus receptum: in quo nihil immutatum aut corruptum damus.

非最古老和最好的抄本為底本的經文。這些經文最先由伊拉斯姆出版，其他印刷商則援用了三百年以上，直到後來文本研究的學者才堅持，希臘文《新約》必須根據科學的原則，依據最古老和最好的抄本，而不僅僅是重印那些習慣使用的文本。然而，在十九世紀末之前，英王詹姆士欽定譯本等早期英文聖經譯本，都是以「公認經文」這種劣質的經文作為翻譯底本。

米爾的希臘文《新約》著作

對大部分使用十六、十七世紀印刷版希臘文《新約》的學者來說，希臘文《新約》的內文似乎已經固定下來了。畢竟，幾乎所有版本的內文都一模一樣。偶爾有些學者會致力於尋找那些與大家熟悉的印刷版內文不一樣的希臘文抄本，然後記錄下來。斯蒂芬紐在1550年版的《聖經》上，就標注了多處與其他十四份抄本不同之處。不久之後，英國學者布萊恩・華爾頓（Brain Walton）和約翰・菲爾（John Fell）等人所出版的希臘文《新約》中，開始更嚴謹地看待現存不同抄本之間的異文。1707年，一位研究新約經文鑑別學的古典學者出版了突破性的著作，自此學者才發現經文差異所帶來的嚴重問題。這本書為希臘文《新約》演變的研究帶來翻天覆地的影響，開啟了洪水閘門，強迫學者認真看待《新約》抄本內容的問題[10]。

牛津大學皇后學院的教授約翰・米爾（John Mill），花了三十年的時間認真咀嚼手上的資料，出版了他的希臘文《新約》。他所出版的內容，其實只是1550年斯蒂芬紐

10——參閱 Metzger and Ehrman, *Text of the New Testament*, chap. 3, sect. ii.

的版本。關鍵之處不在於他使用的內文,而是那些他嚴謹查考並加以引用的異文。米爾總共讀了一百份以上的希臘文《新約》抄本。此外,他還詳細檢查早期教會教父的著作,看他們是如何引用《聖經》的(假設我們可以透過檢視教父引用的經文,來重建那些教父所使用的抄本)。不僅如此,雖然他看不懂許多古代語言(拉丁文除外),但他使用之前華爾頓出版的版本,來檢查敘利亞文、科普特文等早期版本和希臘文聖經之間的差異。

米爾基於這三十年累積下來的研究成果,出版了他自己的經文與著作,並指出他手上現有經文資料之間的差異。令許多讀者震驚和喪氣的是,米爾找出現有資料之間的差異共有三萬處左右,這些資料包含了不同抄本、教父著作中引用的經文,以及《新約》的各種經文異文。

米爾並沒有徹底呈現他蒐集的資料。事實上,他發現的異文遠超過三萬處。他沒有把發現的東西通通納入,例如文字順序不同的異文就被他排除了。然而,米爾標記出來的那些地方,仍然震驚了一般讀者,使他們不再自滿於那些一再重複出版的公認經文,也不再以為公認經文就是希臘文《新約》的「原文」。現在,所謂的原文,變成了一個開放的議題。如果我們不知道這些經文是不是希臘文《新約》的原文,我們如何使用它們來判斷正確的基督教教義和教導呢?

米爾著作所引發的爭論

米爾著作所帶來的衝擊很快就出現了效應,然而,他卻無法親眼目睹這一戲劇性的情節。米爾在這部偉大著作出版後的兩週死於中風。然他的早死(根據某位評論者的

說法，是因為他「喝太多咖啡！」）並不妨礙那些誹謗者的腳步。最嚴厲的攻擊來自於三年後的丹尼爾·惠特比（Daniel Whitby），他在1710年出版了一系列闡釋《新約》的筆記，並加了一百多頁的附錄，詳細檢視米爾著作中所引用的異文。惠特比是個保守的新教神學家，他的基本論點是，即使上帝沒有防止抄寫者的錯誤混入《新約》，祂也不致於讓經文走樣或訛誤到無法傳達祂神聖的旨意。因此他悲嘆道：「因此我大感**痛心**且苦惱，因為在米爾的緒論中竟然有那麼多顯然會危及標準信仰之處。即使往最好的方面想，也一樣會讓人產生疑惑。」[11]

惠特比提到，那些羅馬天主教的學者（他稱為「教宗的跟班」）恐怕會很高興，因為希臘文《新約》的內容這麼不可靠，他們便可大方宣稱《聖經》並不足以作為信仰確切的權威（換句話說，教會的權威才是最大的）[12]。他提到：「天主教學者毛利努斯（Morinus）就認為，他在斯蒂芬紐的希臘文《新約》中所發現的那些異文，已經足以動搖《聖經》本身的權威性；如果那些教宗的跟班發現，米爾三十多年來窮經皓首的研究結果顯示，同樣一份經文上的異文其實有四倍之多，這對他們來說會是多麼大的勝利啊！」[13]惠特比繼續辯稱，事實上，《新約》的經文還是很可靠的，因為米爾列舉的那些異文很少跟信條或行為相關；那些異文大多不會影響到《聖經》的真實性。

11——惠特比的話，出自 Adam Fox, *John Mill and Richard Bentley: A Study of Textual Criticism of the New Testament*, 1675-1729 (Oxford: Blackwell, 1954), 106.

12——**編註** 論及信仰的權威來源，天主教宣稱有聖經、聖統（教會的領導傳承）與聖傳（教會的傳統，包括大公會議的憲章、教宗的通諭和訓導以及教父的文集等），而新教則宣稱只承認聖經（*sola scriptura*）。

13——Fox, Mill and Bentley, 106。

惠特比大概故意讓人無法讀完他駁斥的論點,其著作長篇累牘,多達上百頁,浮濫又不吸引人,而且類似的論調不斷重複。他試圖靠著不斷斥責來堆砌出自己的論點。

這整件事情或許原本會以惠特比的辯護為總結,不料隨後有人徹底援引了米爾的三萬條異文(這正是惠特比最擔心的),宣稱我們無法相信《聖經》經文,因為它本身是如此不可靠。最強力擁護這項主張的是英國自然神論者安東尼‧柯林斯(Anthony Collins),他是哲學家洛克(John Locke)的好友兼追隨者,在1713年出版《論自由思考》(*Discourse on Free Thinking*)這本小冊。這是十八世紀初自然神論的代表作,它主張邏輯與證據的優越性高於啟示(例如聖經中的啟示)和所謂的神蹟。該著作在第二部分討論到「宗教問題」時,柯林斯論及了許多事務,其中還援引米爾的三萬條異文,說明即使是基督宗教的神職人員(亦即米爾),也曾經「承認且戮力證明《聖經》經文本身有多麼不可靠」。

柯林斯的小冊子廣為閱讀、影響深遠,激起了許多尖銳的回應,當中大部分的回應可說是既笨拙又吃力,但仍有些是充滿智識且義憤填膺的。這場混戰中最重要的成果是引出了一位國際知名學者:劍橋大學三一學院的教師理查‧賓利(Richard Bentley)。賓利最著名的研究是關於荷馬、賀拉斯(Horace)、泰瑞斯(Terence)等古典文學作者的研究,他以「萊比錫的自由愛好者」這個筆名(顯然是在暗指柯林斯的「自由思考」)回應惠特比和柯林斯,指出米爾所蒐羅的異文並不會危及新教的信仰基礎,因為那些異文在米爾發現它們*之前*就已經存在了。這些並非米爾的發明,而只是發現而已!

如果我們同時相信這位聰明的作者(柯林斯)以

及你們那位更聰明的博士（惠特比）的意見，認為他（米爾）念茲在茲地就是想要證明《聖經》經文不可靠……那麼惠特比在那邊破口大罵又大呼小叫到底是為了什麼呢？他說米爾的工作成果導致所有經文都岌岌可危，還使得宗教改革、教宗的跟班甚至宗教本身，都成了無神論。老天！有完沒完啊。要知道，那些異文在之前許多範例中就已經存在了，這並非米爾博士的製造或杜撰，他只是如實呈現出來而已。這些異文早就存在，如果宗教在當初為真，那麼在異文被指出來之後宗教還是依然真實可靠。不論事實以什麼方式展現出來，沒有真理能夠顛覆真正的宗教信仰。[14]

　　身為古典文本傳統的專家，賓利繼續指出，只要人們發現更多抄本，他們就會發現更多的文本差異。如果一本著作只有一份抄本，當然**不會有**任何文本差異。一旦出現第二份抄本，它一定會跟第一份有所不同。這不是什麼壞事，因為這些異文可以顯示第一份抄本哪裡有誤。如果加入第三份抄本，你還會找到更多異文，但同時也會發現更多被保留下來的原文（也就是第一份和第二份抄本都犯錯的地方）。因而，我們發現的抄本越多，異文就越多；但同樣的，人們也就越有可能在這些異文中發現原文。因而，米爾找到的三萬處異文，並不損壞《新約》的完整性，它們只是為學者提供了必要的資訊，使學者得以建立一份比任

14——Phileleutherus Lipsiensis, *Remarks upon a Late Discourse of Free Thinking*, 7th ed. (London: W. Thurbourn, 1737), 93-94.

何古代抄本都還要詳細的經文文本。

我們在下一章會看到，米爾帶來的爭論最後如何影響賓利，他將其非凡的才華投入《新約》文本的研究，以期重建可得的最古老抄本。不過在這之前，我們得先後退一步，探討我們今日該如何看待米爾的驚人發現，也就是《新約》抄本傳統中的三萬條異文。

我們的現況

雖然米爾檢視了一百多份希臘文抄本，並發現了三萬處以上的異文，然而今日我們所知的異文，卻還遠多於米爾的發現。根據最近一次的統計，人們發現和建檔的希臘文抄本大約有五千七百份，這是米爾於1707年所知抄本的五十七倍。這五千七百份抄本中，最小的有一張信用卡大小的抄本碎片，也有非常巨大、裝飾華麗且保存完整的抄本。有些僅僅包含《新約》中的一卷，有些則是少數幾卷的集結（例如四福音或保羅書信的集結），很少有抄本是完整包含了整部《新約》[15]。此外，還有許多早期不同翻譯版本的《新約》。

這些抄本的年代最早上及第二世紀（一個小碎片P^{52}，上面有〈約翰福音〉18章的幾個小節），最晚下探十六世紀[16]。抄本的尺寸各不相同，有的小到足以放在手掌上，例如科普特文的〈馬太福音〉（又稱席德抄本Scheide Codex，只有4×5英寸

---

[15]——我的朋友荷姆斯（Michael Holmes）跟我說，就我們所知，在超過七千份的希臘文聖經抄本中（包括新約與舊約），真正包含全部新、舊約聖經內容的，不超過十卷，而且這十卷都有殘缺（某些地方少了幾頁），其中成書年代早於公元十世紀的只有四卷。

[16]——即使在印刷術發明之後，人們仍繼續使用手寫抄本，就好像現在我們已經可以用電腦進行文字編輯，但仍有人在使用打字機。

大）；有的則大到令人印象深刻，例如前述的西乃抄本，有15×13.5英寸，完全攤開後十分驚人。有些抄本非常廉價，製作過程非常匆促，甚至抄寫在回收的紙張上（原本頁面上的文字擦掉後，謄寫《新約》經文），有的則所費不貲、奢侈華麗，例如用銀色或金色墨水寫在染成紫色的羊皮紙上。

學者通常將希臘文抄本分成四類[17]：(1) 最古老的蒲草紙抄本（papyrus manuscript），寫在蒲草製成的紙上，這是古代世界中高貴不貴又好用的書寫材料，抄本年代約在第二至第七世紀；(2) 大寫抄本（majuscule manuscript），由羊皮紙（動物的皮製成，有時又稱為犢皮紙）製成，內容都是以大寫字體寫成，因而稱為大寫抄本，抄本年代大多是第四到第九世紀；(3) 小寫抄本（minuscule manuscript），這些抄本也是由羊皮紙製成的，但內容是以小寫字體寫成，有時不同字母會連在一起，看起來像是希臘文的手寫體，抄本年代大多是第九世紀之後；(4) 經文選集（lectionary），大部分是小寫字母的抄本，但內容並非整本《新約》，而是從《新約》中摘錄出一組經文，在每週或每次節期的聚會中使用（一如今日教會使用經句的公禱書或每日經文選集）。

除了這些希臘文抄本，我們還知道一萬份左右的武加大拉丁抄本，更不用說其他語言的抄本，如敘利亞文、科普特文、亞美尼亞文、古喬治亞文、教會斯拉夫文等等。相較之下，米爾手上的抄本僅僅是少數的古代譯本，而且還得藉由拉丁文翻譯來理解。此外，我們還有教會教父的作品，例如以希臘文寫作的革利免、俄利根、亞他那修

---

[17]——我們可以看出，這四種並不是以相同原則去畫分的。例如有的蒲草紙抄本會用大寫字體書寫，而大寫抄本使用的則是另一種書寫材料；至於小寫抄本則跟大寫抄本一樣，寫在羊皮紙上，只是書寫的字體不同。

等，以及使用拉丁文寫作的特土良（Tertullian）、耶柔米、奧古斯丁等。他們都在許多地方引用過《新約》，我們因此得以重建他們所參考（而今大多散佚）的那些經文抄本。

面對如此豐富的經文證據，我們統計出的異文數量又是多少呢？學者的估計大不相同，有人說大約是二十萬，有的說三十萬，有的說四十萬，甚至更多！我們無法確定，因為儘管電腦科技有著驚人發展，至今還是沒有人能全部統計出來。如同我先前指出的，也許我們最好用比較的方式來描述：所有抄本上的異文比《新約》中的字數還要多。

各類經文更動

如果我們對於經文更動的數量有疑義，那麼對於更動的種類呢？現在學者一般將經文的更動分成兩種：筆誤造成的意外，以及深謀遠慮的蓄意修改。雖然這兩者之間沒有嚴密的界線，但是如此畫分依然適用：我們可以理解為何抄寫時會無意間漏字（意外的更動），但卻很難想像〈馬可福音〉最後加上的那十二節會是單純筆誤。

所以在本章的最後，我們要探討一下每種經文更動的範例。我將從某些「意外」的更動開始。

意外更動

希臘文抄本中，經文是連續書寫而成的（大多沒有標點符號，甚至字與字之間也沒有間隔），這無疑會讓意外筆誤的情況更加嚴重[18]。外形相像的單字經常會被誤認為另一

18——關於意外修改的進一步範例，參閱 Metzger and Ehrman, *Text of the New Testament*, chap. 7, sect. I

個。例如〈哥林多前書〉5章8節，保羅告訴他的讀者，他們必須共享基督（也就是逾越節的羔羊），並且不可用「舊酵，也不可用惡毒、邪惡的酵」。此處「邪惡」的希臘文是PONÊRAS，但這個單字看起來與希臘文「不道德的性關係」（PORNEIAS）相近。結果驚人的是在許多現有的抄本中，保羅顯然是在警告讀者必須對抗不道德的性關係，而非一般意義上的邪惡（儘管這兩者的差別不是那麼的分明）。

如果抄寫者縮寫單字以節省時間、空間，這種拼字錯誤就更容易發生。例如希臘文的「和」拼做KAI，有的抄寫者只寫出字首K，後面再往下畫一撇來代表這是縮寫。其他常見的縮寫還有所謂的「聖名」（*nomina sacra*），亦即上帝、基督、主、耶穌、聖靈等字，可能是因為這些單字出現的次數太多，或者是為了表達特別重視。這些縮寫有時會對後來的抄寫者造成困擾，因為他們可能把某一字的縮寫誤認為另一個字的縮寫，或是直接把縮寫當成完整的單字。例如在〈羅馬書〉12章11節中，保羅要求他的讀者要常常「服事主」。但這裡的主（KURIW）經常縮寫成$\overline{\text{KW}}$，有些較早的抄寫者誤以為它是KAIRW（時間）的縮寫。結果在這些抄本上，保羅就變成勸勉他的讀者要「服事時間」了。

類似的情況也出現在〈哥林多前書〉12章13節。保羅指出每個在基督裡的人「都從一位聖靈受洗，成了一個身體」，並且他們都「飲於一位聖靈」（drunk of one Spirit）。這裡的「聖靈」（PNEUMA）在大部分的抄本中都簡寫成$\overline{\text{PMA}}$，但有時會被抄寫者誤認為另一個希臘文單字「喝」（POMA），因此這些抄本中，保羅變成要大家「醉在同一杯裡」（drunk of one drink）了。

希臘文抄本中常見的另一個錯誤，發生在兩行內文以

同一個單字做結尾時。抄寫者在抄寫完第一行之後，很可能在回頭尋找原文時直接跳到**另一行**最後的**同一個**單字，然後從那裡繼續抄寫，於是這兩行之間的單字甚至是是那幾行就都漏掉了。這種錯誤稱為「跳讀」（*periblepsis*），而這種文本則稱為「相同的結尾」（*homoeoteleuton*）。我告訴我的學生，如果他們能夠巧妙說明 *homoeoteleuton* 所造成的 *periblepsis*，他們就可以在大學任教了。

我們可以從〈路加福音〉12章8~9節這個範例來認識這種錯誤是怎麼造成的。原本經文如下：

⁸凡在人面前認我的，
人子也在神的使者面前認他；
⁹在人面前不認我的，
人子也不在神的使者面前認他。[19]

在最早的蒲草紙抄本中，第9節整段都跳過省略了，發生這個錯誤的原因不難理解。當抄寫者抄完第8節的「在神的使者面前認他」，回過頭去看原稿時，他撿到的是第9節最後的相同字串，以為那就是剛抄完的字句。因此他從第10節以後開始抄寫，把整個第9節都跳過了。

有時這樣的錯誤甚至會對原文的意義造成災難性的錯誤。例如在〈約翰福音〉17章15節中，耶穌為他的門徒向上帝祈禱：

我不求你叫他們離開
世界，只求你保守他們離開

---

[19]——譯注 為了符合文中解說，以及原文文法的特性，此處根據和合本的中文譯文再加以調整。和合本的譯文是：「我又告訴你們，凡在人面前認我的，人子在神的使者面前也必認他；在人面前不認我的，人子在神的使者面前也必不認他。」

那惡者。[20]

現有最好的抄本之一（第四世紀的梵諦岡抄本），把「世界，只求你保守他們離開」整句跳過，結果耶穌的禱告很不幸地變成了「我不求你叫他們離開那惡者」！

有時意外錯誤的原因並不是某些字**看起來**很像，而是因為**讀起來**很像。例如當抄寫者以口述筆錄的方式抄寫一段經文時，這種事情便有可能發生（所謂的口述筆錄，便是由一個人念誦文本，由一位或多位抄寫者進行抄寫，這是第四世紀以後的繕寫室偶爾會使用的方法）。如果有兩個字發音一樣，那麼抄寫者就有可能疏忽而抄錯，特別是當那個字又可和整句話搭得上（但意思仍是錯的），錯誤就更容易發生了。例如這個情形就可能發生在〈啟示錄〉1章5節。原本作者是向「使我們脫離罪惡」的那一位禱告，而這個地方的「脫離」（LUSANTI）讀起來跟「洗淨」（LOUSANTI）一樣。結果毫不意外，在某些中世紀的抄本中，作者變成向「洗淨我們罪惡」的那一位禱告了。

另一個例子來自保羅寫給羅馬人的書信，在〈羅馬書〉5章1節中，保羅提到「我們既因信稱義，就藉著我們的主耶穌基督得與神相和」。但這真的是保羅的意思嗎？事實上，這個地方的「相和」聽起來跟勸勉的語氣「讓我們和好吧」完全一樣。因此，在許多抄本中（甚至包括部分最早的抄本），保羅並沒有確信他和他的跟從者已經與上帝和解，而是驅策自己與他們尋求與上帝和解。關於這一節，

20——譯注 為了符合文中解說，以及原文文法的特性，此處根據和合本的中文譯文再加以調整，和合本的譯文是：「我不求你叫他們離開世界，只求你保守他們脫離那惡者。」

哪種讀法才正確,文本研究學者的意見也各不相同[21]。

在其他情況中,字句的歧義較小,因為有些文字在更動之後,原本可理解、有意義的內容就變得毫無意義了。這種情況經常發生,原因跟我們討論過的極為相像。例如在〈約翰福音〉5章39節中,耶穌告訴他的反對者:「你們查考《聖經》……給我作見證的就是這經。」在一份早期抄本中,最後一個動詞被換成一個發音相近但前後讀起來意義不連貫的動詞,於是耶穌這段話變成:「你們查考《聖經》……因為這經犯罪違犯我。」另一個例子是〈啟示錄〉中,當先知看到神坐在寶座上的異象時,「有虹圍著寶座,好像綠寶石」(〈啟示錄〉4章3節)。在某些較早的抄本中,這個地方被改得很古怪,變成「有祭司圍繞著寶座,好像綠寶石」!

這些抄本有數千種意外錯誤,其中最怪異的大概是第十四世紀左右,編號109的四福音書小寫抄本[22],上面詭異的錯誤是〈路加福音〉第3章裡關於耶穌的家譜。抄寫者所參照的原文顯然是將這份家譜分成兩欄來書寫。因為某些原因,抄寫者沒有分欄抄寫,而是**跨欄抄寫**[23]。結果整個家譜次序大亂,大部分的人不是跟錯老爸就是認錯兒子。更糟糕的是,抄寫者所抄錄的原文中,第二欄比第一欄的行數還要少,結果人類的始祖不再是上帝,而是一個叫做法勒斯的以色列人,而原本應該是人類始祖的上帝,則變成

21——學者各種意見的辯論攻防,有興趣的讀者請參考 Metzger, *Textual Commentary*.

22——此處以及前面幾處的例子,都來自於麥茨格書上的範例,參閱 Metzger and Ehrman, *Text of the New Testament*, p. 259.

23——譯注 同一頁面的文字可能分成相鄰的兩欄,一般的抄寫順序是第一欄抄完,再抄寫第二欄。但此處抄寫者在抄完第一欄的第一行之後,卻跨欄抄寫第二欄的第一行,而後再接續第一欄的第二行,接著再跨欄去抄寫第二欄的第二行,依此類推。

了一個叫做亞蘭的傢伙的兒子!

有意修改

　　就某些方面來說,如果我們想建立最早的經文內容,前述的錯誤其實是最容易發現和更正的。但如果是蓄意修改,就變得比較困難了。主要是因為它們都是故意的,因此內容經過更動之後還是**有意義**的。而且正因為它們是有意義的,總是會有學者宣稱這些被更動過的才是**最佳**的,換句話說,這才是原文。於是學者不會爭論「這段經文是否有更動過」,因為每個人都知道它被更動過了。問題的癥結在於,究竟哪一個才是最早的原文、哪一個是被更動過的。這時學者的意見就不大相同了。

　　不過,在許多例子中(事實上是大部分的例子),學者的意見大致上一致。也許我們可以參考抄本上一些蓄意修改的實際範例,藉由這些不同**種類**的修改,我們可以得知抄寫者更動經文的理由。

　　有時抄寫者修改文本內容,是因為他們認為內容中真的有錯。例如〈馬可福音〉一開始,作者介紹自己的福音書時說:「正如先知〈以賽亞書〉上記著說:『看哪,我要差遣我的使者在你前面,預備道路⋯⋯修直他的路。』」問題在於這裡的引文根本不是出於〈以賽亞書〉,而是〈出埃及記〉23章20節和〈瑪垃基書〉3章1節合併之後的結果。有些抄寫者發現這個問題,便將原來的內容修改成:「正如先知書上記著說⋯⋯」這樣就不會有引用錯誤的問題了。但顯然馬可的原文不是這樣子寫的,在最早又最好的抄本中,此處所寫的先知的確是以賽亞。

　　有時候,抄寫者認為的「錯誤」並不是真的錯誤,而

是解釋上的問題。最有名的例子就是〈馬太福音〉24章36節，耶穌在預言末日的來到時說：「但那日子、那時辰，沒有人知道，連天上的使者也不知道，子也不知道，唯獨父知道。」抄寫者發現這個句子有點問題，為什麼上帝的兒子耶穌本人，竟然也不知道末日何時來到？這怎麼可能？他應該是全知的啊。為了解決這個問題，有些抄寫者乾脆就修改原文，把「子也不知道」拿掉。很顯然，天使可以無知，但上帝的兒子絕對不行[24]。

在其他情況下，抄寫者之所以修改內容，並不是因為他們認為內容有錯，而是他們希望能夠繞過某些可能的誤解。例如〈馬太福音〉17章12-13節中，當耶穌將施洗約翰比喻成以利亞這位末日的先知時，他說：

「只是我告訴你們，以利亞已經來了，人卻不認識他，竟任意待他。人子也將要這樣受他們的害。」門徒這才明白耶穌所說的是指著施洗的約翰。

這裡有個潛在的問題，原文**可能**會被解讀成：把施洗約翰誤認為人子，而不是以利亞。抄寫者知道這完全不是那麼一回事，某些人便更改一下句子的順序，將「門徒這才明白耶穌所說的是指著施洗的約翰」放到「人子也將要這樣受他們的害」**前面**。

有時，抄寫者更動文本顯然是出於神學上的動機，以此確保文本不會被「異端」引用，或者確保文本可以說出他們（抄寫者）期待的內容。關於這種更動有許多例子，我們會在後面的章節花較多篇幅來討論。在這裡，我只要簡

24——進一步的探討，參閱本書第七章「護教與經文更動」一節。

單指出幾個簡短的例子就好。

第二世紀，有些基督徒堅信基督帶來的救贖是全新的事物，超越世界上任何其他出現過的事物，也超越了基督教的原生宗教猶太教。有些更激進的基督徒甚至堅持，由於基督已經出現，猶太教（猶太人的舊信仰）已經毫無存在的必要了。對於抱持這種立場的抄寫者而言，耶穌那個「新酒裝在舊皮囊」中的比喻就顯得問題重重：

> 但新酒必須裝在新皮袋裡。沒有人喝了陳酒又想喝新的；他總說陳的好。
>
> ——〈路加福音〉5章38-39節

耶穌怎麼可能會說舊的比新的好？他帶來的救贖不是比猶太教或其他宗教都還要好嗎？抄寫者在發現這段令人困惑的經文之後，就乾脆把最後一句刪掉，這樣耶穌說的話就跟舊的比新的好無關了。

有時候，抄寫者更動經文是為了確保經文能充分強調他們特別喜愛的教義。例如在〈馬太福音〉中關於耶穌的家譜裡，作者先從猶太人的祖先亞伯拉罕開始，父生子，一代代下來，一直到「雅各生約瑟，就是馬利亞的丈夫。那稱為基督的耶穌是從馬利亞生的」（〈馬太福音〉1章16節）。這裡的家譜顯然是將耶穌當成一個例外，因為他不是被描寫為「某某人的兒子」。然而，這對某些抄寫者來說還是不夠的，他們修改經文，使它變成「雅各生約瑟，就是馬利亞的未婚夫。那稱為基督的耶穌是從處女馬利亞生的」。這樣一來，約瑟甚至稱不上是馬利亞的丈夫，而只是未婚夫，因而可清楚證明馬利亞是一名處女（這對許多早期的抄寫者來說是非常重要的）！

有時抄寫者修改經文並不是基於神學上的因素,而是儀式上的需要。我們發現,在早期基督宗教的苦修傳統越來越重要時,抄寫者也會更動經文內容。例如在〈馬可福音〉第9章,耶穌在趕出他的門徒無法驅逐的魔鬼之後,他告訴他們:「非用禱告,這一類的鬼總不能出來。」(〈馬可福音〉9章29節)之後抄寫者根據他們自己的實踐方式,自行添加相稱的內容,結果耶穌所說的話就變成了:「非用禱告與禁食,這一類的鬼總不能出來。」

另一個因為儀式而更動經文的著名範例,是〈路加福音〉版本的主禱文。該主禱文也出現在〈馬太福音〉,但是〈馬太福音〉的版本比較長,也是基督徒較熟悉的版本[25]。經過一番比較,我們發現〈路加福音〉的版本似乎已經過大刀闊斧地裁剪了。

> 父阿,願人都尊你的名為聖。願你的國降臨。我們日用的飲食,天天賜給我們。赦免我們的罪,因為我們也赦免凡虧欠我們的人。不叫我們遇見試探。
>
> ——〈路加福音〉11章2-4節

抄寫者從〈馬太福音〉版本的相似經文(〈馬太福音〉6章9-13節)中挪用了部分內容來解決這個問題。因此〈路加福音〉的主禱文就變成了:

> 我們在天上的父,願人都尊你的名為聖。願你的國降臨;願你的旨意行在地上,如同行在天上。我們日用的飲食,天天賜給我們。赦免我們的

25——關於主禱文傳統的進一步探討,參閱 Parker, *Living Text of the Gospels*, 49-74.

罪，因為我們也赦免凡虧欠我們的人。不叫我們
遇見試探；救我們脫離凶惡。

抄寫者試圖「調和」不同福音書內容的企圖可說無所不在。總是會有抄寫者大筆一揮，刪除不同的經文，以確保不同福音書中的相同故事能夠彼此調和。

有時候，抄寫者不僅受到相似經文的影響，還會受到耶穌及其生平事蹟的口傳傳統影響。比較重大的範例，我們已經在關於犯姦淫婦女以及〈馬可福音〉最後十二節中看過了。其他比較小的案例中，我們同樣也可以看到口傳傳統如何影響福音書的書寫內容。其中一個顯著的例子是〈約翰福音〉第5章耶穌在畢士大池旁醫治一名殘疾者的故事。這是個讓人難忘的故事：故事一開始，有許多殘疾、瞎眼、瘸腿、癱瘓的人躺在池子邊，而耶穌看見其中一人，這人為了尋求醫治，已經在那邊待了三十八年。耶穌問那個人是否想要痊癒，他回答道：因為沒有人把他放到水中，因此當「水動的時候」，總會有人比他先下去。

在最古老且最好的抄本中，並未解釋為什麼這個人**想要**在水動的時候進入這池子，但是口傳傳統補足了這個缺漏，因而在其後許多抄本多出了第3-4節來加以解釋：「因為有天使按時下池子攪動那水，水動之後，誰先下去，無論害什麼病就痊癒了。」[26]對於原本就很有趣的故事而言，這真是個貼心的提示。

26——此處的敘述只是其中一個較長的版本，還有其他不同版本的異文。

結論

我們還可以永無止境地談論《新約》經文中被更動之處，不論有意還是無意的。一如前述，更動之處不只有幾百處而已，而是有上千處。但此處提出的範例已足以傳達出一個總體概念：我們手上的抄本存在著許多差異，這些差異是那些複製《聖經》的抄寫者所造成的。比起第四世紀以後的專業抄寫者，前幾個世紀的抄寫者不但外行，還經常不小心犯錯，三不五時更改所抄寫的經文。

去了解抄寫者對經文的更動究竟是有意還是無意，的確非常重要，因為這樣會更容易察覺到哪些經文被動過，也能省去不必要的猜測，迅速判斷出何種是較早的經文形式、何種是更動過的經文形式。同樣的，了解現代學者用什麼方法來判斷也是非常重要。在下一章，我們將從米爾一直探討到現代，看看這些學者如何重建《新約》經文，並檢視這些方法在發展的過程中歷經什麼樣的轉變。

著名的西乃抄本中〈約翰福音〉的最後一頁。此抄本是十九世紀時由個性堅毅卓絕的提申道夫（Tischendorf）在西乃山下的聖凱薩琳修院中所發現的。

CHAPTER IV

探索原始經文：方法與發現

Ⅳ— 探索原始經文：方法與發現

†

當人們仔細分析《新約》經文
並發現這麼多
不同異文之後，便開始爭論
《聖經》是否足以作為信仰的唯一基礎。

經文異文的問題，
驚動了新教和舊教的聖經學者，
十八、十九世紀因此成為經文鑑別
成果最豐碩的時期。

IV — 探索原始經文：方法與發現

前一章提到，米爾從現有抄本中找出三萬處異文，並將之標注在他出版的希臘文《新約》上，但其實遠在米爾之前，就有一些學者發現《新約》經文的問題了。第二世紀時，異教徒克爾蘇斯就曾經批評基督徒任意修改經文，態度之隨性就如發酒瘋的人一樣；他的反對者俄利根也曾經說過，福音書的抄本有「為數眾多」的差異。一個多世紀之後，教宗達瑪蘇一世關注到拉丁文抄本種類過多的問題，便下令耶柔米製做出一份標準的譯本。耶柔米比對了許多希臘文與拉丁文抄本，以決定何者為作者原先寫下的文字。

不過這個問題在中世紀擱置了一段時間，直到十七世紀米爾等學者才重新開始認真看待它[1]。當米爾在為他1707年出版的那部意義重大的著作埋頭整理資料時，另一位學者也同樣孜孜不倦地處理《新約》經文的問題。這位學者不是英國人，而是法國人；同時，他不是新教徒，而是天主教徒。此外，他提出的觀點正是許多英國新教徒所害怕的：當人們仔細分析《新約》經文並發現這麼多不同異文之後，會認為《聖經》變動太大且不可靠，因而不足以作為信仰的唯一基礎。這個結論違反了新教改革「唯獨聖經」（sola scriptura）的信念。相反的，根據這個觀點，天主教的立場就是正確的：信仰需要天主教教會中保存的使徒傳統。這位致力於此一思想、並出版成一系列重要著作的法國作者，就是理查‧西門（Richard Simon, 1638-1712）。

1——關於中世紀時期如何理解、對待《聖經》的經典研究，參閱Beryl Smalley, *The Study of the Bible in the Middle Ages* (Oxford: Clarendon Press, 1941).

理查・西門

西門基本上是個希伯來文學者，但他關於文本傳統的著作卻同時包含了《舊約》和《新約》。西門的權威著作《新約經文歷史批判》（*A Critical History of the Text of the New Testament*）出版於1689年，當時米爾還在辛苦搜尋各個經文傳統的差異。因此米爾在寫作時得以使用到這部著作，並在1707年出版《新約》時，開頭就提到這本書的作者如何學識淵博、對於他的研究又多麼重要，儘管他並不認同該書的神學結論。

西門著作的主要目的，並不是為了發掘每一處經文差異，而是透過探討經文差異來顯示文本中許多不確定的地方，間或宣揚拉丁文《聖經》在天主教神學家眼中仍然保有權威文本的超然地位。他對於那些關鍵的經文問題非常熟悉，並做長篇的討論。例如犯姦淫的婦人、〈馬可福音〉最後十二節、約翰小條（清楚明確地支持三位一體的教義）等我們之前討論過的段落。他在討論中極力說明耶柔米為教會提供了一份足以作為神學思考基礎的經文。他在該書第一部分的前言提到：

> 聖耶柔米為教會做出了偉大貢獻，他以最嚴謹的批判方法，更正並檢視了古老的拉丁文抄本。我們在本書中所要極力證明的是，那些最古老的《新約》希臘文抄本並不是最好的，因為它們就像耶柔米發現的那些損毀的古老拉丁文抄本一樣，需要修正。[2]

2——Richard Simon, *A Critical History of the Text of the New Testament* (London: R.Taylor, 1689), Preface 1689), Preface.

這真是個聰明的論證,而且我們等一下還會遇到:我們不能信任最古老的希臘文抄本,因為它們是損毀的抄本,得先經過耶柔米修訂才能建立出更優越的經文。也就是說,在耶柔米之前的希臘文抄本,雖然可能流傳至今成為我們現有最古老的抄本,但它們仍然不可靠。

雖然這是個聰明的論證,但是它從來沒有在經文鑑別學的領域中得到廣泛接受。就其影響來說,該論證只是宣稱我們至今流傳下來的那些最古老抄本並不可靠,但這些抄本的校訂版則可靠。然而,耶柔米校正經文的基礎又是什麼?他是根據更早之前的抄本來校訂的。看來,即使是耶柔米,在早期有許多不同經文傳統的情況下,還是得信任這些更早之前的文本。如果我們不也這樣做的話,就是大大退步了。

不論如何,西門為了堅持他的理論,認為**所有**的抄本都被更動過,特別是那些希臘文抄本。在這裡我們可以發現,作者更在意的是那些對抗「真」教會的「希臘分裂主義」。

> 時至今日,沒有任何《新約》抄本是所謂真正可靠的,不論是希臘文、拉丁文、敘利亞文還是阿拉伯文的抄本。不論是以哪一種語言書寫下來的,沒有一種抄本是絕對沒有增添的。我甚至可以斷言,如同我們在其他地方證明的那樣,希臘的抄寫者在抄寫時往往恣意妄為。[3]

西門在其通篇論述中,對此一現象提出了清楚的神學

3——Simon, *Critical History*, pt. 1, p. 65.

論證。在某個論點上,他誇張地問道:

> 是不是有可能……上帝一方面將《聖經》賜予祂的教會,以建立信仰教條,但另一方面,又允許《聖經》的第一手原著在基督宗教一開始的時候就遺失呢?[4]

當然,他的回答是否定的。《聖經》的確是信仰的基礎,但真正重要的不是經書本身(畢竟它們都經過了修改),而是對這些經書的解釋。這些解釋就蘊含在透過教會(天主教)傳遞下來的使徒傳統裡。

> 雖然《聖經》是我們信仰賴以建立的確定規範,然而這一規範並不是全然自足的。我們得知道,除此之外,還有使徒傳統,而我們得透過使徒教會才能學習使徒傳統,因此只有使徒教會才能保有對經文的正確理解。[5]

西門的反新教結論在他其他的著作中更為明顯。例如在一本介紹「重要的《新約》注釋者」的著作中,他直接了當地提到:

> 《聖經》抄本中的巨大更動 第 手的原文已經遺失,這便完全摧毀了新教徒的原則……他們查考的,不過是那些更動過的《聖經》抄本的現代版而已。如果宗教的真理沒有保存在教會中,那麼想從這些書追求真理就很危險了,因為這些

4——Simon, *Critical History*, pt. 1, pp. 30-31.
5——Simon, *Critical History*, pt. 1, p. 31.

書有那麼多處更動,而且還常常是出於抄寫者個人意見而產生的。[6]

這種在智性上對新教《聖經》觀念所做出的嚴厲攻擊,在學院的殿堂中得到了嚴肅看待。當米爾的著作於1707年出版時,新教的《聖經》學者也不得不針對《聖經》文本的本質,重新檢視並捍衛他們對信仰的理解。當然,他們不能直接就廢除「唯獨聖經」的信念。對他們來說,《聖經》的記載仍然承載著上帝話語的權威性。但在許多情況下,我們仍不知道何者為上帝的話語,這種時候到底該怎麼辦?其中一個辦法,就是建立一套方法來鑑別經文,使得現代學者得以重建原文,這樣一來,信仰的基礎便能再次具備可靠性。基於這一神學目的,許多研究(主要是在英國和德國)都致力於建立一套有效且可信任的方法,從數量龐大且充滿錯誤的現存抄本中,重建《新約》的原始經文。

理查・賓利

如前所述,米爾出版希臘文《新約》及抄本中大量異文的著作之後,引發了許多負面反應。於是理查・賓利這位劍橋三一學院的古典學者,便將其卓越的才華投注到《新約》經文傳統的研究[7]。賓利寫了一本《對自由思考論述的回應》(*A Reply to a Treatise of Free-Thinking*),來回應自然神

6──引文出自 Georg Werner Kümmel, *The New Testament: The History of the Investigation of Its Problems* (Nashville: Abingdon Press, 1972), 41.
7──完整的傳記參閱 James Henry Monk, *The Life of Richard Bentley*, D.D., 2 vols. (London: Rivington, 1833).

論者柯林斯,此書大受歡迎,且出到第八版。他的主要觀點在於:對於材料如此豐富的經文傳統而言,希臘文《新約》中的三萬處異文其實並不算多,而米爾只是發現了這些異文,並沒有捏造,因此我們不能指責他破壞基督宗教的真理。

最後,賓利本人對《新約》經文傳統的研究也產生了興趣。他在投入心力研究之後,發現自己事實上可以更進一步,重建大部分異文的原文。1716年,他在寫給贊助者威克大主教(Archbishop Wake)的信件中,提出一個新版希臘文《新約》的出版計畫:透過謹慎的分析,他將能重建尼西亞會議(第四世紀初)當時的《新約》經文。他相信,該時期所使用的經文,是再上個世紀偉大經文學者俄利根所使用的經文。賓利相信,這比經文受到大規模更動因而損壞的時期,還要**早**上好幾個世紀。

賓利並不是個會假裝謙虛的人,他在信中提到:

> 有些人認為不可能,但我認為我可以重建出一套尼西亞會議時期最好的希臘文《新約》版本。裡面單字甚至語助詞的差異不會超過二十個……這樣,現在被視為最不可靠的《聖經》,其確定性將會遠遠超越其他書籍,並一勞永逸地解決今後所有的異文問題。[8]

賓利的方法非常直接。他決定把英格蘭最重要的《新約》希臘文抄本(第五世紀早期的亞歷山大抄本),仔細對照當時最古老的武加大拉丁譯本。他發現許多重要的巧合:這

8——引文出自 Monk, *Life of Bentley*, 1:398.

兩份抄本在許多地方都一致，但都與大量的中世紀希臘文抄本不同。其一致程度之高，甚至連文字的順序都一樣，而且跟其他抄本不一樣。賓利相信，他可以同時修訂武加大拉丁譯本和希臘文《新約》，呈現它們最古老的形式。這樣一來，對於最早的經文內容也就不會有任何疑慮了，而米爾的三萬處異文也就不會減損經文的權威性。這一方法背後的邏輯很簡單：如果，耶柔米真的是用最好的希臘文抄本來編輯經文，那麼只要比較最古老的武加大譯本（以確保這是耶柔米的原文）與最古老的希臘文《新約》抄本（以確保這是耶柔米所使用的希臘文抄本），我們便能判斷出耶柔米時代最好的經文究竟是什麼模樣，從而跳過中間一千多年經文傳遞和不斷更動的過程。此外，既然耶柔米的經文是他之前俄利根所使用的經文，我們也就能確保這是基督宗教早期幾個世紀中最好的經文。

因而，賓利提出了此一論證的必然結論：

> 只要能從教宗的武加大譯本中找出兩千處的錯誤，也從新教教宗斯蒂芬紐的版本（也就是斯蒂芬紐的公認經文）中揪出同樣多的錯誤，我就能建立這兩種語言的對照版《聖經》，使兩者在字句和順序（這是我一開始最驚訝的地方）都比任何帳目或契約都還要一致，無需使用近九百年來的任何抄本。[9]

賓利進一步校勘這些抄本，並檢視其他人的校訂成果之後，更是信心大增，自認為可以正確且一勞永逸地完成

9——Monk, *Life of Bentley*, 399.

這項工作。1720年,他出版了小冊子《印刷提議》(*Proposals of Printing*),為他的計畫募集贊助資金。他提到自己重建經文的方案,並強調該經文無與倫比的正確性:

> 作者相信,他已經恢復俄利根的經文樣本了(少數幾處除外)……同時他確定,透過希臘文和拉丁文抄本的互相協助,便能在細部上確認出經文原文(這是目前所有古典著作都辦不到的事)。他還確定,那三萬處異文迷宮,除了密密麻麻地布滿我們目前最佳聖經版本的頁面,也冒犯了許多好人。這一線索將能帶領並解救我們,因而三萬處異文之中,只有兩百處是真正值得關注的。[10]

將米爾的三萬處異文大幅削減到兩百處,顯然是個重大進步。然而,不是每個人都確信賓利能完成這項任務。在一篇回應《印刷提議》的匿名小冊中(這是個充滿好辯之士和小冊子的時代),不但逐段討論該提案的內容、攻擊賓利的計畫,同時還說賓利「缺乏足夠天分也和適當材料來完成這項工作。」[11]

可想而知,賓利將這一番話當成是對他個人聰明才智(他自己說的)的詆毀,並以牙還牙地報復回去。不幸地,他把對手誤認為約翰・柯貝奇(John Colbatch),但事實上攻擊者是另一位劍橋大學的學者康雅・米德勒敦(Conyers Middleton)。於是賓利以當時代慣用的風格,寫了一篇尖酸刻薄的回應,指名道姓地攻擊柯貝奇。對於習慣點到為

10——*Proposals for Printing a New Edition of the Greek New Testament and St. Hieroms Latin Version* (London, 1721), 3.
11——參閱 Monk, *Life of Bentley*, 2:130-33.

止的現代人而言，這些引發爭論的小冊簡直是令人歎為觀止；在那個時代，對個人有什麼不滿就直接宣洩，完全不需拐彎抹角。賓利評論道：「這是最惡劣又無恥的段落，我們不用繼續討論下去了。只有躲在暗處的三流作家才會寫出這種東西。」[12] 接著，在整篇回應中，他提出幾個栩栩如生的侮辱字眼，稱呼柯貝奇（他跟這小冊子可是毫無關係啊）是包心菜、小蟲、蠕蟲、蛆、寄生蟲、亂啃亂咬的老鼠、咆哮的狗、無知的小偷和騙子等等[13]。噢，過去的人都是這樣辯論的！

當賓利察覺到他真正對手的身分時，自然為找錯債主而感到些許慚愧，但他仍然繼續自我辯護，雙方你來我往多次交鋒，這一辯護的工作自然拖延了整個計畫本身。除此之外，擔任劍橋三一學院行政主管的繁重事務、其他的著作計畫，或是他的書籍出版用紙無法取得進口免稅等等讓人氣餒的挫折，也都拖延了整個進度。最後，他這個出版希臘文《新約》的提議，也就是使用最早的可能經文而非晚期訛誤的希臘文抄本（那些公認經文就屬這類）來出版聖經，全化為烏有。在他死後，他的姪子被迫歸還全部捐獻的款項，整個計畫至此終止。

約翰・本格爾

從法國（西門）到英國（米爾、賓利）再到德國，當時大部分歐洲基督宗教世界的頂尖《聖經》學者，全都致力於處理《新約》經文的問題。約翰・阿伯列特・本格爾

12——Monk, *Life of Bentley*, 136.
13——Monk, *Life of Bentley*, 135-37.

（Johann Albrecht Bengel，1687-1752）是虔誠的路德派牧師，同時也是教授。他年輕時便因為《新約》抄本傳統中多如牛毛的經文異文而深感困擾，特別是在他二十歲的時候，米爾出版的著作及其上所列的三萬處異文更是帶來了莫大震撼。這些對本格爾的信仰可是重大挑戰，畢竟他的信仰是根植於聖經中的一字一句。如果經文不是確定的，那麼建立於其上的信仰該怎麼辦？

本格爾花費了大半的學術生涯來處理這問題。我們將會看到，他在尋求解答上帶來了可觀的進展。但首先，我們得快速瀏覽一下本格爾研究《聖經》的方法[14]。

本格爾對宗教的委身，深深貫透了他的人生和思想。我們可以從他在丹肯朵夫（Denkendorf）的新神學院任命一位年輕講師時的演講標題，感受到他信仰的認真態度。演講的標題是：「勤奮追尋虔誠是獲致健全學習的最可靠方法」（*De certissima ad veram eruditonem perveniendi ratione per studium pietatis*）。

本格爾是受過古典文學訓練的學者，對於經文的詮釋極為小心。他最為人所知的大概是他的《聖經》註釋：他為《新約》的所有經卷寫了大量註釋，長篇探討其文法、歷史與詮釋的問題，在釋義方面更是清楚且令人信服，直到今日都還值得一讀。這些解經著作的核心，便是全心信靠《聖經》的話語。本格爾對《聖經》的信靠之深，在現代人看起來或許會有點古怪。他認為《聖經》上所有文字（包括先知書與〈啟示錄〉）都是上帝的啟示，因而深信上帝涉入人間事務的程度正迫近高峰。本格爾認為，根據先知

---

[14]——完整的傳記參閱 John C. F. Burk, *A Memoir of the Life and Writings of John Albert Bengel* (London: R. Gladding, 1842).

在《聖經》中的預言，他當時的世代正處於世界末日逼近的時刻。事實上，本格爾相信他知道世界末日的時間：大約是在一個世紀以後，也就是1836年。

本格爾並沒有因為〈馬太福音〉24章36節中提到「但那日子、那時辰，沒有人知道，連天上的使者也不知道、子也不知道，唯獨父知道」，就撤銷自己的意見。作為一個謹慎的詮釋者，他指出，此處耶穌用的時態是現在式：在他說話的那日，耶穌可以說「沒有人知道」，但是這不表示在這之後不會有人知道。事實上，只要研究先知書，後來的基督徒就會知道末日的時候，並且知道教宗就是敵基督者，而共濟會也許就是〈啟示錄〉中的「假先知」，至於世界末日，距今只有一個世紀而已（此書寫於1730年代）。

> 原初教會認為敵基督者會帶來的那個末世災難雖然尚未來到，但也快了。〈啟示錄〉第10到14章的預言，在數個世紀以來已經實現了，而關鍵時刻變得越來越明顯。我們可以預見，在未來的一百年內，將會發生巨大變化⋯⋯因此，讓餘民[15]站起來吧，尤其是在最後終結的時候。我預測是在1836年[16]。

很顯然，不論是荷凌西（《那日子》一書的作者）還是黎曦庭（《末日謎蹤》的作者之一），他們前有古人，後有來者，且源源不絕。

我們在此提到本格爾對先知書怪異的詮釋是有原因

15——編註 Remainder，在基督宗教傳統中，特指劫後餘生、蒙應許得拯救者。
16——Burk, *A Memoir*, 316.

的。他的解釋必須建立在絕對精確的《聖經》經文之上。如果敵基督者的數字不是666年,而是616年,那麼影響就大了。由於字詞茲事體大,因此取得原始經文就非常重要。本格爾為此花費了無數時間研究,探索現有抄本中數萬處的異文。而他為了克服後來抄寫者所做的更改,將其復原成作者原初所寫的內容,在方法論上提出了不少突破性創舉。

首先,他構思出了一套判斷標準,每當他碰到有問題的詞彙時,能夠多少重建原文的內容。在此之前的學者,如西門、賓利等,都曾試圖為不同的異文建立一套評鑑標準。此外還有一些我們沒能討論到的學者,也試圖建立一大串可能有些幫助的條件。本格爾在經過認真研究之後(他研究每種事物都很認真),發現他可以把他人提出的一大堆判斷標準簡單歸納為一句話:「越難懂的經文就越好。」(*Proclivi scriptioni praestat ardua*)邏輯如下:當抄寫者修改內文時,他們很有可能想把它改得更好。如果他們發現手上的東西是錯的,就會更正;如果看到同一件事情有兩段不同記載,就會調和;如果看到一段經文與自己的神學意見不同,就會改動。不管是哪一種情況,如果想得到經文最古老(或是「原始」)的內容,就不應該選擇那些錯誤已得到更正、差異已經過調和,或是在神學上被補強過的經文,而是應該反過來,選擇那些越是「難以理解」的經文。不論情況為何,越困難的異文越好[17]。

本格爾帶來的另一項突破是,他把關注的焦點從我們已知的那些大量異文,轉移到承載這些異文的大量抄本。

17——我們之前已經用過同樣原則來處理〈馬可福音〉1章2節和〈馬太福音〉24章36節,參閱第三章的相關討論。

他發現抄本在複製時，一定會帶有原來抄寫樣本的相近特徵，而從相同幾份樣本抄錄出來的其他抄本，也會帶有這些相同特徵。因此，某些抄本會比較相像。我們手上所有的現存抄本，可以分出幾個系譜，隸屬於同一系譜的抄本相似度會高於其他抄本。這是個非常有用的方法，因為理論上我們可以建立抄本的族譜，並向上追溯這些抄本的來源。這就好像在追溯你跟另一個省分的同姓宗親是不是有共同祖先一樣。

稍後我們會更完整看到，把抄本整理成為系譜的過程中，如何發展成更為正規的方法論原則，以協助經文鑑別學的學者建立原文。在這裡，我們只需知道本格爾是提出這個概念的第一人。1734年，他出版了他的希臘文《新約》，其中大部分都是公認經文，但是裡面也指出了幾個他認為自己發現了更佳經文的地方。

約翰・威特斯坦

在十八世紀的《聖經》學者之中，最富爭議性的其中一位，便是約翰・威特斯坦（Johann J. Wetstein，1693-1754）。他在年輕的時候便迷上了《新約》經文及其多樣異文，並在早期研究的時候就開始探索這個問題。他曾經在1713年的3月17日，他的二十歲生日隔天，於瑞士巴塞爾大學發表了一篇論文〈新約中的各種異文〉（The Variety of Readings in the Text of the New Testament）。信奉新教的威特斯坦在其中特別宣稱，各種經文異文「不會削弱《聖經》的可信度及其完整性」，因為上帝已經「將這本書一次交付給全世界，讓人性更臻完全。這本書包含了一切救恩所需，不論是信仰上還是行為上的指示」。因此，不同的經文異文只會影

響《聖經》中無關緊要的部分，至於基本信息，不論在哪段異文中都不會受到更動[18]。

1715年，威特斯坦來到了英格蘭（這是他文學之旅的一部分），並得以接觸到全部的亞歷山大抄本（我們前面已經提過該抄本傳統與賓利的關係）。其中有個部分特別引起威特斯坦的注意，也就是某個會帶來巨大影響的小地方：〈提摩太前書〉中的一個關鍵句。

長久以來，正統神學的擁護者皆以〈提摩太前書〉3章16節來證明，《新約》本身就稱呼耶穌為上帝。在這節經文中，大部分的抄本都稱呼基督為「上帝在肉身顯現，被聖靈稱義」。如同我在第三章中指出的，大部分的抄本都會把聖名縮寫（亦即 *nomina sacra*），而這裡就是這樣的一個例子。希臘文中，上帝（ΘΕΟΣ）可以縮寫成兩個字母（$\overline{\Theta\Sigma}$，上面那一橫槓表示這是縮寫）。而威特斯坦在亞歷山大抄本上發現，上面這一橫槓所使用的墨水，不同於四周字母所使用的墨水，因此顯然是**後人**加上去的（也就是說，是另一位抄寫者寫上去的）。此外，在Θ字母中間的那條橫線，其實並非原來字母的一部分，而是從這張老舊的羊皮紙背面滲透過去的。換句話說，這並不是「上帝」一詞的縮寫（$\overline{\Theta\Sigma}$），而是另一個完全不同的單字（ΟΣ），是「那位」（who）的意思。因此，原文中的意思並不是說基督是「上帝在肉身的顯現」，而是說基督是「以肉身顯現的**那位**」。根據古老的亞歷山大抄本，此處的基督不再明確表明為上帝了。

在威特斯坦繼續深入研究之後，他發現一般被用來支持基督神性教義的其他經文，事實上也都存在著文本問

---

[18]——C. L. HulbertPowell, *John James Wettstein, 1693-1754: An Account of His Life, Work, and Some of His Contemporaries* (London: SPCK, 1938), 15, 17.

題，而大部分情況下，這些問題經文透過經文鑑別學的方法加以處理之後，基督神性的意義都不見了。例如說，約翰小條（〈約翰壹書〉5章7-8節）這一著名的段落，就從經文中被移除了。同樣，在〈使徒行傳〉20章28節中，許多抄本都寫成「神的教會，就是他用自己血所買來的」。在這個地方耶穌顯然是被當成上帝來陳述，但是在亞歷山大抄本以及其他一些抄本中，這裡的經文是「主的教會，就是他用自己的血所買來的」。這樣一來，耶穌在這裡就被稱為「主」，而不是明白指稱為上帝了。

留心到這些困難之後，威特斯坦開始認真思考他自己的神學信念了，特別是關於《新約》中很少（如果有的話）真正稱呼耶穌為上帝的問題。他開始對他在巴塞爾的牧師以及教師同事感到惱怒，因為他們有時候會搞不清楚指稱上帝和基督的用語（例如會把上帝的兒子當作天父，或是在禱告中提到天父上帝「您神聖的傷痕」等等）。威特斯坦認為，當他們提到聖父、聖子的時候，需要更精確一點，因為兩者是不一樣的。

威特斯坦對這些東西如此強調，引起他同僚的懷疑。1730年，威特斯坦出版了一部著作，探討希臘文《新約》中的經文問題，此後他的同僚更確定了他們的懷疑。在他提出討論的段落中，有些爭議性的經文是神學家用以建立基督神性教義的《聖經》基礎。但對威特斯坦而言，這些經文的原文無法用來支持既有的神學觀點，所以事實上是竄改過以符合教義觀點的。

威特斯坦的著作大大激怒了同僚，許多人出來反對他。他們強烈要求巴塞爾市議會不得讓威特斯坦的希臘文《新約》出版，並視該著作為「無用、不適當、甚至是危

險的著作」，他們還提到「威特斯坦執事宣講的是非正統的道理，他在自己的課堂上對抗改革宗教會的教導，並著手印製一本希臘文《新約》，其中有些危險的發明將會導致蘇西尼主義（Socinianism，一個否認基督神性的教義）。」[19]威特斯坦被傳喚到大學議會中說明他自己的主張，結果議會認為他帶有「理性主義者」的觀點，拒絕《聖經》完全出於啟示、拒絕相信魔鬼與邪靈的存在，並將注意力全都集中在經文中晦澀的部分。

議會革除威特斯坦的執事職位，並強制他離開巴塞爾，所以他只好搬到阿姆斯特丹定居，在那裡繼續進行他的工作。他後來表示，這些爭議迫使他的希臘文《新約》延遲了二十年才出版（1751-52）。

即使如此，這本希臘文《新約》仍是一部偉大著作。在超過250年後的今天，對學者來說仍然非常有價值。書中，威特斯坦使用的仍是公認經文，但他蒐集了為數驚人的希臘、羅馬、猶太文獻，這些文獻中包含《新約》中的平行經文，可幫助讀者更加理解原文涵義。他同時還從二十五份大寫抄本、兩百五十份小寫抄本中引用了許多經文異文（幾乎是米爾的三倍了）。他用大寫字母來標示大寫抄本，阿拉伯數字來標示小寫抄本，以此排列抄本順序。威特斯坦的參照系統在後來的幾個世紀中成了標準，到了現在基本上依舊受到廣泛使用。

儘管威特斯坦版本的希臘文《新約》具有重大價值，其背後的經文理論卻經常被視為是徹底退步的。威特斯坦不顧賓利（他曾經在賓利手下工作過，協助其校勘抄本）和本格爾

19——HulbertPowell, John James Wettstein, 43.

（他把本格爾當成敵人）等人在方法論上的進展，而持續相信希臘文《新約》抄本是不可靠的。他認為，這些希臘文抄本為了符合拉丁譯本，全都遭到了竄改。然而，沒有證據顯示這確實發生過，結果威特斯坦判斷異文的標準變成，每當碰到異文的問題時，最好的解決方法不是看最古老的抄本（根據他的理論，這些是與原文差異最大的！）而是看最晚近的抄本（中世紀的希臘文抄本）。頂尖的經文學者是不會認同這種怪理論的。

卡爾・拉赫曼

在威特斯坦之後，由於發現的抄本數量逐漸增加，隨之而來更多的異文也更多，於是許多經文學者也在判別古老經文的方法論上多或少做出貢獻，例如山姆勒（J. Semler）、葛立斯巴賀（J. J. Griesbach）等等。不過就某種程度而言，此一領域在接下來的八十年並未發展出重大突破，一直要到德國哲學家卡爾・拉赫曼（Karl Lachmann, 1793-1851），才出版了他那本看起來相對細薄、其貌不揚卻具革命性的希臘文《新約》[20]。

在拉赫曼的早期研究中，他便發現經文的證據本身不足以單獨決定何者為作者的原文。他接觸到最早的抄本是第四、第五世紀的作品，而這已經是距離原著數百年之後了。從最初原作者的筆下，一直到數個世紀之後的抄本，誰能預測經文在這數百年來的傳遞過程中發生了什麼變化？拉赫曼因而轉向一個比較簡單的問題。他知道這些公

---

[20]── 拉赫曼在古典作者的文本傳統中，發展出建立不同抄本之間系譜關係的方法，因而在學術年鑑中小有名氣。他主要的專業興趣事實上並不在於新約經文的研究，但他的確認為經文問題對文本研究學者而言，是獨特且有趣的挑戰。

認經文根據的是十二世紀的抄本傳統,因此他可藉由製作出一份**第四**世紀末的《新約》版本,一舉跨越八百年來改善新約經文。根據他現有的希臘文抄本、耶柔米的武加大譯本,以及愛任紐、俄利根、西普里安(Cyprian)等人所引用的經文,是足以讓他完成這份第四世紀的《新約》。於是他就這麼做了。靠著大量早期的大寫抄本、最古老的拉丁文抄本,以及教父引用的經文,他決定,光是修訂公認經文(這是之前不滿公認經文的學者的作法)是不夠的,應該全部拋棄,並根據自己的原則建立全新的經文。

於是,在1831年,他出版了並非立基於公認經文的聖經版本。三百年來,這是第一次有人膽敢這麼做,這個世界終於出現了一本完全根據古代抄本出版的希臘文《新約》。

拉赫曼建立了一份第四世紀末的經文版本,但這個想法並不是每個人都能理解,而即使有人能夠理解,也未必都能贊同。許多讀者認為拉赫曼是想要建立一份經文的「原文」,因而駁斥他幾乎忽略了所有的證據(後期擁有許多抄本證據的經文傳統)。其他人發現,他的方法跟賓利有些相近,因為賓利也想經由比對最早的希臘文和拉丁文抄本,來建立第四世紀的經文(不同的是,賓利認為這份經文是第三世紀初俄利根的經文),因此拉赫曼有時候被戲稱為「賓利的人猿」(笨拙的模仿者)。但事實上,拉赫曼還是有所突破。過去這個無用的傳統,是建立在出版商和學者對於公認經文的偏好,然而,公認經文之所以能獲得這般名實不符的地位而一刷再刷,並不是因為它建立在可靠的經文傳統上,而是因為這是人們最習慣也最熟悉的經文了。

羅拜高・提申多夫

就在賓利、本格爾、拉赫曼等學者致力於改進《新約》抄本異文的判斷方法時，東、西方一些古老的圖書館或修道院中，仍不斷發現新的抄本。十九世紀的學者羅拜高・費德利希・康斯坦丁・馮・提申多夫（Lobegott Friedrich Constantine von Tischendorf, 1815-1874）孜孜不倦地尋找《聖經》抄本，並將經文出版。羅拜高（Lobegott，德文是「讚美上帝」）這個名字的由來是，在他出生之前，他的母親看見一個瞎眼的人，而根據迷信，這會導致她的兒子生來就是瞎子。因此當他健健康康地出生時，他的母親便將這孩子獻給上帝，並取了這個不尋常的名字。

提申多夫對學術工作的熱度之高異於常人，他把《新約》經文的研究視為神聖的天命。他在二十出頭歲時寫給未婚妻的信裡說道：「我面臨著一項神聖任務，要努力去收復《新約》原文。」[21]他試圖把每一間圖書館、修道院中所收藏的抄本都挖出來檢視，以完成這項神聖任務。因此他數度旅行歐洲各地，甚至深入「東方」（也就是中東地區），尋找、翻譯、出版他所發現的那些抄本。其中一項他早年最廣為人知的成就，便是出版一份早已為人所知卻無人能夠解讀的抄本。這抄本叫做「以法蓮抄本」（Codex Ephraemi Rescriptus），收藏在巴黎的國家圖書館。這抄本原本是一份第五世紀的希臘文《新約》，但內容在十二世紀時被塗掉，其羊皮紙被回收用來記錄敘利亞教父以法蓮的幾篇講道。這些頁面清除得不夠乾淨，還是可以看到一些原來的字跡，卻又不夠清楚，因此即使學者卯足全力仍無

21——引自 Metzger and Ehrman, *Text of the New Testament*, 172.

法全數解讀。到了提申多夫的時代，某些有助於顯影的化學藥劑發明出來了，因此提申多夫小心翼翼地使用這些藥劑，緩慢持續、亦步亦趨地處理所有的文字，首度成功辨識出這份早期抄本。這使他在經文鑑別的圈子中獲得不少讚譽。

於是有些人開始資助提申多夫到歐洲和中東其他地方尋找抄本。在他所有成就當中，大家一致認同他最有名的發現，便是流傳至今最偉大的一部《聖經》抄本：西乃抄本。雖然我們可以直接閱讀提申多夫的親手札記了解經過，但這抄本的發現過程仍可說是不朽的傳說。

提申多夫在1844年的時候旅行到埃及地區，當時他還未滿三十歲，騎著駱駝抵達西乃曠野中的聖凱薩琳修道院。那是1844年5月24日，當天所發生的事情最精彩的描述還是要看提申多夫本人的記錄：

> 在西乃山下的凱薩琳修道院，我發現了畢生研究的寶藏。我在1844年5月來到這間修道院，看到大廳中央有個又大又寬的籃子，裡面裝滿古老的羊皮紙。圖書館館員提供的訊息是，已經有兩堆類似這樣的羊皮紙都腐爛然後燒掉了。讓我驚訝的是，在這堆羊皮紙中，有許多都是屬於同一份希臘文《舊約》抄本，而且是至今我所見過最古老的。院方允許我拿走其中的三分之一，大約是四十三頁，而其他的則打算燒掉。但我沒辦法要求他們讓出剩下的抄本，因為我表現得太高興了，導致他們開始懷疑這些抄本價值不菲。我抄了一頁〈以賽亞書〉和〈耶利米書〉的內容，並囑咐那些僧侶要虔誠收藏好剩下這些可能會被燒

毀的部分。[22]

提申多夫後來試著要挽救剩下的珍貴抄本,但無法說服僧侶出讓。大約九年之後,他再次回到當地,但是再也找不到該抄本了。1859年,提申多夫在俄國沙皇亞歷山大二世的贊助下,第三次前往凱薩琳修院。沙皇本人對於任何與基督宗教相關的事物都很感興趣,特別是古代基督宗教的事物。提申多夫直到最後一天還是沒找到抄本。當天修院的管理人員邀請他到自己的房間中,他們討論七十士譯本的事情(也就是希臘文的《舊約》),管理人員告訴他:「我也讀過七十士譯本。」接著從房間角落取出了一本用紅布包裹的書卷。提申多夫接著寫道:

> 我攤開了那本書,並且非常驚訝地發現,這不僅有我十五年前在籃子中看到的那些碎片,還有其他部分的《舊約》、完整的《新約》,以及〈巴拿巴書信〉和部分的〈黑馬牧人書〉。這真是讓人喜出望外,但這次我很自制,不讓修院的管理人員和其他僧侶注意到。我漫不經心地問他是不是可以讓我把這抄本帶回我的臥房,有空的時候可以翻翻。[23]

提申多夫立刻認出了這部抄本,它是至今最古老的《新約》抄本:「這是現存最珍貴的《聖經》寶藏,這份文獻的年代和重要性都超越所有其他我看過的抄本。」在

22——Constantine von Tischendorf, *When Were Our Gospels Written?* (London: The Religious Tract Society, 1866), 23.

23——Tischendorf, *When Were Our Gospels Written?*, 29.

經過複雜與漫長的交涉之後（提申多夫不經意地提醒那些僧侶，他背後的資助者是俄國沙皇，而沙皇本人可能會對於這份稀有抄本的禮物感到無比滿意，賜給修院大筆經費作為回報），提申多夫終於得以帶著這份抄本回到萊比錫，並在沙皇的資助下，於1862年俄國成立一千年的時候，分成四冊出版了這部裝幀豪華的聖經抄本[24]。

在俄國革命之後，新政府為了籌措資金，加上他們對於《聖經》抄本不感興趣，因此將西乃抄本以十萬英鎊賣給了大英博物館。現在這份抄本列入大英博物館的永久館藏，陳列在抄本展覽室中十分顯眼。

當然，這只是提申多夫在經文研究領域中眾多貢獻之一[25]。他總共出版了二十二本早期基督教文獻的相關著作，以及八份不同版本的希臘文《新約》，其中第八個版本至今仍被視為希臘文和各種版本相關異文證據的資訊寶庫。他的學術著作之豐富，可以從卡斯帕・瑞內・格列哥里（Caspar René Gregory）這位學者替他整理的文獻目錄上看得出來：提申多夫的出版品整整有十一頁之多[26]。

布魯克・威斯考特 & 芬頓・霍特

在第十八、十九世紀中，有兩個人對現代經文鑑別學貢獻特別多：劍橋的學者布魯克・弗斯・威斯考特（Brooke

---

[24]——直到今日為止，凱薩琳修道院仍然堅持當年提申多夫並非光明正大「拿走」這份抄本，而是攜卷潛逃的。

[25]——在提申多夫之後，有更多重要的抄本被發掘了出來。特別是二十世紀考古學家挖掘出許多比西乃抄本還要早上150年的蒲草紙抄本。這些抄本大部分都只是斷簡殘編，但有些內容則較為完整。截至目前為止，人們發現和歸類出的蒲草紙抄本有116份，其中大部分的新約經卷都涵蓋在內。

[26]——Caspar R. Gregory, "Tischendorf," *Bibliotheca Sacra 33* (1876): 153-93.

Foss Westcott, 1825-1901）與芬頓・約翰・安東尼・霍特（Fenton John Anthony Hort, 1828-1892）建立分析方法以處理《新約》抄本傳統。自從他們在1881年出版了著名的《希臘文新約原文》（The New Testament in the Original Greek），這本書便成為所有學者的基準：要不是認同它的基本觀點，再不然就是為其立論補足細節，再要不然就是按照他們兩人清楚且令人信服的分析系統，從別的角度來進行研究。而這一分析方法的優勢主要來自於霍特個人的天才。

威斯考特和霍特的著作總共有兩冊，其中一冊就是道道地地的《新約》，這是他們兩人二十八年來一起合作的成果，判斷不同傳統的異文何者才是《聖經》原始內容。另一冊則是對他們在建立經文的過程中，所遵循的批判原則的釋義。霍特是後面這一冊的作者，他在書中對不同材料進行縝密的分析與令人信服的考察，並為經文鑑別學者提供了可行的方法。該著作內容紮實、毫無贅字；它的邏輯精密、無所疏漏。這是部偉大的著作，就各方面來看都是這領域的經典之作。我指導的研究生，一定都得精讀這本書。

就某些方面而言，對《新約》經文問題的興趣，就占去了威斯考特和霍特兩人絕大部分的出版生涯。霍特早先接受的是古典文學的訓練，他在二十三歲的時候，就已經知道《新約》的經文問題。這是他寫給朋友約翰・艾勒頓（John Ellerton）的信：

> 我要到最近這幾個星期，才開始對經文的重要性有點概念。我很少閱讀希臘文《新約》，而且還受到那些粗劣的公認經文所影響……在那些良好

的抄本權威上竟有這麼多地方被更動過,顯然這已不只是個普通的、概念上的問題,而是個深層且意義深遠的問題……想想看,那些粗劣的公認經文依靠的完全是後期抄本。感謝神保佑,我們還有更多早期抄本。[27]

僅僅幾年之後,威斯考特和霍特便決定編訂一份新版的《新約》。他在1853年4月19日寫給艾勒頓的另一封信中提到:

> 除了威斯考特以外(我們見面談了花了幾個小時),我還沒有找任何人。我可以告訴你一個我們討論出來的決議:如果可以的話,要在兩到三年之內編輯出一份希臘文《新約》。拉赫曼和提申多夫兩人的著作提供豐富的材料,但這還遠遠不夠……我們的目標是為一般教士、學者建立一套可攜式的希臘文《聖經》,而且經文未被任何拜占庭(也就是中世紀)更動破壞。[28]

霍特在同年11月時,都還樂觀地認為這本書很快就可以出版,因為他提到希望他和威斯考特能夠「在一年左右」完成他們的著作[29]。然而計畫開始執行之後,他們對於盡速出版的期待也就逐漸消失了。大約九年之後,霍特在一封給威斯考特的信中,鼓勵他不要因為還遙遙無期的目標而感到氣餒:

27——Arthur Fenton Hort, ed., *Life and Letters of Fenton John Anthony Hort* (London: Macmillan, 1896), 211.
28——Hort, *Life and Letters*, 250.
29——Hort, *Life and Letters*, 264.

這項工作一定要完成,而且倘若沒有投注大量心力,它便無法做到令人滿意⋯⋯在歐洲除了我們,很少有人能夠明白這一點。由於經文中的異文眾多,如果要從頭到尾全部找出來,整個工程顯然耗費太大了。但是,由於我們都相信,要明確區分出重要和不重要異文是完全不可能的,所以我還是得說,在目前最可行的情況下去修正全部的異文,比起前者而言又是微不足道的。我想,如果我們就這樣放棄了這項任務,那才真的是完全不可饒恕的。[30]

他們沒有放棄這項任務,但是這工程隨著時間流逝變得越來越錯縱複雜。最後,這兩位劍橋學者總共花了二十八年的時間幾乎持續不斷地工作,最後才完成全部經文,並加了一篇霍特所寫的簡介。

威斯考特和霍特的工作是值得的。他們所建立的希臘文經文與一個世紀之後今日學者所使用的經文非常接近。這並不是因為這一個世紀以來沒有發現新的抄本,或沒有更進一步的理論發展,也不是沒出現不同意見。相反的,即使技術與方法有所進步,即使我們擁有的抄本資源遠遠更多,我們今日的希臘文經文仍然不可思議地與威斯考特和霍特兩人的經文極為相近。

在此我不用詳加描述威斯考特和霍特兩人在建立希臘文《新約》時於方法論上的成就[31]。這部作品最為顯著的成就,是為所有的抄本分門別類。自從本格爾首度發現抄本

30——Hort, *Life and Letters,* 455.
31——關於威斯考特與霍特在建立經文時所使用的經文批判原則,簡短的摘要參閱 Metzger and Ehrman, *Text of the New Testament,* 174-81.

可以根據其「家族」進行分類編組之後（有點類似建立家庭成員的族譜），學者便嘗試著去分辨不同的經文抄本並將它們歸入不同的家族。威斯考特和霍特也致力於這樣的工作。他們的分類觀點是建立在這樣的原則上：只要抄本具有相同的遣詞用字，他們就隸屬於同一個家族。也就是說，如果兩份抄本對同一個句子具有同樣的措辭，它們必定是有相同來源：有可能來自同一份抄本，或是該抄本的複本。這個原則有時又可這麼陳述：措辭相同表示來源相同（Identity of reading implies of identity of origin）。

如此一來，人們便可根據現有不同抄本上的經文相似度，建立出家族樹。威斯考特和霍特建立了四個主要的抄本家族：(1)敘利亞文本（其他學者稱為拜占庭文本），包含了大部分中世紀晚期的抄本，為數眾多但遣詞用句與原始經文並不特別接近；(2)西方文本，其抄本可追溯到非常早的年代，原始形式最晚成形於公元第二世紀左右，然而執行抄寫的人員大多十分草率，當時尚未出現專業的經文抄寫者；(3)亞歷山大文本，來自亞歷山大城，當地的抄寫者受過訓練並且態度嚴謹，但偶爾還是會為了讓經文在文法和風格上變得較可接受而更改經文內容；(4)中性文本，指那些在傳抄過程中未經嚴重修改或更動且包含大部分正確原始經文的抄本。

按照威斯考特和霍特的看法，中性文本中兩份最重要的抄本分別是西乃抄本（提申多夫所發現的抄本）以及在梵諦岡圖書館中所發現的梵諦岡抄本。這是威斯考特和霍特所能找到最古老的兩份抄本，並且根據他們的判斷，這兩份抄本還比任何其他抄本都還來得重要，因為這些抄本的內容是中性的。

不過，從威斯考特和霍特至今，許多命名方式都歷經了改變。學者不再使用「中性文本」這樣的詞彙，並且認為所謂的「西方文本」是個不適當的詞彙，因為不論是東方還是西方，都有技術不佳的抄寫作品。此外，後來的學者也徹底檢查並修改了威斯考特和霍特的系統。例如大部分現代學者認為所謂的中性文本跟亞歷山大文本其實是**一樣的**，那只是某些抄本上的經文比較具備代表性。同樣的，一些新發現的重要抄本，特別是他們那一時期所發現的蒲草紙抄本，也是如此[32]。儘管如此，威斯考特和霍特的基本方法論仍持續扮演重要角色，協助學者在現有抄本上找出何處為後來更改過的，以及可以在何處找到最早期的經文。

我們在下一章會看到，只要經過清楚解說，這套基本的方法論其實並不難理解。我們把這套方法應用在抄本中的經文問題上，判斷該處是否為作者所寫還是後來抄寫者所修改的結果，這個過程可說是非常有趣，甚至還頗有娛樂效果。

---

[32]——參閱前面的注解25。

第十一世紀的耶穌受難圖，周圍四個角落有符號代表著四福音的作者：天使（馬太）、鷹（約翰）、獅（馬可）、公牛（路加）。

CHAPTER V

關係重大的原文

. V — 關係重大的原文 .

†

如果經文確實受到更動,
我們如何判定
哪些是原文、哪些是後來抄寫者修改過的?

建立最文本原貌並不是件輕鬆的任務,
有時還十分費力。

在在本章,我們要檢視學者運用什麼方法來判斷何者為文本的「原文」(或者至少是「至今所知最古老」的文本形式)、何者又是後來抄寫者更動過的。在介紹這些方法之後,我將說明學者如何運用這些方法來處理《新約》抄本傳統上的三處經文異文。我選擇這三處異文的原因在於,這三處對於該卷的闡釋都關係重大,同時,這三處異文的問題都沒有反映在現代英文的《新約》譯本之中。也就是說,根據我的判斷,今日大部分英文讀者手上的譯本,都是從**錯誤**的原文文本而來,而錯誤的經文又會使該經卷得出完全不同的闡釋。

不過,首先我們要探討的是,學者究竟發展出什麼方法,來判別哪些是原文、哪些是後來抄寫者修改過的。我們稍後會看到,建立最早形式的文本並不是件輕鬆的任務,有時還十分費力。

現代經文鑑別學的方法

今日的經文鑑別學學者,在面臨何者為最古老的經文的抉擇時,大多會宣稱自己為「理性的折衷主義者」(rational eclecticist)。這表示他們會使用一套(理性)論證,從眾多的經文異文中「選擇」(eclectic一詞原來的意思)經文。他們的論證基礎,通常有「外部證據」與「內部證據」兩種[1]。

外部證據

以外部證據為基礎的論證,得先檢視現有抄本中,支

1——更深入了解這些方法,請參閱Metzger and Ehrman, *Text of the New Testament*, 300-15.

持不同異文的各是哪些。哪些抄本支持這一經文？這些抄本可信嗎？為什麼它們可信或不可信？

在思考哪些抄本支持的經文較為優越時，人們很容易以多數決來處理，也就是看看哪段經文在現有抄本中占的數量最多。然而，今日大部分的學者並不認為抄本最多就表示經文最好。我們可以用一個例子來簡單解釋。

假設原文抄本出現之後，複製出兩份抄本，我們稱為A抄本與B抄本。當然，兩份複本或多或少會在某些地方有所差異。現在假設有位抄寫者複製了A抄本，而有五十位抄寫者複製了B抄本。後來，原文抄本、A抄本以及B抄本都遺失了，因此留下來的抄本傳統中，總共有五十一份第二代抄本，其中一份來自於A抄本，另外五十份來自於B抄本。如果在那來自B的五十份抄本中，有一段文字與那份來自A的抄本不同，這難道表示前者一定比後者來得接近原文嗎？當然不，即使兩者在數量上相差五十倍亦然。事實上，經文異文數量中差異最大的，也還沒有達到50：1的地步。這兩者的差異其實是1：1。因此，若要探究哪份現有抄本的經文較接近原始（或最早）的形式，僅僅以抄本數量來考量是行不通的[2]。

因此，學者大致上相信，在確認哪種經文形式最為古老時，還有其他更重要的考量。其中一種考量便是抄本的**年代**。形式越古老的經文越有可能出現在越古老的抄本上，而這一假設的前提在於，隨著時間推進，經文越常被更動。當然，這不表示人們可以盲目接受最古老抄本上所有的字句。理由有二：第一，是邏輯上的問題，第二，是

---

[2]——這表示，為數眾多的「拜占廷」抄本不必然就是**最好的**經文讀本。它們只是抄本數量最多而已。有句經文鑑別學的古老格言是這麼說的：抄本是重質不重量的。

歷史的問題。就邏輯上而言，假設某種經文形式出現在一份第五世紀的抄本上，而另一種經文形式則出現在一份第八世紀的抄本上。那麼第五世紀抄本上的經文形式，就一定比較古老嗎？不見得。萬一第五世紀的抄本來源是第四世紀的抄本，而第八世紀的抄本來源是第三世紀的抄本呢？在這情況下，第八世紀抄本所保存的經文形式就會是比較古老的。

第二個理由是歷史因素，我們不能單看哪份抄本最古老，而不考量其他因素，那就是先前提及的：最早期的抄本同時也是品管最差的。因為早期複製抄本的人大多是非專業的抄寫者，因此也在抄本上製造出許多錯誤。

因此，儘管抄本的年代很重要，但它並非絕對的標準。這就是經文鑑別學學者大多是「理性折衷主義者」的原因。他們相信，對於不同的經文形式，得先考察各種論證，而不能只是計算抄本數目，或單純選擇最古老的抄本。當然，截至目前為止，如果**大部分**的**最早抄本**都支持某一種經文形式，那麼這些因素結合起來，自然會在判別異文時具有一定分量。

另一個外部證據的特徵，便是考察支持某一特定經文形式的抄本，來自哪些地理區域。假設有許多抄本支持某種經文形式，而這些抄本都來自羅馬，至於埃及、巴勒斯坦、小亞細亞、高盧等地的抄本，則一致支持另一種經文形式。在這種情況下，經文鑑別學學者也許會懷疑前者是某種「地方性」的經文形式（所有羅馬地區的抄本都存在同樣錯誤），因而其他地方的經文形式可能反而比較古老且較有可能保存原文。

也許學者遵循的外部證據中,最重要的是這一項:如果某個經文形式是「原始的」,那麼通常可以在最好的抄本與最好的抄本家族中找到。這種說法有點詭異,不過理由在於:基於許多原因,某些抄本顯然比其他抄本更好。例如每當內部證據(下一節會提到)幾乎確定某種經文形式時,這些抄本幾乎都支持這種經文形式,而其他抄本(通常是較後來的抄本)則會出現另一種經文形式。該原則同時還意味著,每當某些抄本顯然擁有最古老的經文形式,因而被認為比其他抄本更優越時,那麼對於其他內部證據不明顯的經文形式而言,這些抄本的經文也可能比較優越。這就好比法庭上的證人或某位你可以信任的朋友。當你**知道**某個人慣於說謊,你永遠無法確定他是否可以信任;但是如果你知道這個人完全可靠,就算他說的東西無法查證,你還是會相信他。

同樣的道理也可以應用到經文抄本的家族上。如同我們在第四章看到的,威斯考特和霍特發展了本格爾的理論,認為抄本可以集結成不同的文本家族。而有些家族顯然比其他家族更值得信任,它們保存了最古老且最好的經文證據,而試驗之後,也證明它們的經文比較優越。特別是大部分理性折衷主義的學者都認為,所謂的「亞歷山大文本」(包括霍特所謂的「中性文本」在內),是由埃及亞歷山大地區的基督教抄寫者細心複製,乃現存最優秀的文本,因而在面臨大部分的異文篩選時,為我們提供了最古老的「原始」經文。另一方面,「拜占廷文本」與「西方文本」中出現的經文形式,如果得不到亞歷山大抄本的支持,那麼也就比較不可能被認定為最佳的經文形式。

內部證據

視自己為理性折衷主義的經文鑑別學學者,會根據許多證據在不同異文中做選擇。除了抄本所提供的外部證據,另有兩種典型的內部證據也經常使用。第一種是所謂「內在的可能性」,也就是考量到文本作者最可能寫下什麼東西。當然,我們可以透過作者的書寫風格、用詞和神學來研判。當不同抄本保存了兩種以上的異文,且其中一種的用字和寫作風格,在該作者作品其他地方找不到,或者說,作者這種觀點只出現在這段異文裡,那麼這段經文就不大可能是作者所寫的,尤其如果其他經文形式更能與作者其他作品完美吻合,就更是如此。

第二種內部證據是「抄寫的可能性」。這並不是去追問作者比較可能寫下哪一種經文形式,而是追問抄寫者比較可能創造哪一種經文形式。這種證據可追溯到本格爾提出的想法:越是困難的經文越有可能是原文。這個想法的前提是,抄寫者比較有可能會想去更正他們認為錯誤的地方,以調和他們覺得衝突之處,並盡可能使經文呈現出的神學符合他們自己的神學傳統。比起那些比較簡單好讀的內容,表面上越是可能「出錯」、欠缺一致性或呈現獨特神學的經文,就越有可能被抄寫者修改。這一判準有時可這麼說:越能解釋其他異文何以存在,就越有可能是原文[3]。

到目前為止,我已經把經文鑑別所使用的內部和外部證據呈現給大家看了。我的目的並不是要所有讀者都熟習

3——有些學者認為,這是所有經文批判原則中最基本且最可信的原則。

這些原則,並立即應用到《新約》的抄本傳統上,而是想強調,當我們要判定何者為原文時,必須考量許多種狀況,並做出許多決定。很多時候,不同證據還會互相衝突。例如比較困難的經文形式(抄寫的可能性)在最早的抄本中找不到(外部證據),或者比較困難的經文形式與作者的書寫風格並不相符(內在的可能性)。

簡而言之,要判斷何者為原文不是一件簡單直接的事情!這工作需要大量思考、細心過濾證據,而不同學者總是會得出不同結論。這些爭議不僅出現在那些重要性較低、對經文原義沒多大影響之處(例如希臘文的拼法或是修改字詞順序等甚至不會反應在英文翻譯上的地方),同樣也出現在那些會造成重大影響之處,甚至會影響到整卷經文的闡釋。

為了闡明經文異文的選擇有多重要,接下來我會舉三個經文異文的例子來說明後面這種情況。在這些地方,要決定何者為原始經文,完全取決於一個人如何理解《新約》作者的訊息[4]。就其結果顯示,我認為大部分的英文譯者都做了錯誤的選擇,因而使得《聖經》翻譯出的不是原始的內容,而是抄寫者更動後創造出的內容。第一個例子來自〈馬可福音〉,這是一個貧窮的痲瘋病人向耶穌祈求醫治引致耶穌發怒的故事。

4——以下內容大多出自我的文章 "Text and Tradition: The Role of New Testament Manuscripts in Early Christian Studies," found in *TC: A Journal of Textual Criticism* [http://rosetta.reltech.org/TC/TC.html] 5 (2000).

馬可與憤怒的耶穌

〈馬可福音〉1章41節的經文問題,出現在耶穌醫治一個皮膚病患者的故事裡[5]。現有抄本中,第41節有兩種不同形式,兩者的差異如括號中所顯示:

> [40]有一個長大痲瘋的來求耶穌,向他跪下,說:「你若肯,必能叫我潔淨了。」[41]耶穌動了慈心(希臘文為 SPLANGNISTHEIS／動怒的希臘文為 ORGISTHEIS),就伸手摸他,說:「我肯,你潔淨了吧!」[42]大痲瘋即時離開他,他就潔淨了。[43]耶穌嚴嚴地囑咐他,就打發他走,[44]對他說:「你要謹慎,什麼話都不可告訴人,只要去把身體給祭司察看,又因為你潔淨了,獻上摩西所吩咐的禮物,對眾人作證據。」[45]那人出去,倒說許多的話,把這件事傳揚開了,叫耶穌以後不得再明明地進城,只好在外邊曠野地方。人從各處都就了他來。

第41節的英文翻譯,大多強調耶穌對這個貧窮痲瘋病人的慈愛:耶穌「動了慈心」(也可翻譯成「感到憐憫」)。這個翻譯是依據大部分希臘文抄本上的經文。我們很容易看得出來,「慈心」在此處的重要性。我們無法確定這個人到底得了什麼病,因為根據許多注釋者的看法,這是一種皮膚會脫落的疾病,而不是我們今日那種會造成身體潰

---

[5]——關於此異文,較完整的探討以及其對經文闡釋的重要性,請參閱"A Sinner in the Hands of an Angry Jesus," in *New Testament Greeks and Exegesis: Essays in Honor of Gerald F. Hawthorne*, ed. Amy M. Donaldson and Timothy B. Sailors (Grand Rapids: Eerdmans, 2003). 後文中的探討大多來自這篇文章。

爛的痲瘋病。但不論如何,根據《妥拉》禁止「痲瘋病」患者與其他人住在一起的命令,他是不潔的,應該要被隔離,並切斷與任何公共事務的關係(〈利未記〉13-14章)。此處,耶穌被這麼一個人所感動,伸出他溫柔的手,觸碰了患病的皮膚,並醫治了他。

對翻譯者和闡釋者而言,在這樣的場景中,悲憫之情是簡單且毫無疑義的,因而他們通常不會考慮其他抄本上的異文。在現有最古老的希臘文伯撒抄本(Codex Bezae)中,就出現了十分困惑且惱人的異文(另有三份拉丁文抄本支持伯撒抄本的經文)。根據這份抄本的記載,耶穌對這人並非**動了慈心**,而是**動了怒**。在希臘文中,SPLANGNISTHEIS 和 ORGISTHEIS 是不同的字。但由於此處的異文同時有希臘文和拉丁文的抄本支持,因此經文鑑別專家通常會認為這種經文形式至少可溯及第二世紀。如此說來,這有沒有可能是馬可自己寫的呢?

先前提過,倘若支持某種經文形式的抄本數量多、而另一種經文形式的抄本數量少時,我們從不認為數量多的就一定正確。有時候,即使兩方數量十分懸殊,數量少的抄本反而是正確的。部分原因在於,我們手上的抄本大多是原始抄本出現後數百年才產生出來的,而這些抄本並非直接來自於原始抄本,而是來自非常晚的抄本。一旦某種經义更動進入了這個抄本傳統,並且後來流傳得原始抄本更廣,**它**就會永遠待在那裡。在這個例子中,我們考慮的這兩種經文形式都非常古老,究竟哪個才是原始版本?

如果要今日的基督徒從這兩者選擇一個,毫無疑問,幾乎所有人都會選擇較多抄本使用的版本:耶穌憐憫這人,因此也醫治了他。另一種讀法則很難理解:說耶穌發

怒**到底是什麼意思？經文本身不就足以證明馬可當初寫的是耶穌動了慈心嗎？

相反的，正是因為其中一個經文形式太有道理、太容易理解了，導致有些學者懷疑它是錯的。如上所述，抄寫者也比較喜歡沒有問題、容易理解的經文。在這裡我們要問的是：抄寫者在複製這段經文時，比較有可能把耶穌動了慈心改為耶穌動了怒，還是把耶穌動了怒改為耶穌動了慈心呢？哪個經文形式較容易解釋異文的存在呢？從這個觀點來看，後者顯然更有可能。耶穌動了怒顯然**更難**理解，因而更有可能是「原文」。

探討抄寫者比較可能發明哪一種讀法是個思辯性問題，但此外我們還有更好的證據來支持何者為原文。我們一直要到第四世紀末，才出現包含這個段落的〈馬可福音〉希臘文抄本，而這距離該書的寫作時間已經是將近三百年了。不過，的確有兩位作者，在〈馬可福音〉出現之後的二十年內，也複製了這個故事。

學者很早就確認〈馬可福音〉是第一本書形諸文字的福音書了，而馬太和路加兩人都使用馬可的記載作為他們講述耶穌故事的來源[6]。因此，只要馬太和路加（或多或少）以不同方式來講述同樣的故事，我們的確有可能透過〈馬太福音〉和〈路加福音〉來看他們怎麼更動〈馬可福音〉。當我們這樣做之後，我們發現馬太和路加兩人都以〈馬可福音〉作為這個故事的共同來源。驚人的是，馬太和路加在痲瘋病人求問耶穌以及耶穌回答的敘述（40-41節），幾乎每字每句都和馬可的記載一樣。那耶穌到底是動

6——參閱 Ehrman, *The New Testament*, chap. 6.

了慈心還是動了怒呢？奇怪的是，馬太和路加兩個人都省略了那個字。

如果在馬太和路加手上的〈馬可福音〉寫的是耶穌動了慈心，為什麼他們兩人都要省略這個字呢？在馬太和路加筆下，耶穌在其他地方呈現出的都是憐憫人的形象，而每當馬可在故事中清楚描繪出憐憫的耶穌時，馬太或路加也會在自己的故事中保留這樣的描述[7]。

如果答案是另一個呢？如果馬太和路加在〈馬可福音〉中看到的是生氣的耶穌呢？他們會不會傾向於刪除這一情緒的記載？事實上，〈馬可福音〉其他地方，也有耶穌生氣的記載，而不管哪個地方，馬太和路加都更改了該處的描述。在〈馬可福音〉3章5節，耶穌「怒目周圍」看著那些在會堂中窺探他是否要醫治手臂枯乾的人。路加的記載幾乎和馬可一模一樣，不過他移除了耶穌的怒氣。至於馬太，則是整個故事重寫，而且完全沒有提到耶穌的憤怒。同樣，在〈馬可福音〉10章14節，耶穌對他的門徒感到惱怒（另一個希臘文單字），因為他們不讓人們帶著小孩前來給耶穌祝福。馬太和路加兩人都有同樣的故事，字句也大多相同，但他們都略過了耶穌生氣的描述（〈馬太福音〉19章14節、〈路加福音〉18章16節）。

總而言之，馬太和路加對於把耶穌描繪成滿懷憐憫的

---

[7]——在〈馬可福音〉中，只有兩次明確提到耶穌的憐憫表現，其一是6章34節餵飽五千人的故事，以及8章2節餵飽四千人的故事。路加以完全不同的方式重述第一個故事，而且他沒有引用第二個。而馬太兩個故事都有，並且保存了〈馬可福音〉中耶穌對兩次事件都感到憐憫的敘述（〈馬太福音〉14章14節、9章30節、15章32節）。〈馬太福音〉另外還有三個事件，以及〈路加福音〉一個事件，都以 SPLANGNIZ 明確描寫耶穌的憐憫之情。因此，我們很難想像，如果「動了慈心」這個詞真的存在於〈馬可福音〉，為什麼在我們痲瘋病的故事中，馬太和路加兩人會不約而同地省略該詞彙。

形象是沒有遲疑的,卻從未納入耶穌生氣的部分。每當他們的來源(〈馬可福音〉)提到耶穌生氣了,他們便不約而同地進行改寫。因此,在耶穌醫治痲瘋病人的段落中,要解釋他們移除了「動了慈心」可能比較難,但解釋他們移除了「動了怒」或許較為容易。「動了怒」這個詞彙有非常古老的抄本傳統為證據,再加上抄寫者不太可能更改「動了慈心」這種更容易理解的描述,如此一來,情況就越來越明顯了:事實上,在馬可描寫痲瘋病人前來請求耶穌醫治的場景中,耶穌的確動怒了。

我們還要強調另一個重點,然後再接續這個討論。我已經指出了,馬太和路加在描繪一個生氣的耶穌時有其困難,而馬可則沒有這個問題。即使在上述的故事裡,就算先不理會41節中的爭議,耶穌也沒有和善對待這個痲瘋病患。在他醫治好這個病人之後,他「嚴厲地斥責他」並且「將他趕走」[8]。這是希臘文的直接翻譯。通常我們看到的翻譯都比較婉轉,但原先的用字是非常刺耳的,馬可在其他暴力衝突和挑釁的情境中(例如耶穌趕鬼的時候)也會用上這個字。因此我們很難想像,如果耶穌真的憐憫這個人,怎麼會嚴厲斥責還將他趕走;但如果耶穌生氣了,也許就比較合理一點了。

那麼,耶穌為什麼會生氣?這就是經文詮釋那麼重要的原因了。對於在這個段落,偏好「耶穌動了怒」的學者提出了幾乎不可能的解釋。如此詮釋的目的在於使耶穌看起來富有同情心以撇除怒氣勃發的形象,即使他們知道經

8——譯注 此處中文和合本的翻譯是章「耶穌嚴嚴地囑咐他,就打發他走。」但中譯與作者的英文有差距,文中是按照作者的意思翻譯。

文說的是耶穌生氣了[9]。例如有個詮釋認為，耶穌憤怒是因為這個世界充滿疾病；換句話說，他愛這個病人，但恨惡疾病。這一詮釋沒有任何經文基礎，但它的確能讓耶穌看起來像個好人。另一種詮釋則認為，耶穌生氣是異化痲瘋病人的社會，這一說法忽略了經文中完全沒提到這個病人是被隔離的；就算是好了，那也不是耶穌所處的社會的錯，而是上帝律法的錯（尤其是〈利未記〉）。還有一種詮釋認為，事實上，讓耶穌感到憤怒的，正是造成這種社會異化的摩西律法。該詮釋忽略了結尾經文（第44節）中耶穌認同摩西律法，而且還催促這個痲瘋病人去接受檢查。

　　這些詮釋都企圖繞過經文以證明耶穌的憤怒是正確的。如果我們選擇以其他方式來處理，會得到什麼結論呢？對我來說，有兩個可行方案，其一是直接關注文本的脈絡，另一個方案則是探討更廣泛的背景。

　　首先，所謂直接關注文本脈絡，指的是〈馬可福音〉開宗明義所描繪的耶穌，會帶給讀者怎樣的想法？若把我們暫時擱置原先對耶穌的印象，單純閱讀這一特定段落，我們會認為耶穌一點都不是彩繪玻璃上那種溫暖良和善、外表慈祥的好牧人。馬可在福音書一開始，便將耶穌描繪成一個不論在外表或內在都非常威嚴、不容冒犯的人。介紹他出場的是一個生活在曠野的粗野先知；他被逐出人類社會，在曠野中與撒旦、野獸搏鬥；他回到人類社會，呼籲人們速速悔改，以面對上帝即將來臨的審判；他割裂追隨者與其家人的聯繫；他以自身權威征服了他的聽眾；他斥責那些轄制人類的惡魔，並且戰勝牠們；他拒絕答應群

---

[9] 關於不同的詮釋，參閱 Ehrman, "A Sinner in the Hands of an Angry Jesus."

眾的要求,不理會那些祈求與他見上一面的人。〈馬可福音〉在開頭章節中唯一有表現出耶穌對人的憐憫,是醫治西門彼得臥病在床的岳母。但即使這一富有同情心的故事解釋起來也是很有問題。刁鑽的讀者會發現,耶穌使西門岳母身上的熱退了之後,她便起來服事眾人,也許是為他們準備晚餐等等。

是否有可能,耶穌在〈馬可福音〉一開始的場景中,是被描繪成一個強而有力的人物?意志堅決、計畫明確、大有權柄,而且不願受人打擾。這樣一來,就可合理解釋他在醫治痲瘋病人後,為何會嚴厲斥責他並將他趕走了。

但我們還有另一種解釋。如同我指出的,耶穌在〈馬可福音〉其他地方也曾經發怒過。第二個描寫他生氣的地方是第3章,而且驚人的是,也同樣是個醫病的故事。在這裡,明確寫到耶穌是對法利賽人發怒,因為他們認為耶穌沒有權柄在安息日醫治雙手有殘疾的人。

還有另一個故事,情節更相近。雖然沒有明確說到耶穌發怒,但他的確發怒了。在〈馬可福音〉第9章,耶穌與彼得、雅各、約翰從變貌山下來,發現一群人圍著他的門徒,其中有個人可說是十分絕望。這人的兒子被鬼附身,向耶穌說明情況之後便祈求他:「你若能做什麼,求你憐憫我們、幫助我們。」結果耶穌生氣地反駁他:「『你若能做什麼?』在信的人,凡事都能!」[10]這人變得更為沮喪,他祈求道:「我信!但我信不足,求主幫助。」耶穌於是把鬼趕了出去。

讓人驚訝的是,在這些故事中,每當有人質疑他的意

10——譯注 為了符合文中解說以及原文涵義,此處根據和合本的中文譯文再加以調整。

願、能力或醫病的屬靈權柄時,耶穌的憤怒就跟著爆發了。這是也許就是耶穌對痲瘋病人發怒的原因。這裡的情況就跟〈馬可福音〉第9章類似,這個痲瘋病人小心翼翼靠近耶穌,並問他:「你**若肯**,必能叫我潔淨了。」耶穌生氣了。耶穌**當然**肯,而且當然也有這樣的能力和權柄。他醫治了這個病人,但還是有些惱怒,所以他嚴厲地斥責他,並把他趕走。

這樣解釋起來,整個故事的感覺就完全不一樣了。而且這是根據馬可可能寫下的經文做出的解釋。事實上,馬可恰如其分地描繪出一個生氣的耶穌[11]。

路加與鎮定的耶穌

〈路加福音〉就跟馬可不一樣,從來沒有明確提到耶穌發怒。事實上,在這部福音書中,耶穌的情緒從來沒有受到打擾。路加描繪出的是鎮定而非憤怒的耶穌。耶穌只有在一個段落似乎曾失去他的沉著冷靜;有趣的是,這個段落的真實性也飽受經文鑑別學學者激烈爭論[12]。

這一段落發生在耶穌被賣和被捕之前,於橄欖山上禱告的時候(〈路加福音〉22章39-46節)。耶穌在吩咐他的門徒「你們要禱告,免得入了迷惑」之後,便離開他們,並跪下禱告:「父啊!你若願意,就把這杯撤去;然而,不要成就我的意思,只要成就你的意思。」在許多抄本中,此處會緊接著一段我們在其他福音書都找不到的敘述,說他

---

[11] —— 關於抄寫者為什麼修改原始經文的進一步探討,參閱本書第七章「護教與經文更動」一節。

[12] —— 此處異文的探討,詳見 Ehrman, *Orthodox Corruption of Scripture*, 187-94。我首次處理這段經文是與 Mark Plunkett 一起合作的。

極其痛苦、汗如血滴：「有一位天使從天上顯現，加添他的力量。耶穌極其傷痛，禱告更加懇切，汗珠如大血點滴在地上。」（43-44 節）耶穌禱告完畢起身回到門徒那邊，發現他們都睡著之後，便再次提醒他們：「起來禱告，免得入了迷惑！」這一場景就結束了。緊接著，猶大來到，耶穌就被逮捕了。

這兩節有爭議的經文（43-44 節）到底是路加寫下的、還是後來抄寫者寫下的？關於這個問題，最有意思的地方在於兩邊的陣營可謂勢均力敵。在我們所知最早且公認為最好的「亞歷山大抄本」中，並沒有這段經文。因此，也許這是後來抄寫者加上去的。但另一方面，我們在其他最早的抄本中，也發現了這兩節經文，而且這種版本分布廣泛，遍及整個抄本傳統。因此，他們到底是抄寫者加上去的、還是被抄寫者刪除的呢？就現有的抄本而言，這問題很難判斷。

有些學者建議，我們應該考慮到這段經文的其他特徵。例如其中一位學者認為，這裡的用詞和行文風格跟〈路加福音〉其他地方非常類似（也就是根據「內在的可能性」來判斷）：例如天使的出現在〈路加福音〉中就很常見，也有一些字詞（例如動詞「加添」）是〈路加福音〉獨有，從未出現在《新約》中其他地方。然而，這一論點未能說服所有的人，因為此處的「路加特徵」的概念、結構和用詞，大部分都是以非路加特徵的方式顯現（例如在〈路加福音〉其他地方，天使只要顯現都會說話），要不然就是概念、結構和用詞在《新約》之外的猶太人或基督教著作也十分普及。此外，學者還高度關注那些經文中**不尋常**的字、詞：例如三個關鍵字（傷痛、汗珠、滴）在〈路加福音〉

中其他地方都沒出現過,甚至〈使徒行傳〉也沒出現(〈使徒行傳〉與〈路加福音〉原是同一部著作,〈使徒行傳〉為下冊)。直到今日,我們仍然會以用字和形式來判斷這些經節。

另一個學者提出的論點,是探討這段經文的文學結構。概要地說,這段經文似乎是有意建構成這樣的,也就是學者所謂的**交錯配列法**(chiasmus)。如果某一經文段落結構是交錯的,第一句經文會與最後一句呼應,第二句會與倒數第二句呼應,第三句與倒數第三句呼應,以此類推。換句話說,這段經文是經過巧妙布置的,其目的是為了強調最中央的關鍵句。也就是說:

耶穌(a)告訴他的門徒「你們要禱告,免得入了迷惑」(40節)。之後,耶穌(b)離開他們(41節前半)並(c)並跪下禱告(41節後半)。於是最中央的句子就是(d)耶穌的禱告文,祈求上帝的旨意成全兩件事(42節)。接著耶穌(c)起身結束禱告(45節前半),(b)回到門徒那裡(45節中),結果(a)發現他們都睡著了,因此再次提醒他們一樣的話,告訴他們「起來禱告,免得入了迷惑!」(45節後半到46節)。

這個清楚的文學形式本身並不是重點,重點在於內容如何透過交錯配列法呈現出意義。這一故事都是以耶穌對門徒的訓誨來開頭和結尾,要他們禱告免得入了迷惑。而禱告長久以來就被認為是〈路加福音〉中一個重要的主題(比起其他福音書而言更受重視),此處尤其強調。整個段落最中間是耶穌的禱告,表達了他本身的期望,以及天父的旨意得以成全這個更大期待(41節後半到42節)。耶穌的禱告位於交錯配列經節的最中央,也就成為整個段落的焦點,更成為整個段落的詮釋關鍵:教導人面對試探時禱告的重要性。然而,即使耶穌一再要求門徒禱告,他們還是睡

著了。緊接著,逮捕耶穌的人就來了。結果呢?沒有警醒禱告的門徒**真的**「入了迷惑」,他們逃跑了,丟下耶穌單獨面對自己的命運。而耶穌呢?這個在審判之前警醒禱告的人如何面對試探?當群眾來到,他平靜地接受天父的旨意,將自己交付出去,坦然面對預備在前頭的殉難。

長久以來,〈路加福音〉的受難故事都被視為耶穌的殉道故事。它就跟其他殉道故事一樣,為當時的信仰者立下榜樣,教導他們如何在面臨死亡威脅時依然不疑不懼。〈路加福音〉的殉道學顯示,只有透過禱告,才能讓人準備好面對死亡。

那麼,如果把這段受到爭議的經文(43-44節)加入段落之中,會發生什麼事呢?就文學的角度來看,如此一來,以耶穌禱告為焦點的交錯配列法就完全被摧毀了,中間作為焦點的句子轉移到耶穌的痛苦上,而且這痛苦是如此可怕,以致於需要超自然的安慰來幫助他承受。顯然在這較長版本的故事中,耶穌的禱告並沒有帶來平靜,使他得以度過後面所有的遭遇;相反的,在他禱告之後只使得他「禱告更加懇切」,以及「汗珠如大血點滴在地上」。我的重點不僅僅在於這破壞了一個完美的文學形式,而在於整個聚焦的重點被轉移到耶穌錐心的苦楚,以及神蹟介入的需要。

這或許不是什麼無法解決的問題,但我們要知道,在〈路加福音〉中,從來沒有以這種方式來描述耶穌。相反的,耶穌與這幾節恰恰完全相反。對於受難,路加筆下的耶穌沒有恐懼、顫抖,也不會為即將來臨的命運而苦惱,而是平靜、自制地走向死亡,直到最後都深信著天父的旨意。這是個驚人的事實,特別是這事實與我們的經文問題

息息相關。路加只能將他的資料來源（也就是〈馬可福音〉）中那些與此相反的記載刪除，以建立起這樣的形象。而如此一來，較長版本的〈路加福音〉22章43-44節就變得太過顯眼、古怪了。

如果我們將路加與馬可的版本簡單進行比較，便可得到不少啟發（因為〈馬可福音〉是〈路加福音〉的來源，路加修改馬可的記載，以凸顯自己的重點）。路加不但完全刪除馬可關於耶穌「驚恐起來，極其難過」（〈馬可福音〉14章33節）的敘述，也刪除耶穌對門徒所說的：「我心裡甚是憂傷，幾乎要死。」（〈馬可福音〉14章34節）馬可的耶穌是痛苦俯伏在地（〈馬可福音〉14章35節），路加的耶穌則是跪下禱告（〈路加福音〉22章41節）。馬可的耶穌祈求這個時刻可以跳過（〈馬可福音〉14章35節），並連續三次祈求這杯撒去（〈馬可福音〉14章36、39、41節），路加則只有祈求一次（〈路加福音〉22章42節），而且還以「父啊，你若願意」作為祈求的重要前提（而且這句話只出現在路加）。如此看來，〈馬可福音〉把在花園中禱告的耶穌描繪得極其痛苦，但以此為資料來源的路加卻完全改寫了這個場景，使得耶穌在面對死亡時變得非常平靜。這段敘述唯一的例外就是記載耶穌「汗滴如血」之處，而這段記載並沒有出現在我們最古老和最好的抄本之中。如果耶穌的痛苦真的是整個故事的關鍵，為什麼路加會把馬可對耶穌痛苦的諸多描繪給刪除？

很顯然，路加所認識的耶穌與馬可中那個痛苦、瀕臨絕望的耶穌並不相同。從接下來耶穌受難的記載中，可以發現更明顯的差異。馬可筆下的耶穌，安靜地走在通往各各他的路上；他的門徒逃跑了，甚至那些最忠誠的婦女也只是「遠遠地觀看」。所有出場的角色都嘲笑他，不論

是路人、猶太人領袖,或是那兩個強盜。馬可筆下的耶穌被擊打、嘲笑,不僅被自己的追隨者拋棄,甚至最後連上帝都離棄了他。耶穌在整個受難的過程中,唯一說過的話就是他在最後大聲呼喊著:「以利、以利,拉馬撒巴各大尼。」(意思是「我的神、我的神,為什麼離棄我?」)最後他大聲喊叫,然後就死了。

馬可對受難的描述再次與我們在〈路加福音〉看到的耶穌形成強烈對比。在路加的記載中,耶穌一點都不安靜,當他開口說話,便顯示出一切都在他掌握之中,全心信賴上帝他的父,對自己的命運充滿信心,甚至關心其他人的命運。根據路加,當耶穌在受難途中看到一群婦人為他的不幸哀哭時,他告訴她們不要為他哭泣,而要為自己以及她們的孩子哭泣,因為災難的日子很快就會降臨了(23章27-31節)。當他被釘到十字架上時,他也不是沉默的,而是向上帝禱告:「父啊!赦免他們;因為他們所做的,他們不曉得。」(23章34節)在十字架上這個最痛苦的受難階段,耶穌卻與釘在一旁的強盜進行知性對話,向他保證一定可以一同在樂園裡(23章43節)。最特別的是,路加的耶穌在最後被拋棄的悲慘場景中並未大聲喊叫,而是完全相信自己站在上帝面前,將靈魂交付給他所愛的天父:「父啊!我將我的靈魂交在你手裡。」(24章46節)

如果要了解我們文本的問題,我們就很難不重視路加對其來源(〈馬可福音〉)所做的這些更動。在路加的受難敘述中,耶穌沒有失去控制;對於他的命運,也從未陷入深沉的痛苦。他主管自己的命運,知道自己必須做什麼,也知道一旦做了將會在自己身上發生什麼事情。他在面對死亡時,永遠能保持自身平靜安寧。

那麼，關於這段有爭議的經文，我們應該如何處理呢？在整本〈路加福音〉中，只有這段經文會破壞耶穌這種清楚形象。只有在這裡，耶穌才對他即將到來的命運感到痛苦；只有在這裡，他才看似失去了控制，無法忍受命運的重擔。如果他在這裡真的是想用更強烈的字眼來強調耶穌的苦難，為什麼他在其他地方要把耶穌痛苦的敘述都刪掉呢？為什麼要把他資料來源中的一段完整敘述刪前截後呢？耶穌「汗滴如血」的敘述在我們最早和最好的抄本中都找不到，看來，這不會是原來路加所寫的，而是後來抄寫者加上去的[13]。

〈希伯來書〉與被遺棄的耶穌

路加筆下的耶穌不但與馬可形成對比，同時還與其他《新約》作者形成對比，其中之一，便是作者不詳的〈希伯來書〉。〈希伯來書〉預設了一個受難傳統，在這傳統中，耶穌面對死亡時，不但帶著恐懼，並且沒有上帝的援助與支持。在解析《新約》這個最有趣的文本問題中，就可以看到這一預設[14]。

問題出現在描述萬物最終都要臣服於人子耶穌的敘述中。我同樣是把異文放在括號中：

> 叫萬物都服在他的腳下。既叫萬物都服他，就沒有剩下一樣不服他的。只是如今我們還不見萬物都服他。唯獨見那成為比天使小一點的耶穌；因

13——關於抄寫者為什麼將此一詞彙加入〈路加福音〉，詳見本書第六章「反幻影說的經文更動」一節。
14——這段異文的較完整探討，參閱 Ehrman, *Orthodox Corruption of Scripture*, 146-50。

為受死的苦，就得了尊貴榮耀為冠冕，叫他（因著神的恩／與上帝隔絕），為人人嘗了死味。

——〈希伯來書〉2章8-9節

雖然大部分現有抄本上的經文，記載的都是耶穌「因著神的恩」（CHRISTI THEOU）為人而死，但有其他抄本記載的則是他「與上帝隔絕」（CHŌRIS THEOU）。我們有充分理由認為後者才是〈希伯來書〉的原文。

在此，我無需展開錯綜複雜的論證，提出抄本支持「與上帝隔絕」的經文證明，我只需指出，即使支持此一經文形式的只有兩份第十世紀的文件，其中一份（Ms. 1739）的來源，就我們所知至少與手上最早的抄本一樣古老。更有趣的是，第三世紀早期的學者俄利根告訴我們，他當時的大部分抄本都採用這種經文形式。還有其他證據也顯示，這一經文形式在早期亦十分普遍：在安布洛斯（Ambrose）與耶柔米的西方拉丁世界的抄本中可以發現它，而且許多基督教作者也廣為引用，一直延續到十一世紀。因此，儘管這一異文並未出現在許多現有抄本中，還是得到許多有力外部證據的支持。

如果我們從外部證據轉向內部證據，毫無疑問的，這段異文即使證據有限，卻依舊是最好的。我們在前面已經看到，抄寫者比較可能把難以理解的經文改得容易理解，而不是把容易理解的經文改得難以理解。這裡的異文就為此一現象提供了最佳範本。早期幾個世紀的基督徒大多認為，耶穌的死是上帝恩典的最高表現。如果說耶穌在「與上帝隔絕」的情況下死去，那就和其他的死沒有兩樣，這是他們難以接受的。而既然這兩種經文形式中，一定有一種是出於抄寫者的創作，那我們就不難判斷，到底哪一種

才比較像是更動過的。

但這是蓄意更動的嗎？較多抄本的經文（因著神的恩）的支持者很自然會認為這並非蓄意更動（否則他們所偏愛的經文就不會是原文，而是更動後的經文了）。但如此一來，他們就得創造另一個情節，以解釋怎樣的**意外**會從較容易理解的經文（因著神的恩）產生那個比較困難的經文（與上帝隔絕）。最普遍的說法，是單純假設那些有疑義的字外形十分相像（XARITI／XWRIS），抄寫者可能是不小心把名詞「恩典」誤認為介係詞「隔開」。

然而這種情況看起來不太可能發生。一個疏忽或恍神的抄寫者，究竟比較可能將經文上的字更改為《新約》中**較少**出現的單字（隔開），還是**較常**出現的單字（恩典，出現次數是一般單字的四倍）呢？他比較可能創造出一個在《新約》其他地方都找不到的片語（與上帝隔絕），還是一個次數超過二十倍的片語（因著神的恩）呢？即使是無心之過，他比較可能創出一個古怪且惱人的句子，還是一個大家熟悉又簡單的句子？很顯然，答案是後者；讀者通常會把不尋常的單字錯看為經常出現的單字，並將複雜的句子簡化，尤其是在精神渙散的時候。因此，即使是意外造成，證據仍然支持抄本數量較少的經文（與上帝隔絕）是原文。

認為「與上帝隔絕」不是原文的理論有很多，其中最受歡迎的說法是：這原本是頁邊的注記文字。抄寫者讀到〈希伯來書〉2章8節中關於「萬物」都要臣服於基督時，聯想到了〈哥林多前書〉15章27節的內容：

> 因為經上說，神叫萬物都服在他（基督）的腳下。既說萬物都服了他，明顯那叫萬物服他的，不在其內了。（也就是說，上帝自身並不在那個

. V — 關係重大的原文 .

末後會臣服於基督的事物當中。）

　　根據這個理論，抄寫者在抄寫〈希伯來書〉第2章的時候，也想在這裡清楚說明，當經文說萬物都要臣服於基督時，並不包括聖父。為了避免這節經文被誤解，抄寫者在〈希伯來書〉2章8節的頁邊插入一句解釋性的注記（可視為〈哥林多前書〉15章27節的相互參照），指出「除了上帝以外」[15]沒有其他事物不是臣服於基督的。這個注記被後來疏忽的抄寫者當成正文，因而抄入成了〈希伯來書〉2章9節。

　　儘管這一解法很受歡迎，但它或許太精巧了一點，需要太多不確定的步驟才能達成。而且，我們沒有發現同時擁有這兩種經文的抄本（也就是說，在頁邊或是第8節處有修正文字，**以及**原本的第9節經文）。此外，如果抄寫者認為這注解是放在頁邊的修正文字，為什麼他會在第8節的旁邊發現它，而不是第9節呢？最後，如果寫下這一注解的抄寫者真的是要參照〈哥林多前書〉，他應該是要寫「除了上帝之外」（EKTOS THEOU，這才是出現在〈哥林多前書〉的片語），而不是「與上帝隔絕」（CHŌRIS THEOU，該片語在〈哥林多前書〉中沒有出現過）。

　　總而言之，如果**因著神的恩**真的是〈希伯來書〉2章9節原來的經文，那麼我們很難解釋**與上帝隔絕**這個片語為什麼為出現在這裡。同時，雖然**抄寫者**不太可能寫下基督是在「與上帝隔絕」情況下死去，但我們仍有充分的理由認為這正是〈希伯來書〉作者所說的：因為這個較不常見

15——譯注 在這裡探討的爭議經文，英文是「apart from」，可翻譯成「與上帝隔離」，也可譯為「除了上帝以外」。此處的翻譯根據前後文脈絡。

的異文,與〈希伯來書〉的神學更為一致(內在的可能性)。在整封書信中,從來沒有一個地方使用**恩典**(CHARIS)來指稱耶穌的死亡,或是因其死亡所帶來的救贖。相反的,這一詞彙雖然一直都與救贖的恩惠相關,**卻**是仁慈的上帝賜予信仰者的(參考〈希伯來書〉4章16節、10章29節、12章15節、13章25節等處)。當然,在歷史上影響基督徒比較多的,是其他《新約》的作者,特別是保羅的觀點:他們認為耶穌在十字架上的死是上帝恩典的最高展現。然而〈希伯來書〉並沒有這樣來使用這一詞彙,即使認為這封書信的作者是保羅的那些抄寫者或許也沒有理解到這一點。

換句話說,這裡提到耶穌「與上帝隔絕」而死的句子,雖然個別來看顯得很難懂,但如果放在〈希伯來書〉中較大的文學背景來看,就非常有意義了。雖然作者從未把耶穌的死視為神聖「恩典」的展現,但他不斷強調耶穌完全是以人的方式死去、羞辱地死去,徹底隔絕於他所從出的上帝國度。因而,他的犧牲成了最完美的贖罪。此外,上帝沒有介入耶穌的受難,也沒有做任何事來減少他所受的痛苦。因而〈希伯來書〉5章7節才會提到耶穌面對死亡的時候「大聲禱告、流淚哀哭」。在12章2節,作者寫道耶穌得以忍受死亡的「羞辱」,並不是因為上帝幫助他,而是因為他希望能辨明自己的清白。在整封書信中,耶穌經歷了人性的痛苦和死亡,在「各個方面」都跟其他人一樣。他並沒有獲得特殊的豁免來減輕受難的苦痛。

更重要的是,〈希伯來書〉2章9節的主題在於強調基督紆尊降貴,變得比天使還微小,擁有血肉之軀;他經歷了人類的痛苦,並以人的方式死亡。當然,他的死亡會帶來救贖,但此處的經文並沒有把基督的贖罪視為上帝恩典

的展現。相反的，它的焦點關注在基督論上，探討基督如何卑微自己進入短暫無常的國度中受苦和死亡。耶穌在受難中經驗到的，完完全全是人的經驗，放棄他原本的尊榮狀態時可獲得的援助。耶穌卑微地進入這個世界來展開他的工作，最終以死亡來完結，而這死亡必須是「與上帝隔絕」的。

「與上帝隔絕」不但幾乎無法被解釋為抄寫者修改後的結果，它還與〈希伯來書〉的用語偏好、風格、神學相互契合。至於另一個異文「因著神的恩」，說它是抄寫者所修改的則很容易說得通，它還與〈希伯來書〉對於基督的死和其描述的方式有所出入。這代表什麼呢？看來〈希伯來書〉2章9節原本是將耶穌的死描寫成被拋棄、與上帝隔絕的狀態，就跟〈馬可福音〉受難故事所描寫的一樣。

結論

上述我們探討的三個範例中，每個都是重要的經文異文，對於爭議性段落的解決方式扮演重要的角色。這幾點顯然都很重要：在〈馬可福音〉1章41節中，耶穌究竟是感到憐憫還是憤怒；在〈路加福音〉22章43-44節中，他究竟是沉著鎮靜還是深感痛苦；在〈希伯來書〉2章9節中，他的死究竟是上帝的恩典還是與上帝隔絕。我們同樣也可以簡單看一下其他句子，了解到當我們要解釋某位作者的信息時，去認識他所使用的字彙是多麼重要。

但對於《新約》經文鑑別學的傳統而言，僅僅還原出作者實際寫下的經文是不夠的。我們還必須探討**為什麼**這些字彙會被更動，以及這些更動如何影響原作的意思。接下來兩章，我們要來探討早期基督教抄寫者修改經文的問

題。我會嘗試去呈現那些對於《新約》不滿意的抄寫者如何更動經文,以使《聖經》支持正統基督教,並更嚴厲地反對異端、女人、猶太人和異教徒。

第十世紀的〈約翰福音〉抄本，這是最為昂貴華麗的抄本之一，以銀色的墨水和紫色的牛皮紙書寫而成。

CHAPTER VI

出於神學動機的經文更動

VI — 出於神學動機的經文更動

†

複製文本的抄寫者想確保
經文會說出他們希望經文說出的話,
因而把經文修改得「更好」。

耶穌究竟是人?是神?
還是都是?
這是早期最大的神學爭論,
抄寫者因此把他們的神學意見修入經文。

經文鑑別學不只是判斷何者為經文原文，同時也能追溯經文在這段過程中歷經哪些更動，不論是抄寫者的筆誤還是蓄意修改。其中追溯蓄意修改的部分可謂關係重大，並不是因為這能保證讓我們了解到原始作者想說什麼，而是可以呈現出作者的文本經過抄寫者的複製可以詮釋出什麼。觀察抄寫者如何修改文本，我們得以發現抄寫者認為文本中哪些東西是重要的，因而可以了解這幾個世紀以來，文本如何被複製、再複製。

本章的主題在於探討那些基於神學因素而被修改的《新約》文本。當複製文本的抄寫者想要確保經文會說出他們希望經文說出的話時，就會發生這類更動；有時這是因為抄寫者身處於一個神學爭論方興未艾的時代。為了更清楚解釋這類更動，我們必須理解一些早期基督教中的神學爭論。那是個專業抄寫者還沒有大量出現的時代，大部分的更動都是在那幾個世紀裡發生的。

經文傳遞中的神學背景

我們知道許多關於第二、三世紀基督教的事情。當時《新約》各經卷已經完成，但羅馬皇帝君士坦丁尚未改信基督教（我們也知道，基督宗教在國教化之後一切都改變了[1]）。這兩個世紀，基督徒之間在神學上的差異特別多。事實上，這些神學上差異之大，若以當今大部分的基督徒來看，當時許多自稱為基督徒的團體所持守的信念和儀式，都不能

1——關於這一時期的主要著作，參閱 Bart D. Ehrman, *After the New Testament: A Reader in Early Christianity* (New York: Oxford Univ. Press, 1999)。想認識這個時期，可參閱 Henry Chadwick, The Early Church (New York: Penguin, 1967)。

算是基督教[2]。

在第二、三世紀時,當然會有基督徒相信只有一位上帝,並且創造了世界上的一切。但還有其他自稱為基督徒的人,堅持認為有兩位不同的神,一位是《舊約》中憤怒的上帝,一位是《新約》中愛與慈悲的上帝。這並不是指同一位上帝的不同面向,而是指確確實實兩位不同的神。說來令人訝異,秉持這些觀點的那些團體(包括之前提過的馬吉安及其追隨者),堅持認為他們的觀點才是耶穌及其使徒真正的教導。其他的團體(例如諾斯底派的基督徒)則認為神不只有兩位,而是有十二位,有些還認為有三十、甚至三百六十五位。這些團體都自稱基督徒,強調自己的觀點才是真的,來自於耶穌及其追隨者的教導。

為什麼這些團體不讀一讀他們手上的《新約》,看看自己的觀點錯在哪裡?答案是因為**當時沒有《新約》**。當然,所有的《新約》經卷在當時都已經寫下,但當時還有許多其他著作,像是別的福音書、使徒傳略、書信、天啟作品等,並且都宣稱是耶穌的門徒所作。這些著作的觀點與那些後來被納入《新約》的經卷非常不同。在這些關於(許多)上帝的爭論裡,哪個團體的追隨者比較多,便可決定最後哪些書籍會納入正典,而《新約》就在這樣的情況下產生了。然而,在第二、三世紀時,還沒有公認的正典存在,因此也就沒有公認的神學。相反的,神學之間的差異非常大,不同團體根據不同的著作堅持不同的神學,大家都堅持自己依據的著作是耶穌門徒所作。

有些基督宗教的團體堅持上帝創造了世界,有些則相

2——關於此一段落材料的完整的探討,參閱 Ehrman, *Lost Christianities*, chapter 1

信真正的神沒有創造這個世界（因為世界是邪惡的），世界是由宇宙災難產生的。有些團體認為猶太人的經書是真正的神所賜下，有些則認為這些經書是來自於位階較低的神，而不是真正的神。有些團體認為耶穌基督是上帝的兒子，是完全的人也是完全的神；有些團體堅稱耶穌是完全的人而不是神，有些團體認為耶穌是完全的神而不是人；還有些團體認為耶穌與基督是不同的兩個對象，基督是神，而耶穌則是人。有些團體相信基督的死帶來世界的救贖，有些則認為基督的死與世界的救贖沒有任何關係；還有些團體主張基督從來沒有真正死去。

　　由於當時的各種基督徒團體都在努力說服其他人自己所相信的真理，因此上述每一種觀點（還有其他許多沒提到的），都是教會在早期幾個世紀裡不斷討論、對話和辯論的主題。最後只會有一個團體在爭論中「勝出」，並且決定出基督教的信條內容：確認創造萬物的唯一上帝、祂的兒子耶穌同時是人也是上帝，以及基督的死與復活所帶來的救贖。這團體同時也決定了哪些書可以收錄到《聖經》的正典之中。到了第四世紀末，大部分的基督徒都同意《聖經》正典包含了四部福音書、〈使徒行傳〉、保羅書信、〈約翰壹書〉和〈彼得前書〉等其他書信，以及約翰的〈啟示錄〉。那麼，抄寫這些經書的又是誰呢？自然是這個團體中的基督徒。這些基督徒不但非常熟悉這些關於上帝身分、猶太經書的地位、基督本性及其死亡影響的爭論，甚至自己也投身於其中。

　　這團體稱自己是「正統」（orthodox）的，意思是「正確的信仰」掌握在他們守上，並決定了往後世代的基督徒所要相信和閱讀的經典。那麼，這些所謂的「正統」觀點尚

未成為所有基督徒的主要觀點之前，又該如何稱呼呢？也許我們最好稱之為「原正統派」（proto-orthodox）觀點。也就是說，這是在第四世紀初期贏得正統之爭之前，那些「正統」基督徒的觀點。

那麼，這些爭論有影響到當時從事《聖經》複製的那些抄寫者嗎？在這一章我要證明確實是有影響的。為了讓論點明確，我會把討論限定在第二、三世紀的一個神學爭論，也就是關於基督本性的問題：基督是人嗎？是神嗎？還是兩者都是？如果兩者都是，那麼他是兩個獨立的個體，亦即一個是神一個是人？還是他是一個個體卻同時是人又是神？這些問題最後解決了，並以這個信條作為結論：主耶穌基督只有一位，且同時是完全的神也是完全的人。這個信條就這樣傳遞至今。然而，在這一決議產生之前，有許多各式各樣不同的意見，而這些爭論甚至影響了《聖經》上的內文[3]。

我會從三個方面來探討耶穌的本性，以清楚說明這個論點，探究這些書卷在成為《新約》之前，如何被這些抄寫者善意（這點是毫無疑問的）更動。這些抄寫者蓄意更動經文內容，俾使經文和他們的神學觀點更為吻合，或是和他們對手的神學觀點更加不合。我要探討的第一個主題是某些基督徒所提出的觀點，他們認為耶穌是完全的人而不可能是神。現代學者稱這一派的觀點為「嗣子說」（adoptionism）。我要說明的是，反對嗣子說的基督教抄寫者修改了手上的經文，以強調耶穌不僅是人，同時還是神。我們稱這樣的修改為「反嗣子說的經文修改」。

3——完整的探討，參閱 Ehrman, *Orthodox Corruption of Scripture*.

反嗣子說的經文修改

早期基督教的嗣子說

就我們所知,有許多第二、三世紀的基督教團體抱持著基督為嗣子(義子)的觀點。這一觀點之所以被稱為「嗣子說」,是因為支持者認為耶穌不是神,而是個完整、有血有肉的人,為上帝所「收養」(大部分的人相信是在耶穌受洗時),成為上帝的兒子[4]。

抱持嗣子說的早期基督教團體中,最著名的就是伊便尼派(Ebionite)這個猶太基督徒教派了。我們不確定這個名字的由來,也許是他們自己取的,源自希伯來字根 Ebyon,意思是貧窮。這些耶穌的追隨者也許想要效法耶穌的門徒為信仰放棄一切生活,為了其他人而自願清貧度日。

不論這名字是怎麼來的,早期的基督教文獻倒是很清楚地記載了伊便尼派的觀點,而這些記載主要是來自將他們視為異端的對手。這些耶穌的追隨者就跟耶穌一樣是猶太人,他們與其他基督徒不同的地方在於,他們強調,若要跟從耶穌,就要成為猶太人。男人要接受割禮;不論男女,都要遵守摩西的律法,包括食用潔淨的食物、遵守安息日以及猶太節期。

尤其是,他們認為耶穌是猶太人的彌賽亞,要將基督徒從其他人中分隔出來。因為他們是嚴格的一神論,相信只有一位上帝,因此堅持耶穌不是神,而是人,在「本性」上與我們都一樣的人。他們相信耶穌就像一般人一樣,出於約瑟和馬利亞的兩性結合(也就是說,他的母親不是處女),並成長於猶太家庭中。耶穌與其他人不同之處在

---

[4]——關於嗣子說及其支持者的觀點,詳見 Ehrman, *Orthodox Corruption of Scripture*, 47-54

於，他更正直地遵守猶太律法，並由於他的義，上帝在他受洗的時候，從天上發聲，宣布他是兒子，自此耶穌便被收養為上帝的兒子。從那時候開始，耶穌便被呼召去完成上帝賦予的使命，也就是死在十字架上，為其他人的罪成為正義的犧牲。耶穌忠誠地遵行上帝對他的呼召，而上帝為了表彰耶穌做出的犧牲，便使他從死裡復活，並提到天上，等候再次回來審判世界。

根據伊便尼派的觀點，耶穌並非先於萬物而存在[5]、不是處女所生、本身也不是神。他是個獨特、正直的人，上帝選召他，並與他建立起特殊的關係。

為了回應嗣子說的觀點，原正統派的基督徒，強調耶穌並不「只」是一個人，他事實上還是神，某種意義而言，他就是上帝本身。此外，耶穌為處女所生，他比其他人更正直是因為他本性上就與其他人不同，因而上帝並非在他受洗的時候**收養**他，而是只有**承認**他為兒子，因為亙古以來一直都是。

那麼，既然第二、三世紀抄寫《聖經》的那些非專業抄寫者，或多或少都曾經參與過這樣的爭論，這爭論又會如何影響第二、三世紀流傳的經文呢？絕大多數的異文都不是由支持嗣子說的抄寫者創造出來的。這種情況一點都不讓人意外，因為如果有支持嗣子說的基督徒將自己的觀點插入經文，這些地方自然會被後來抱持更正統觀點的抄寫者更正過來。在我們實際發現的例子中，是為了反對嗣子說基督論而修改經文。這些修改之處強調耶穌是處女所生，而非在受洗時被收養，且他本身就是上帝。

5——譯註 相對於此，原正統派則認為，耶穌在降世之前就已經參與了創世的工作。

反嗣子說的經文更動

事實上，我們已經在第四章介紹經文研究者威特斯坦的時候，看過其中一處由於基督論的爭論而造成的經文更動了。威特斯坦在檢視亞歷山大抄本的時候（該抄本目前在大英圖書館中），發現〈提摩太前書〉3章16節中有一處，在後來的抄本中大多是「上帝在肉身顯現」，但在早期抄本中卻是「以肉身顯現的那位」。這在希臘文只是個小小的變動，也就是Θ和O的差別而已。後來的抄寫者修改了原本的經文，於是此處以肉身顯現的不再是「那位」，而是「上帝」。換句話說，這位修改者更動了經文，使得經文轉而強調耶穌的神性。驚人的是，同樣的更動發生在我們現有的四份早期〈提摩太前書〉抄本上，而且這四份抄本的抄寫者都以同樣的方式更改經文，很明確地稱耶穌為「上帝」。後來拜占廷（中世紀）抄本的經文大多是這個版本，因而也成為大部分早期英文譯本的經文。

然而，在我們最早且最好抄本中，提到基督是以肉身顯現的「那位」，而沒有明確指出耶穌就是上帝。原來的經文對此顯然說得不夠清楚，而為了強調耶穌的神性所做的更動，卻成了後來中世紀抄本的主流版本。在這個例子中，我們看到為了反對嗣子說所做的經文修改，也就是透過修改經文，來反對耶穌只是人而非上帝的說法。

另一個反嗣子說的經文修正，出現在〈路加福音〉中關於耶穌早期生活的記載裡。在這部福音書中，約瑟和馬利亞帶著耶穌前往聖殿，經過敬虔的義人西面祝福之後，「孩子的父母因這論耶穌的話就希奇」（〈路加福音〉2章33節）。孩子的父親？如果耶穌是處女所生，這段經文怎麼能稱呼約瑟為耶穌的父親呢？可以想見，許多抄寫者便修改

這裡的經文，以消除「父母親」的潛在問題。他們將經文改寫為：「約瑟和他的母親都感到驚奇……」如此一來，這裡的經文就不會被支持嗣子說的基督徒利用，拿來支持約瑟是耶穌生父的論點了。

幾節之後，關於耶穌十二歲時上聖殿的故事中也發生類似的現象。這個故事的情節大家比較熟悉：約瑟、馬利亞和耶穌到耶路撒冷參加一場節期，但是當家人都跟著隊伍回家時，耶穌卻留下來，沒有告知他的父母。經文說：「他的父母並不知道。」如果約瑟不是耶穌真正的生父，為什麼這裡的經文會提到耶穌的**父母**呢？許多抄本上便「更正」了這個問題，將經文改寫為「約瑟和耶穌的母親並不知道」。同樣的情況也發生在後面幾節，那時他們回到了耶路撒冷四處尋找耶穌，三天之後，馬利亞發現耶穌在聖殿中，便責備他：「你父親和我傷心來找你！」於是某些抄寫者再度設法解決這個問題，這次他們乾脆把它改成：「我們都在找你！」

也許有人已經猜到了，在我們手上的抄本中，最有意思的反嗣子說經文異文，是在施洗約翰為耶穌洗禮的記載中。許多嗣子說的支持者根據這節經文堅信耶穌是上帝所選召的義子。〈路加福音〉的記載跟〈馬可福音〉一樣，當洗禮完畢，天開了，聖靈如同鴿子降臨在耶穌身上，同時還天上還有聲音傳來。但是在〈路加福音〉的抄本中，有特別說明這聲音講了什麼。根據我們手上大部分的抄本，他說的跟〈馬可福音〉中的記載一樣：「你是我的愛子，我喜悅你。」（〈馬可福音〉1章11節、〈路加福音〉3章22節）。值得注意的是，在一份早期的希臘文抄本以及一些拉

丁文抄本中,這聲音所說的話完全不一樣:「你是我的兒子,我今日生你。」我今日生你!這難道不正表示耶穌受洗的那一天,就是他成為上帝之子的同一天嗎?難道這樣的經文不會被嗣子說的支持者利用,來證明耶穌是在那時候才成為上帝的兒子嗎?這是個有趣的異文,因此我們會花比較長的篇幅來探討,以說明經文鑑別學學者所面對的問題究竟有多複雜。

第一個有待解決的問題是:這兩者究竟何者才是原文?何者是更動過的?大部分希臘文抄本上的經文都是第一種(「你是我的愛子,我喜悅你」),因此人們可能會將其他經文形式當作是更動過的。但問題是,遠在這些大部分的抄本產生出來之前,就已經有許多教會教父引用過這節經文了。從第二到第三世紀,不論羅馬、亞歷山大、北非、巴勒斯坦、高盧還是西班牙地區,都有人引用過這節經文。而在大部分的情況中,他們引用的都是後面那個版本(「我今日生你」)。

此外,後面這一形式的經文,比前面那一種**更不像**〈馬可福音〉中的平行經文。我們已經知道,抄寫者一般都會試著去調和不同的經文,而不是讓它們看起來更不協調,因此,**不同於**〈馬可福音〉的經文反而更有可能是〈路加福音〉中的原文。基於這些論點,我們得知抄本較少的經文形式(「我今日生你」)才是原文,這是因為抄寫者擔心該經文會誤入嗣子說的歧途而進行更動。

但有些學者持相反意見,他們認為路加不可能把洗禮時天上的聲音寫為「我今日生你」,因為很顯然在**此之前**,路加就已經提到耶穌是上帝的兒子。在〈路加福音〉1章35節,耶穌出生之前,天使加百列便向耶穌的母親宣

告:「聖靈要臨到你身上,至高者的能力要蔭庇你,因此所要生的聖者必稱為上帝的兒子。」換句話說,對路加本人而言,耶穌不可能在他受洗的時候才成為上帝的兒子,所以抄本較多的經文「你是我的愛子,我喜悅你」,才是原來的文字。

這個想法乍看之下非常有說服力,但該論點太過看重路加在其作品(包括上冊〈路加福音〉和下冊〈使徒行傳〉)中對耶穌的指稱(designation of Jesus)了。例如我們來思考一下路加如何稱呼耶穌為「**彌賽亞**」(Messiah,希伯來文,意思等同於希臘文中的**基督** Christ):根據〈路加福音〉2章11節,耶穌**生來**就是基督了,但是在〈使徒行傳〉的某次講道中,則說耶穌在洗禮的時候才成為基督(〈使徒行傳〉10章36~38節),另一處又說到耶穌在復活時成為基督(〈使徒行傳〉2章36節)。這幾種說法怎麼可能都是真的呢?很顯然,對路加而言,重要的是強調耶穌在世時的幾個關鍵時刻,以及這些時刻對耶穌身分定位(亦即承認他為基督)的意義。同樣的方法也可以用來看待路加如何理解耶穌為「主」(Lord)。在〈路加福音〉2章11節中就已經提過耶穌出生的時候是「主」了,在〈路加福音〉10章1節,也提到他在世為人的時候被稱為主,到了〈使徒行傳〉2章36節,卻說他在復活時**成為主**。

對路加而言,耶穌作為主、基督、上帝之子的身分是重要的,但究竟是什麼時候發生的卻不重要。耶穌在他一生中所有的重要時刻,不論是出生、受洗還是復活,他都是主、基督、上帝之子。

很顯然,在路加原本關於耶穌受洗的故事中,天上聲音所說的是「你是我的兒子,我今日生你」。路加大概沒

有要以嗣子說的觀點來解釋,因為畢竟他還是記載了耶穌從處女而生的故事(第1-2章)。但後來的基督徒在閱讀3章22節時,卻可能被它潛在的嗣子論調給嚇一跳,因為它看起來真的有嗣子說的詮釋空間。為了避免其他人以這種方式解讀,有些原正統派的抄寫者便修改經文,以使它和〈馬可福音〉1章11節相符。這樣一來,耶穌不再被說成是上帝所生,而僅僅被承認為:「你是我的愛子,我喜悅你。」換句話說,這是另一處反嗣子說的經文更動。

我們可以用另一處經文修改的案例來總結這部分的討論。此處跟〈提摩太前書〉3章16節的修改類似,抄寫者同樣也修改文本,使它以非常強烈的語氣來暗示讀者,耶穌是完全的神。這修改出現在〈約翰福音〉裡,而這部福音書可說是在整部《新約》中,最強調耶穌神性的經卷了(例如〈約翰福音〉8章58節、10章30節、20章28節)。在此處我們要討論的經文段落中,關於原文的激烈爭辯使得耶穌的身分問題更加引人注目。

〈約翰福音〉的前十八節有時會被稱為它的前言。在這裡,約翰提到「神的道」在「太初的時候與神同在」,而且這道「就是神」。神的道使萬物得以存在。此外,道還是上帝與世界溝通的方式,道就是上帝藉向他者顯現的方式。接著又提到「道成了肉身,住在我們中間」,換句話說,上帝的道變成了人(第14節)。這人就是耶穌基督(第17節)。根據這裡的說明,耶穌基督是上帝之道「成為肉身」(incarnation),在太初的時候便與上帝同在,本身就是上帝。上帝透過他,得以創造一切事物。

〈約翰福音〉前言結束的用語也非常讓人驚奇,這個

地方有兩種異文：「從來沒有人看見神，只有在父懷裡的**獨一子／獨一神**將他表明出來。」[6]

這裡的經文問題在於，誰才是那個「獨一」的。他究竟是「父懷裡的獨一神」，還是「父懷裡的獨一子」呢？首先，我們必須承認獨一神的經文存在於那些最古老且普遍認為最好的抄本（亦即亞歷山大的抄本家族）中。但有趣的是，這一經文形式很少出現在亞歷山大家族以外的抄本中。有沒有可能這是亞歷山大的抄寫者創造出來、在當地流傳的經文形式呢？如果是這樣的話，這就可以解釋何以其他抄本大多是另一種經文形式了。在其他抄本中，耶穌並不是被稱為獨一神，而是獨一子。

還有其他理由認為後面這個經文形式才是正確的。〈約翰福音〉中有許多地方都使用「獨一子」（the unique Son）來稱呼基督（參閱〈約翰福音〉3章16、18節）；這有時會錯翻為「獨生子」（only begotten Son）。但在這些地方都沒有說基督就是「獨一神」（the unique God）。此外，稱呼基督為獨一神到底**代表**了什麼？**獨**一這個詞在希臘文中的意思是「獨一無二」，意思是唯一的一個。因此，「獨一神」指的一定是聖父上帝，否則祂就不是獨一無二了。然而，如果這個詞彙指的是聖父，怎麼可以又拿來指稱聖子呢？事實上，〈約翰福音〉更常使用也更好理解的詞彙是「獨一子」，如此看來，「獨一子」才是〈約翰福音〉1章18節的原文。這詞彙已表達出對基督的崇高看法：將他當作「在父懷裡的獨一子」，並且是向世人解釋上帝是誰的管道。

但情況看來，有些抄寫者（也許是在亞歷山大地區的抄寫

6── **譯注** 此處的經文應該是「獨一子」（unique Son）而非和合本中的「獨生子」（only begotten Son）。此處翻譯對和合本中文稍做修正，以符合原意。

者）對於基督擁有的崇高地位還不夠滿意，於是便修改經文，讓他更加崇高。結果，基督不再只是上帝的獨一子，他還是獨一神本身。這很顯然也是第二世紀原正統派抄寫者，為了反嗣子說而對經文做的變更。

反幻影說的經文更動
早期基督教中的幻影說

在神學的光譜上，與嗣子說基督論及猶太基督徒伊便尼派站在對立端的，便是相信幻影說（docetism）的基督教團體[7]。該名稱來自於希臘文DOKEŌ，意思是「看似」或「表面上」。幻影說認為，耶穌不是有血有肉的人，而是（而且只是）完全的神。他只是「看似」或「表面上」是人類，因此會感到飢餓、口渴、痛苦、流血和死亡。但既然耶穌是上帝，他就不會真的是個人。他只是來到世界上，擁有人類身體的「外觀」而已。

也許基督教早期幾個世紀中最有名的幻影說支持者是哲學家教師馬吉安。我們知道許多關於馬吉安的事蹟，因為原正統派的教會教父如愛任紐、特土良等都認為他的觀點是個嚴重威脅，於是寫下許多關於他的事蹟。特別是，我們迄今還有五卷特土良所寫的著作《駁馬吉安》（*Against Marcion*），書中詳述並攻擊馬吉安的信仰。根據這一辯論性質的作品，我們得以辨識出馬吉安思想中的主要特徵。

我們之前提到[8]，馬吉安立論的依據顯然來自於使徒保羅，在他看來只有使徒保羅才是耶穌唯一真正的追隨者。

7——關於幻影說的觀點以及幻影說基督論的完整探討，參閱 Ehrman, *Orthodox Corruption of Scripture*, 181-87.
8——參閱本書第一章討論「馬吉安與正典的形成」一節。

在保羅的某些書信中，他區分了律法與福音，強調人只能藉著相信基督（福音）才能為上帝所稱義，而不是藉由遵守猶太律法的行為表現。對馬吉安來說，基督的福音和摩西律法之間是絕對對立的，以致於頒訂律法的上帝不可能同時是帶來救贖的基督。換句話說，他們是兩個不同的神。《舊約》的上帝是創造這個世界的神，祂揀選了以色列人作為祂的子民，並頒布了嚴厲的律法。一旦他們違反律法（而且他們總是會違反），祂就以死亡來懲罰他們。而耶穌乃是更偉大的上帝所差派，用以拯救人類脫離猶太人那個憤怒的神。既然耶穌不屬於那位創造物質世界的神，他當然也就完全不屬於這個物質世界。也就是說，他不可能真的出生、不可能有物質的身體、不可能真的流血，也不可能真的死亡。這一切都只是外表看起來的樣子而已。但既然耶穌以看來完美的方式犧牲而死，猶太人的上帝便接受以他的死來償付世人的罪，並且拯救任何相信耶穌的人。

特土良等原正統派的作者，便極力反對這樣的神學。他們強調，如果基督不是真正的人，他就不能拯救其他人類；如果他沒有真正流血，他的血就無法帶來救贖；如果他沒有真正死去，他那「表面上」的死並不能為人帶來任何好處。特土良等人因而堅持，耶穌是神（不管伊便尼派等嗣子說的擁護者如何反對），但無疑也是完全的人。他有血有肉、會感到痛苦、真的流血、真的死去了，他的肉體真的從死裡復活，並升到天上，在那裡他以肉身的形式，等待榮耀地再臨。

反幻影說的經文更動

幻影說基督論的爭議，同樣也影響了那些複製《新約》經文的抄寫者。為了清楚說明這點，我會探討〈路加

福音〉最後一章，四個有異文的地方；如同前述，馬吉安有將這卷福音書納入他的正典[9]。

第一處異文我們在本書第五章就已經看過，是關於耶穌「汗滴如血」的記載。該處有問題的小節也許不是〈路加福音〉的原文。我們稍微回顧一下，在描述耶穌被捕之前的段落中，他離開門徒獨自去禱告，祈求這苦杯從他身上移開，但同時也祈求上帝的「旨意成全」。接著，我們在某些抄本中發現了這個有問題的小節：「有一位天使從天上顯現，加添他的力量。耶穌極其傷痛，禱告更加懇切，汗珠如大血點滴在地上。」（〈路加福音〉22章43-44節）

我在第五章的時候說過，第43-44小節干擾了路加這一段落的結構，原本該段落的交錯配列法，會把焦點集中在耶穌祈求上帝旨意成全這件事情上。我也提到，這兩節所包含的神學，完全不同於〈路加福音〉其他地方對耶穌受難的敘述。在其他的地方，耶穌都是平靜的，並能掌握自己的處境。事實上，路加將有關耶穌痛苦的記載都從這一段落移除了。這幾個小節，不僅不存在於早期重要的經文證據，同時還與〈路加福音〉其他地方耶穌面對死亡時的形象互相抵觸。

為什麼抄寫者要把這幾個小節加進路加的記載中？我們現在正好可以回答這個問題。值得注意的是，這些小節曾經三度為第二世紀中之後的原正統派作者所引用（殉道者游斯丁、高盧的愛任紐、羅馬的希波利圖）；更趣的地方在於，每當他們引用時，都是為了反對「耶穌不是真正的人」這

---

[9]——此外他也接受保羅的十封書信作為《聖經》（屬於〈提摩太前後書〉和〈提多書〉以外的所有保羅書信），他拒絕了《舊約》，因為那是創世的上帝，而不屬於耶穌的上帝。

種觀點。也就是說,在這幾節裡關於耶穌經驗到的深層痛苦,被拿來證明他確確實實是個人,跟我們一樣能夠真正感受到痛苦。因此,像早期基督教護教士游斯丁在讀過「他的汗珠如大血點滴在地上」之後,便宣稱這節經文顯示了「聖父希望他的兒子,為了我們的緣故,確實去承受這樣的痛苦」,因而我們「不能說他因為是上帝之子,所以不會感受到痛苦」[10]。

換句話說,游斯丁和他的原正統派同儕都知道,這幾節經文生動顯示了耶穌不僅「看起來」是人,他事實上在每一方面都是人。因而,如同我們先前所見,這幾節很可能不是〈路加福音〉的原文,它們是因為完美描繪出耶穌真實的人性,才被加上去以反對幻影說的。

對於原正統派的基督徒來說,強調耶穌是個有血有肉的真實人物事關重大,正是因為他確實犧牲自己的身體、流出自己的血,而不是表面的幻象,才帶來了救贖。路加在記載耶穌最後時刻的經文異文,也強調了這一點。這個經文異文出現在耶穌與門徒最後晚餐的記載中。根據一份古老的希臘文抄本以及許多拉丁文的抄本,上面記載著:

> 耶穌接過杯來,祝謝了,說:「你們拿這個,大家分著喝。我告訴你們,從今以後,我不再喝這葡萄汁,直等神的國來到。」又拿起餅來,祝謝了,就擘開,遞給他們,說:「這是我的身體,看哪,那賣我之人的手與我一同在桌子上。」
>
> ——〈路加福音〉22章17-19節

---

[10]——引文出自游斯丁的《與特立弗的對話》(*Dialogue with Trypho*),103。

然而,在大部分抄本中,經文中多了一段話,許多英文《聖經》的讀者可能會對這段增加的內容很熟悉,因為它出現在許多現代的英文譯本。在這些抄本中,耶穌說了「這是我的身體」之後,又多加了一段:「『為你們捨的,你們也應當如此行,為的是記念我。』飯後也照樣拿起杯來,說:『這杯是用我血所立的新約,是為你們流出來的。』」

我們對這段「主設立晚餐」的對白十分熟悉,在保羅的〈哥林多前書〉11章23-25節,也有一段非常類似的話。儘管這些話十分熟悉,我們依舊有充分的理由相信,這不是〈路加福音〉中原本就有的經節,而是後來加入的,目的是要強調耶穌打碎自己的身體,流出自己的血「為你們」帶來救贖。原因是,如果它本來就在〈路加福音〉裡,我們很難解釋為什麼抄寫者要省略這一節經文(例如在這裡沒有什麼「相同的結尾」會造成跳讀),尤其此處插入的句子涵義清楚又易懂。事實上,如果把這幾個小節拿走,大部分的人反而會覺得經文像是經過裁剪的。或許正是因為如此,抄寫者才會想幫讀者加上那幾節經文。

此外,我們應該要注意到,這幾節經文雖然很熟悉,但它跟路加對耶穌死亡的理解並不相同。路加對耶穌死亡的描寫有個很顯著的特色,而且乍聽之下也許會覺得很奇怪:他**從未**把死亡視為對罪的救贖。在路加的兩卷著作中(〈路加福音〉和〈使徒行傳〉),沒有任何地方提到耶穌是「為你們」而死的。事實上,在路加的來源(〈馬可福音〉)中,有兩處提到耶穌的死帶來了救贖(〈馬可福音〉10章45節、15章39節),而路加則**更改**了馬可的措詞(或是直接刪除)。換句話說,路加不同於馬可(以及保羅或其他早期基督教

作家），他對耶穌的死帶來救贖這一觀點有不同理解。

當我們思考路加在〈使徒行傳〉中所說的話，很容易便能看到他的獨特觀點。在該書中，使徒發表過幾次勸人改信耶穌的演說，但這些演說中沒有一次提到耶穌的死能夠贖罪（參考第3、4、13章）。這並不是說耶穌的死不重要。對路加而言，這是**極為**重要的，只是它的功用並不是贖罪。耶穌的死是為了使人類在上帝面前了解自己的罪惡（因為他是無辜而死的）。一旦人們理解到自己有罪，他們就會懺悔而轉向上帝，而後祂才會赦免他們的罪。

換句話說，對路加而言，耶穌的死是驅使人們悔改，並且是因著這一悔改才帶來救贖，而非如這些爭議經文（而且早期抄本中也找不到）所說的：耶穌的死被描繪成「為你們」所做的贖罪。

如果原來這幾節並沒有出現在〈路加福音〉之中，那它們為什麼會被加進去呢？在後來與馬吉安的爭論中，特土良特別強調：

> 當耶穌說麵包是他的身體時，他已經明白表示了這麵包的意思。同樣的，當他提到這杯並將新約封印在自己的血中時，他就認定了自己身體的真實性。血液一定得存在於血肉之軀。從肉的存在，我們可以獲得身體存在的證明；而從血的存在，我們可以獲得肉存在的證明。
>
> ——《駁馬吉安》4, 40

很顯然這幾節經文是為了強調耶穌身體與肉身的真實性而被加進去的，藉由這身體他才能真正為他人犧牲。這也許不是路加原先要強調的，但它確實是原正統派的抄寫

者所想要強調的。他們修改路加的經文，來對抗馬吉安等人所主張的幻影說基督論[11]。

另一處顯然也是被原正統派抄寫者加入〈路加福音〉中的經文是24章12節，就在耶穌從死裡復活之後。有些跟隨耶穌的婦女來到了耶穌的墳墓，發現他不在裡面，並被告知耶穌已經復活了。她們回去告訴門徒，門徒卻覺得這只是些「胡言」，因此拒絕相信她們。接著，在許多抄本中，出現了24章12節的敘述：「彼得起來，跑到墳墓前，低頭往裡看，見細麻布獨在一處，就回去了，心裡希奇所成的事。」

我們有充分的理由認為這裡的經文不是原來〈路加福音〉的經文。它裡面有許多在路加著作中找不到的風格特徵，例如文本中重要的關鍵字「低頭」、「細麻布」（在前面提到耶穌的裹屍布時，用的是另外一個字）等等。此外，如果這節經文確實是福音書原來的一部分，我們很難看理解為什麼會有人想要移除這節經文（同樣的，這裡沒有「相同的結尾」而造成意外跳讀的可能）。許多讀者已經發現，這一節看起來跟〈約翰福音〉最後總結的段落（20章3-10節）十分相像。在那裡，彼得和「主所愛的門徒」競相跑到耶穌的墳墓前，並發現墳墓是空的。有沒有可能是某人在〈路加福音〉中加上一個非常類似的結尾來作為總結呢？

如果是這樣的話，那麼這節增加的經文就很引人注目了，因為它是如此密切支持原正統派的立場：耶穌不是某種幻影而已，他是個真實的、有血有肉的身體。更何況，

12——關於幻影說爭議而加入〈路加福音〉的經文，進一步探討參閱 Ehrman, *Orthodox Corruption of Scripture*, 198-209.

這又是使徒中帶頭的彼得親自確認過的。因此，與其讓空墳的故事成為某些不值得信賴的婦女在那邊「胡言亂語」，此處的經文顯示，這個故事不僅是可信的，而且還是真實的，因為這是彼得這位值得信賴的人親自證實過的。更重要的是，這段經文還強調肉體的復活，因為唯一留在墓穴中的，是原先包覆耶穌身體的細麻布，而這正是復活的實體證據。這是一個真實的人的肉身復活。特土良再次強調了這點的重要性：

> 現在，如果我們否認了[基督的]的肉體，以致於他死也受到否認，那麼他的復活也就不是確定的了。他若沒有死去，也就不會有復活，因為他沒有真實的身體讓死亡得以發生，復活也就一樣不會發生。同樣的，如果基督的復活廢除了，我們的復活也就跟著毀壞了。
>
> ——《駁馬吉安》3, 8

基督必須要有真實的身體，他的身體才能從死裡復活。

耶穌的身體不僅必須受苦、死亡，並且復活，對於原正統派而言，他的肉體還要升天。我們要討論的最後一處經文異文出現在〈路加福音〉的尾聲，在耶穌復活之後（但不是同一天）。耶穌最後一次對他的門徒講話，然後就離開了他們：

> 正祝福的時候，他就離開他們。他們就拜他，大大地歡喜，回耶路撒冷去。
>
> ——〈路加福音〉24章51-53節[12]

13——**譯注** 此處按照作者的翻譯，再根據和合本的譯文加以調整。

有趣的地方在於，在某些較早的經文抄本中（包括亞歷山大家族的西乃抄本），此處多加了一些文字[13]。這些抄本在「他就離開他們」之後，加上了「被帶到天上去了」這幾個字。這是個很重要的增補，因為它強調耶穌是帶著肉體離開和升天的（而不是平淡無奇的「他就離開他們」而已）。在某種程度上，這裡的異文是很有趣的，因為路加在他的第二冊〈使徒行傳〉中，**再次**提到耶穌升天的經過，但也明確說明這發生在復活的「四十天」之後（〈使徒行傳〉1章1-11節）。

因而我們很難相信，〈路加福音〉24章51節這幾個有問題的句子，會是路加寫的。很顯然，如果他在第二冊著作一開始就提到耶穌在四十天之後才升天，他不會在這裡說耶穌在他復活當日就升天了。值得注意的是，這個有問題句子中的關鍵字（「被帶到……之上」）從來沒有在〈路加福音〉或〈使徒行傳〉其他地方出現過。

為什麼會有人想要加上這段經文呢？我們知道，原正統派的基督徒想要強調耶穌離開世界時帶有真實的肉身：耶穌帶著肉體離開了，也必然帶著肉體回來，並同時帶來肉體的救贖。

這正是他們用以反對幻影說的立論，因為後者認為這一切都只是幻象。也許有個抄寫者參與了這場爭論，便修改了他手上的經文來強調這個論點。

14——關於另一處增加的經文，以及此處的完整探討，參閱 Ehrman, *Orthodox Corruption of Scripture*, 227-32.

反分離說的經文更動
早期基督教中的分離說

第二、三世紀原正統派基督徒還要面對第三個基督教團體。他們主張基督並非只是個人（嗣子說），也並非只是個神（幻影說），而是兩個個體，一個是完全的人，一個是完全的神[14]。我們可以稱之為「分離說」（separationist）的基督論，因為它將耶穌基督切割成兩個：作為人的耶穌（完全的人），以及作為神的基督（完全的神）。根據人部分支持者的說法，作為神的基督暫時居住在作為人的耶穌裡面，使他得以施行神蹟和宣揚教導；但在耶穌死前，基督離棄了他，於是他得獨自面對十字架的刑罰。

最多支持這個分離說基督論的，便是學者所謂的諾斯底基督徒[15]。「諾斯底主義」（Gnosticism，或稱靈智派）一詞來自於希臘文中的知識（gnosis），並廣泛運用到許多早期基督教團體上，因為他們強調神祕知識對於救贖的重要性。根據大部分團體的說法，我們居住的世界並非由真正的上帝所創造，而是天界發生的一場災難所造成。在這場災難中，某個神明因為某些不明因素被逐出天界，並且由於她[16]從神性中墮落，這個物質世界才被另一個位階較低的神創造出來。她被這個低階的神明捕獲並囚禁在這個世界的肉身中。於是，有些人的內在便擁有神聖的火花，他們得學習關於自己是誰、從哪裡來、怎麼來到這裡，以及如何回去等真理。學會這些真理才能使他們得到救贖。

15——關於分離說基督論的進一步資訊，以及持有此一觀點的諾斯底團體，參閱 Ehrman, *Orthodox Corruption of Scripture*, 119-24.
16——關於諾斯底主義的進一步探討，參閱 Ehrman, *Lost Christianities*, chap. 6
17——譯注 大部分諾斯底神話中墮落的神都是陰性的。

這些神祕教導和神祕「知識」的真理,只有來自天上的神明能傳授。對於基督教的諾斯底主義者而言,基督就是揭露這救贖真理的天界啟示者。在許多諾斯底系統中,基督是在耶穌這個人受洗的時候,進入他裡面,賦予他能力去傳道,最後離開他,讓他獨自死在十字架上。這是耶穌呼喊:「我的神、我的神,為什麼離棄我?」的原因。對於這些諾斯底主義者而言,基督確**實已經**離棄了耶穌(或者說「將他拋下」)。然而在耶穌死後,祂又讓他從死裡復活,作為他忠信的獎賞,並持續透過他教導門徒那些獲致救贖的奧祕真理。

對於原正統派的基督徒而言,這個教導不管在哪個層面都讓人非常不快。對他們來說,物質世界並非某個宇宙災難所造成的邪惡之處,而是那位真神的美好創造。對他們而言,救贖來自於相信基督的死和復活,而不是透過學習某種光照人類真實處境的神祕**知識**。此處要強調的是,原正統派認為,耶穌基督不是兩個個體,而是同時具有神性和人性的單一個體。

反分離說的經文更動

關於分離說基督論的爭議,在新約經文傳遞的過程中扮演了某些角色。我們已經在第五章的經文異文討論中看過其中一個例子了,也就是〈希伯來書〉2章9節。在這裡,耶穌在原來的書信中被認為是在「與上帝隔絕」的狀態下死去。在討論的過程中,我們發現大部分的抄寫者都接受另一種經文形式,也就是認為基督「因著上帝的恩」而死,但這並不是作者原先的經文。之前我們並未更進一步討論抄寫者為何會認為原文具有潛在的危險而需要修

改。現在我們對於諾斯底基督論有了基本了解後，這一經文修改就變得比較能理解了。根據分離說的基督論，基督真的是在「與上帝隔絕」的狀態下而死。在十字架上，原先居住在他裡面的神性離開了他，所以耶穌孤獨地死去。基督教的抄寫者發現，這裡的經文會被拿來支持這個觀點，於是做了一個簡單卻重要的修改。這樣一來，這裡的經文認定了基督的死是「因著上帝的恩」，而不再是與上帝隔絕了。所以，這是為了反分離說而做的經文更動。

同樣的現象還有另一個有趣的例子，讀者應該也很容易猜到，那就是福音書中關於耶穌釘十字架的記載。如同我所指出的，在〈馬可福音〉中，耶穌在整個釘十字架的過程中都保持沉默。士兵釘他十字架、經過的猶太人領袖輕視他，另外兩個一起被釘十字架的犯人也嘲笑他，而他卻默然不語。直到最後，當死亡逼近了，耶穌才大聲呼喊了〈詩篇〉22篇上的一句話：「以利、以利，拉馬撒巴各大尼？」意思是「我的神、我的神，為什麼離棄我？」（〈馬可福音〉15章34節）

有趣的是，根據原正統派作者愛任紐的說法，〈馬可福音〉是那些「將耶穌與基督分開」（也就是支持分離說的諾斯底派）的人所選擇的福音書[17]。我們有可靠的證據認為，某些諾斯底成員從字面來解釋耶穌死前的最後一句話，藉以指出在那時候神性的基督離開了人性的耶穌（因為神不能經歷凡人的死亡）。這一證據來自於那些記載耶穌生平重要時刻的諾斯底文獻。舉例來說，在〈彼得福音〉（Gospel of Peter）這部疑似有分離說基督論的著作中，這句引言就稍微

18—— *Against Heresies* 3, 11, 7.

不同:「我的力量,噢,力量,你離開了我!」更醒目的是另一部諾斯底文獻〈腓利福音〉(Gospel of Philip),它引用了這句話之後,還附上一段分離說的解釋:

> 「我的神、我的神,噢,我的主為什麼你要離棄我?」這就是他在十字架上所說的話,因為他就在此時被分開了。

原正統基督徒知道這兩部福音書,也知道書中對耶穌釘十字架的最高潮時刻做出哪些解釋。於是某些抄寫者動筆修改了〈馬可福音〉的經文,以避開諾斯底式的解釋,也就不讓人意外了。在一份希臘文抄本以及一些拉丁文抄本上,耶穌呼喊的不再是傳統〈詩篇〉22篇的經文,而是變成了「我的神、我的神,為什麼嘲笑我?」

這種修改讓經文變得很有意思,而且在這個文本脈絡中特別適合。如同前面提到的,故事中幾乎每個人都在此時嘲笑耶穌,不論是猶太人領袖、路過的、還是那兩名強盜。因而,在這個異文中,甚至連上帝**本身**都嘲笑耶穌。在絕望中,耶穌大聲呼喊並且死去。這真是強而有力的場景,充滿傷感。

儘管如此,這經文仍不是原有的。如我們所見,幾乎所有最古老、最好的經文抄本都找不到它(包括亞歷山大文本),此外它也與耶穌實際所說的亞蘭文不同(「拉馬撒巴各大尼」的意思是「你為什麼離棄我」,而非「你為什麼嘲笑我」)。

那麼,為什麼抄寫者要修改此處的經文呢?如果考量到這節經文對於那些偏好分離說基督論的人會是如何有用,我們就沒什麼好問的了。原正統派的抄寫者關注的是,這文本不能被諾斯底的對手拿來對抗他們。他們創造

了一個重要且符合前後文脈絡的修改：上帝現在變成了嘲笑耶穌，而不再是離棄他了。

最後一個同樣也是對抗分離說基督論的異文證據，我們可以參考〈約翰壹書〉的經文。在最古老的經文形式中，4章2~3節的內容是：

> 凡靈認耶穌基督是成了肉身來的，就是出於神的；從此你們可以認出神的靈來。凡靈不認耶穌，就不是出於神，這是那敵基督者的靈。

這是很清楚、直接的句子：只有那些承認耶穌真的來自於肉身（這是為了對抗幻影說）的人才屬於上帝，那些不承認這些的則是與基督敵對的（敵基督者）。但這裡有個有趣的異文出現在句子後半部。在某些經文證據中，它寫的並非「不認耶穌」的，而是「失去耶穌」。到底「失去耶穌」指的是什麼？為什麼會出現這樣的經文異文呢？

首先，我必須強調這一異文並沒有出現在許多的抄本中。事實上，在希臘文的經文抄本中，它只出現在一份第十世紀抄本（Ms. 1739）的頁邊空白。但如前所述，這是一份特別的抄本，因為它顯然是抄自一份第四世紀的抄本，而它在頁邊注記了有哪些教父是使用這些異文。在這個特殊的例子中，頁邊的注記寫到，愛任紐、革利免和俄利根等第二世紀末第三世紀初的教會教父，都知道這個「失去耶穌」的異文。此外，它也出現在武加大拉丁譯本中。這顯示了這一異文在原正統派的基督徒與諾斯底爭辯基督論的問題時非常流行。

然而，由於它的證據零散，這一異文也許不能被當作「原始」的經文。例如在最早且最好的抄本中，都找不到

該節經文（事實上，除了剛剛提到的頁邊註記以外，其他希臘文抄本都沒有）。那基督教抄寫者為何會創造出這樣的經文呢？看來這是為了攻擊分離說基督論所創造出來的經文，因為他們認為耶穌和基督是兩個不同對象，或者就如這裡的異文說的，基督「失去了」耶穌。按照這裡的異文，任何支持前述立場的，都不是從上帝而來的，而是敵基督者。我們於是再度發現了因為第二、三世紀基督論爭議而創造出來的經文異文。

結論

促成抄寫者修改經文的原因很多，其中一項是他們的時代背景。第二、三世紀基督徒抄寫者捲入了這些爭論，而這些爭論無意間影響了經文的產生過程，特別是那些處於爭論焦點的經文。因此，抄寫者有時會更動他們的經文，使它們說出他們原先就已經相信的意思。

這不見得是不好的事情，我們也許可以假設那些會改動經文的抄寫者，大多是不自覺或是懷著善意。然而，事實是，一旦他們修改了經文，文本上的字面意義就會變動，而這些更動過的話語必定會影響後來讀者對經文的解釋。導致這些修改的其中一項原因，便是第二、三世紀的神學爭論，當時的抄寫者有時會因為嗣子說、幻影說或分離說的基督論而修改經文，企圖引起當時人們的注意。

其他的歷史因素也會造成影響，這些因素跟神學爭論的關係較小，跟當時社會上的衝突關係較大，例如婦女在早期基督教中的地位、基督徒對猶太人的敵意，以及基督徒在異教敵對者的攻擊下做出的反應等等。下一章我們將檢視，在專業抄寫者出現之前，這些社會衝突如何影響那

些複製經文的早期抄寫者。

這是〈馬太福音〉最早的抄本之一，以希臘文抄寫於蒲草紙上。

CHAPTER VII

經文所處的社會環境

VII — 經文所處的社會環境

†

基督宗教文獻的抄寫
大體上是個「保存」的過程,
但也是更動的過程。

抄寫者難免捲入時代的爭論,
因而在經文傳抄過程中,
留下對女性、猶太人和異教徒
貶抑或仇視的痕跡。

也許這麼說會比較穩當一點：早期基督宗教文獻的抄寫大體上是一個「保存」的過程。不論是早期幾個世紀的非專業抄寫者，還是後來中世紀的那些專業抄寫者，都企圖「保存」他們所經手的那些經文傳統。他們最終目的不在於修改傳統，而是為自己以及追隨者保存傳統。毫無疑問，大部分的抄寫者都希望能如實完成工作，以確保他們複製出的經文與當初傳交給他們的完全一樣。

儘管如此，早期基督宗教的經文還是被更動了。抄寫者有時候（其實是常常）會犯下無意的錯誤，如拼錯字、跳讀，或者就是把他們要抄寫的句子弄得一團糟。但有時候他們則會蓄意修改經文，對這些經文做些「更正」，而結果卻是改動了原先作者的文字。我們在上一章已經檢視過其中一種有意的經文更動了，也就是在第二、三世紀沸沸揚揚的神學爭論所導致的更動。但我也不希望造成誤解，讓讀者以為抄寫者坐下來抄寫經文時，就會製造出這種神學上的更動。這些更動其實只有偶爾發生。然而每當它發生時，總是對經文帶來深刻的影響。

在本章，我們要檢視其他時代背景偶爾導致的經文更動。我們會特別討論三個出現在早期基督宗教團體中的明顯爭論：一個是教會內部婦女地位的爭論，另外兩個是教會外部關於非基督徒猶太人以及異教反對者的爭論。我們將會看到，這些分散在不同事件的爭論，都會影響那些複製經文而又參與這些爭論的抄寫者，因而在經文傳抄中扮演著某種角色。

女性與《聖經》經文

在《新約》經文傳抄過程中，教會中女性地位的爭論

並沒有扮演特別重要的角色,但是在某些有趣和重要的段落中,它的確擁有一席之地。為了使讀者更明白這類經文更動,我們必須先說明該爭論的相關背景知識[1]。

早期教會中的女性

現代學者都同意,早期教會會出現婦女地位的爭論,是因為她們**的確**在教會中扮演著某種角色,而且是重要、公眾的顯眼角色。這是耶穌傳道之初就有的現象。當然,耶穌最親近的跟隨者(亦即十二使徒)都是男性,就跟第一世紀巴勒斯坦地區的猶太教師一樣。但在早期福音書中指出,伴隨耶穌旅行的還有一群婦人,而且其中有些人還為耶穌及門徒提供財物支援,成為他四處傳道工作的贊助者(參閱〈馬可福音〉15章40-51節、〈路加福音〉8章1-3節)。耶穌曾經公開與婦女談話、公開向她們傳道(〈馬可福音〉7章24-30節、〈約翰福音〉4章1-42節)。我們還發現,婦女在耶穌最後前往耶路撒冷的旅途中陪伴他,也出現在他釘十字架的場景,甚至最後所有男性門徒都逃離時,只剩下她們忠心相伴(〈馬太福音〉27章55節、〈馬可福音〉15章40-41節)。最重要的是,每卷福音書都指出,最早發現耶穌空墳並見證耶穌從死裡復活的人,也是這些女性(不論是抹大拉的馬利亞獨自一人還是有同伴,參〈馬太福音〉28章1-10節、〈馬可福音〉16章1-8節、〈路加福音〉23章55節~24章10節、〈約翰福音〉20章1-2節)。

1——參閱Ehrman, The New Testament, chap. 24.,以下的討論大多根據此章而來。較完整的討論與文獻,參閱 Ross Kraemer and Mary Rose D'Angelo, *Women and Christian Origins* (New York: Oxford Univ. Press, 1999),以及R. Kraemer, *Her Share of the Blessings: Women's Religions Among Jews, Pagans, and Christians in the Graeco-Roman World* (New York: Oxford Univ. Press, 1992),以及Karen J. Torjesen, *When Women Were Priests: Women's Leadership in the Early Church and the Scandal of Their Subordination in the Rise of Christianity* (San Francisco: HarperSanFrancisco, 1993).

有趣的是，耶穌的訊息中，究竟是哪些內容這麼吸引女性？大部分學者都相信，耶穌宣揚的是關於神國來臨的福音，在神國中，不會有不義、苦難或邪惡，所有的人，不論富有還是貧窮、為奴的還是自由的、男人還是女人，都能獲得平等的地位。對於那個時代遭受不公平待遇的人而言（不論是貧窮的、病痛的還是遭遺棄的），這些帶來盼望的訊息顯然特別吸引人。而婦女，正是其中之一[2]。

　　不論如何，在耶穌死後，他的訊息顯然依舊吸引著婦女。有些早期基督宗教的異教反對者（例如我們之前提過的，第二世紀末的克爾蘇斯）便毀謗這個宗教組成分子大多是小孩、奴隸和婦女，換句話說，都是一些在社會上毫無地位的人。驚人的是，回應克爾蘇斯的基督教作者俄利根並沒有否認這一指控，反而用這來回擊克爾蘇斯，說明上帝揀選軟弱的，並使其變為剛強。

　　我們不用等到第二世紀末才能看到婦女在早期教會中扮演重要角色。透過最早期基督教作者（亦即保羅）留存至今的作品，就能清楚認識這一點。《新約》的保羅書信中提供了豐富的資料，顯示出基督教團體最早出現的時候，婦女便占有了顯著的地位。例如我們可以參考保羅寫給羅馬教會的書信中，他在信末向許多教會成員問安致意（第16章）。雖然裡面提到的男性比女性多，但是很顯然婦女在教會中的地位不比男性教友來得低。又例如保羅提到的一位姊妹非比，她不僅是堅革哩教會的執事，也是保羅的資助者，同時還受保羅所託，將書信帶到羅馬教會（第1-2節）；婦女百基拉以及她的丈夫亞居拉，不但肩負起在外邦

2——進一步的探討，參閱 Ehrman, *Jesus*, 188-91.

人中傳教的工作,還提供自己的家作為基督徒的聚會場所(第3-4節,請注意,保羅是先提到她才提到她丈夫);還有馬利亞安,她是保羅在羅馬的工作夥伴(第6節);土非拿、土富撒、彼息等女性,保羅稱她們為福音上的同工;魯浮的母親、猶利亞,以及尼利亞的姊妹,這些人在教會中顯然也都擁有顯著的地位(第13、15節)。最重要的是一個稱為猶尼亞的婦女,保羅稱她是「在使徒中是有名望的」(第7節)。這裡的「使徒」顯然不只是大部分人所熟悉的那十二人。

簡而言之,女性在保羅時代的教會中似乎扮演了非常重要的角色。就某方面而言,這鮮明的地位在希臘羅馬世界中是不尋常的。如同上文所說,這可能是根植於耶穌宣講的道理,也就是神國臨近以及男女平等。這顯然也是保羅所宣講的訊息,例如我們可以在〈加拉太書〉一個著名段落裡看到:

> 你們受洗歸入基督的都是披戴基督了。並不分猶太人、希臘人,自主的、為奴的,或男或女,因為你們在基督耶穌裡都成為一了。
>
> ——〈加拉太書〉3章27-28節

關於基督裡的平等,確實顯現在保羅社群的崇拜儀式中。婦女不只是安靜「聽道」,還主動參與每週的崇拜聚會,例如禱告、說預言,就如同其他男性扮演的角色(〈哥林多前書〉11章)。

但與此同時,就現代詮釋者看來,保羅對於基督中男女地位的看法,並未繼續發展出邏輯上的必然結果。例如他要求婦女在教會中禱告和說預言時必須蒙著頭,以顯示

她們是「服從權柄」的（〈哥林多前書〉11章3-16節，特別參考第10節）。換句話說，保羅並沒有要促成兩性關係的社會革命，就如同他並未主張廢除奴隸制度（即使他提到在基督裡面「不分自主的、為奴的」）。相反的，他強調既然「時候近了」（距離神國來臨的時刻），因此每個人都要維持他們原先的身分，不論是為奴的、自由的、結婚的、單身的、男人還是女人，都不需要尋求身分上的改變（〈哥林多前書〉7章17-24節）。

這至少可視為對於婦女角色的矛盾態度：一方面她們在基督中是平等的，允許參與社群中的生活，但是要以**女人**而不是**男人**的方式參與（例如她們不能像男人一樣移除頭上的頭巾，她們得在頭上留著「服從權柄」的記號）。對保羅而言，這一矛盾情緒對之後婦女在教會中的地位產生了一項有趣的影響。有些教會會特別強調在基督裡的平等，有些教會則要求婦女仍要服從在男人之下。因而，在某些教會中婦女扮演了非常重要的領導角色，但在另一些教會中，她們的地位被貶抑、聲音被削弱。如果我們閱讀保羅死後那些跟保羅有關的教會的文件，會發現許多關於婦女地位的爭論，最後導致教會全力壓制婦女地位。

在後來一封以保羅之名書寫的信件中，這個立場變得十分明顯。今日學者大多相信〈提摩太前書〉不是保羅所作，而是後來第二代追隨者的作品[3]。在這封書信裡，有一段討論新約婦女角色的著名段落。我們發現女人不准上臺講道，因為她們在受造的秩序中地位較低，就如同上帝在律法中所說的一樣，夏娃受造的順序次於男人，因此女人

3——參閱 Ehrman, *The New Testament*, chap. 23.

（夏娃）不能給予教導，成為男人（亞當）的主人。此外，根據這個作者的說法，大家都知道當女人成為教師之後會發生什麼事情：她很容易被罪惡所愚弄，進而導致男人犯錯。因此，女人必須待在家裡，持守女人應有的德行，為她們的丈夫生育孩子，並保持謙卑。這段經文如下：

> 女人要沉靜學道，一味地順服。我不許女人講道，也不許她轄管男人，只要沉靜。因為先造的是亞當，後造的是夏娃，且不是亞當被引誘，乃是女人被引誘，陷在罪裡。然而，女人若常存信心、愛心，又聖潔自守，就必在生產上得救。

這顯然和保羅「在基督裡不分男女」的觀點大異其趣。到了第二世紀之後，爭論變得更明顯了。有些團體強調女性的重要性，並容許她們在教會中擔任重要角色，而有些教會相信婦女必須保持安靜，服從教會中的男性。

那些《新約》經卷的抄寫者很顯然也投入了這場爭論。這個爭論有時也影響了那些複製的經文，抄寫者修改了經文記載以反應他們的觀點。在這些修改的經文案例中，幾乎每一個都是為了限制女性的角色，目的在於降低她們在基督宗教運動中的影響力。這裡我們只探討其中幾個例子。

關於女性的經文更動

當時探討婦女在教會中的地位，最為重要的經文段落是〈哥林多前書〉第14章：

> [33]因為神不是叫人混亂，乃是叫人安靜。[34]婦女在會中要閉口不言，像在聖徒的眾教會一樣，因

為不准她們說話。她們總要順服,正如律法所說的。³⁵她們若要學甚麼,可以在家裡問自己的丈夫,因為婦女在會中說話原是可恥的。³⁶神的道理豈是從你們出來嗎?豈是單臨到你們嗎?

這裡的經文非常清楚且直接命令女性不得在教會中講話(更遑論教導了),跟〈提摩太前書〉第2章所提到的非常類似。然而,如同前面提到的,大部分的學者都認定保羅沒有寫過〈提摩太前書〉,該書信顯然是第二代以後的追隨者假保羅之名寫下的。沒有人會懷疑保羅寫下了〈哥林多前書〉,但這個段落的作者卻是**有疑義的**。根據一些重要的經文證據,有爭議的這幾節(也就是34-35節)被擺在不同的地方。在三份希臘文抄本和一些拉丁文抄本中,它們不是出現在第33節後面,而是出現在第40節後面。許多學者因此猜測,這幾節並不是保羅所寫,而是有個抄寫者加在經文頁邊的注記,或許是為了與〈提摩太前書〉第2章互做參考。這注記後來被不同抄寫者插入經文中的不同地方,有些將其擺在第33節後面,有些則擺在第40節後面。

我們有充足的理由相信,保羅不是這幾節經文的作者。其中一個原因是,這幾節經文跟周遭的經文並不連貫。在〈哥林多前書〉第14章中,保羅提到了教會中的先知預言,並指示這些教會中的先知,注意他們在聚會儀式中的表現。這是第26-33節的主題,而這主題在36-40節時又重複了一次。如果有人將34-35節的經文移除,這就會成為探討教會中先知角色的完整段落。因而,此處關於女性的討論,顯然是後來被安插到經文中的,突兀地出現在保羅原先教導的另一件事情裡。

這幾節經文不僅看起來像是後來被插入第14章之中,

它們同時還與保羅在〈哥林多前書〉其他地方所說的話互相抵觸。我們先前提過，保羅在該書信比較前面的地方，就指示了婦女在教會中該如何說話：根據第11章，她們禱告和說預言的時候（這些行為在教會的聚會儀式中，通常是大聲進行的），她們必須在頭上蒙上布巾（11章2-16節）。沒有人懷疑**這幾節**經文是保羅所寫的，很顯然保羅知道女性不但得以在教會中說話，而且這也是既成事實了。但在第14章有爭議的段落中，卻很明確地表示，「保羅」完全禁止女性講話。我們很難調和這兩處的觀點，保羅若非允許女性講話（但要以頭巾蓋住，第11章），就是禁止她們講話（第14章）。如果保羅會在短短的三章裡自己打自己的嘴巴，那也不合理。很顯然，有爭議的經文不會是保羅所寫的。

由於這幾節經文在許多抄本中被安插在不同地方，再考量到這整段經文的脈絡，以及〈哥林多前書〉整部經卷的脈絡，如此看來，保羅並沒有寫下〈哥林多前書〉14章34-34節的經文。那麼，我們可能就會假設，這裡的經文是抄寫者更動之後的結果。也許它們原先是寫在頁邊上的注記，最後，在複製〈哥林多前書〉的早期階段，便被放到正文之中。無庸置疑，這修改過的經文是出於某位抄寫者之手，他想要強調婦女在教會中不能擁有公眾地位，並得保持安靜、順從丈夫。這個觀點後來在傳抄過程中被納入經文正文[4]。

我們可以快速參考其他幾處類似的經文更動。其中一處是我提過的〈羅馬書〉第16章，此處保羅提到一位女性

4——關於保羅有沒有寫下34-35節，較完整的探討參閱 Gordon D. Fee, *The First Epistle to the Corinthians* (Grand Rapids; Eerdmans, 1987)。

猶尼亞以及她的丈夫安多尼古,並稱他們「在使徒中是有名望的」(第7節)。這是個重要的小節,因為這是《新約》中唯一將女性當成使徒的地方。《聖經》的詮釋者對這裡的經文極為感冒,以致於有許多人強調這裡的意思不是那樣。於是他們將女性的猶尼亞(Junai)翻譯成**男性**的名字猶尼阿斯(Junias),認為這人才是跟安多尼古一起坐監的,而得到使徒同工的美譽。然而,這一翻譯的問題在於,儘管猶尼亞是個常用的女性名字,但是我們卻沒有證據顯示,古代有人使用過「猶尼阿斯」這個男性的名字。保羅所提到的顯然是一個叫做猶尼亞的女性,但許多現代的英文譯本(也許你可以確認一下自己手上的譯本!)還是將這個女使徒的名字翻譯成猶尼阿斯這個男性名字[5]。

猶尼亞只在這裡出現過,而有些抄寫者則覺得要稱呼她為使徒,實在有些為難,因此他們在經文中做了小小的修正,來解決這個問題。在某些抄本中,這裡寫的並不是「又問我親屬與我一同坐監的安多尼古和猶尼亞;他們在使徒中是有名望的」,而是被改成「又問我親屬安多尼古和猶尼亞安;又問與我一同坐監的人安,他們在使徒中是有名望的」。這樣一改,就不用擔心為什麼一個女性會出現在一群男性使徒中間了!

類似的修改也出現在〈使徒行傳〉的抄寫者身上。在第17章,我們看到保羅和他的傳道同伴西拉待在帖撒羅尼迦,向當地會堂中的猶太人傳揚基督的福音。在第4節,我們看到這兩個人改變了不少重要人士的信仰:「他們中間

---

[5] 近來最完整的探討為 Eldon Jay Epp, "Text-critical, Exegetical, and Sociocultural Factors Affecting the Junia/Junias Variation in Rom 16:7," in *A. Denaux, New Testament Textual Criticism and Exegesis* (Leuven: Univ. Press, 2002), 227-92.

有些人聽了勸，就附從保羅和西拉，並有許多虔敬的希臘人，尊貴的婦女也不少。」

尊貴婦女這樣的概念（姑且不論其他尊貴的皈依者），對於某些抄寫者來說太超過了，結果某些抄本就改成「他們中間有些人聽了勸，就附從保羅和西拉，並有許多虔敬的希臘人，尊貴人士的妻子也不少。」這樣一來，尊貴的是男人，而不是那些改信基督宗教的妻子了。

在〈使徒行傳〉中，保羅的同伴裡有一對夫妻亞居拉與百基拉，當作者提到他們時，有時候會把妻子的名字擺在**前面**，似乎她在這個夫妻關係甚至基督教的傳教史中，占有特別重要的地位（在〈羅馬書〉16章3節也一樣，在那裡她被稱為 Prisca[6]）。可想而知，有些抄寫者會不滿這個排序，便將它反過來，男人的名字放到最前面：亞居拉和百基拉，而不是百基拉和亞居拉[7]。

簡而言之，在早期幾個世紀中，教會裡面存在著關於婦女地位的爭論，有時這些爭論甚至會波及到《新約》經文的傳遞，抄寫者因而會修改他們手上的經文，俾使經文能符合他們對於教會婦女地位的意見。

猶太人與《聖經》經文

截至目前為止，我們已經看過許多早期基督宗教內部的爭論，有關於基督論的爭論，也有關於教會中婦女地位的爭論。我們同時也看到這些爭論如何影響這些《聖經》

6——譯註：在中文和合本中，這兩處都譯為「百基拉」，但在原文中，〈羅馬書〉和〈使徒行傳〉使用的是兩個不同的人名。

7——〈使徒行傳〉中其他類似的經文更動，參閱 Ben Witherington, "The Anti-Feminist Tendencies of the 'Western' Text of Acts," *Journal of Biblical Literature* 103 (1984): 82-84.

的抄寫者。然而,基督宗教遇到的問題不僅於此。這些爭論對身在其中的人帶來深刻影響,對於我們此處的論述也具有重大意義;同樣的,有些與基督宗教對立的猶太人和異教徒,會與基督徒發生激烈辯論,而這些**局外人**引發的衝突,也同樣帶來深刻且重要的影響。這些衝突還在經文傳遞的過程中扮演了某些角色。首先,我們要探討早期幾個世紀的基督徒與非基督徒猶太人之間的爭論。

猶太人與基督徒之間的衝突

早期基督宗教中最諷刺的事情之一,便是耶穌本人是個猶太人。他崇拜猶太人的上帝,遵守猶太人的習俗,解釋猶太人的律法,呼召同是猶太人的門徒,而這些門徒也接受他為猶太人的彌賽亞。然而,在他死後的幾十年間,耶穌的追隨者卻成立了一個攻擊猶太教的宗教。為什麼基督宗教會變化得如此快速,從一個猶太人的小教派變成一個反猶太人的宗教呢?

這是個困難的問題,如果想要提出令人滿意的解答,恐怕需要寫一本書來回答[8]。在這裡,我至少可先概述早期基督宗教中,反猶主義興起的歷史輪廓,好為那些把經文加上反猶色彩的基督宗教抄寫者,提供一個可信的時代背景。

近來二十年,關於歷史耶穌的研究遽增,於是針對耶穌應當被理解成怎樣的角色,便出現許多說法:他是拉比(教法師)、社會改革者、政治叛亂分子、憤世嫉俗的哲

8——關於這個問題,有兩部標準著作:Rosemary Ruether, *Faith and Fratricide: The Theological Roots of Anti-Semitism* (New York: Seabury, 1974),以及John Gager, *The Origins of Anti-Semitism: Attitudes Toward Judaism in Pagan and Christian Antiquity* (New York: Oxford Univ. Press, 1983)。較新的討論,參考 Miriam Taylor, *Anti-Judaism and Early Christian Identity: A Critique of the Scholarly Consensus* (Leiden: Brill, 1995)。

學家、天啟先知⋯⋯還有其他各種說法。但學者幾乎都同意，不論人們如何理解耶穌的傳道工作，他都是第一世紀巴勒斯坦地區的猶太人。不論他究竟是誰，耶穌從各方面來說都是個徹頭徹尾的猶太人，而他的門徒也是如此。在某個時間點（或許是在他死前，但死後是無庸置疑的），耶穌的追隨者開始視他為猶太人的**彌賽亞**。第一世紀時，不同的猶太人對**彌賽亞**一詞有不同理解，但是他們似乎都同意，彌賽亞是個威嚴且大有能力的人物，並將以某種方式（例如組織猶太大軍，或是帶領天上的天使）擊敗以色列人的敵人，建立起由上帝統治（也許會透過人為中介）的以色列國度。而基督徒顯然很難說服他人接受耶穌為**彌賽亞**，因為耶穌不是強大的戰士，也不是天上的審判者，他被大眾視為流浪的傳道者，在律法上站錯了邊，最後被當成罪犯釘死在十字架上。

對於大部分的猶太人而言，稱呼耶穌為**彌賽亞**簡直是荒唐可笑。耶穌並不是個強而有力的猶太人領袖，反倒是個既脆弱又無權的無名小卒，被羅馬人（真正擁有權力的人）以最羞辱、最痛苦的方式處死。然而，基督徒堅持耶穌**是**彌賽亞，他的死不表示正義退敗，也並非意料之外的。這是上帝的作為，要藉由他的死拯救世界。

那麼，當基督徒無法說服大部分猶太人去相信耶穌，他們該怎麼辦呢？他們當然不會承認自己是錯的。而如果他們沒錯，那誰錯了？當然是猶太人。在早期歷史中，基督徒堅信那些拒絕他們訊息的猶太人是盲目且冥頑不靈的，又因為他們拒絕了耶穌的訊息，他們也就拒絕了猶太人上帝所提供的救贖。基督宗教最早的作者使徒保羅，很早就提出了其中某個相關論點，他在寫給帖撒羅尼迦基督

徒的書信（這也是他至今留存最早的書信）中提到：

> 弟兄們，你們曾效法猶太中在基督耶穌裡神的各教會；因為你們也受了本地人的苦害，像他們受了猶太人的苦害一樣。這猶太人殺了主耶穌和先知，又把我們趕出去。他們不得神的喜悅，且與眾人為敵。——〈帖撒羅尼迦前書〉2章14-15節

保羅相信，猶太人之所以拒絕耶穌，是因為他們以為只要持有和遵守上帝頒布給他們的律法，他們便能在上帝面前擁有獨特地位（〈羅馬書〉10章3-4節）。然而，對保羅來說，不論是對猶太人還是非猶太人，救恩都不是透過遵守律法，而是透過相信耶穌的死和復活（〈羅馬書〉3章21-22節）。因此，遵守律法對於救贖不會有任何幫助，而保羅則教導那些追隨耶穌的外邦人，不要認為遵守律法就能增進自己在上帝面前的地位。他們仍是原來的他們，不會因此變成猶太人（〈加拉太書〉2章15-16節）。

但其他早期的基督徒卻有不同意見（他們幾乎在每個議題上都有意見）！例如馬太就認為，即使耶穌的死和復活帶來了救贖，他的追隨者仍然要像耶穌本人一樣遵守律法（〈馬太福音〉5章17-20節）。不過到了最後，大家也普遍認為基督徒和猶太人是不同的，並且相信遵守猶太律法並不能帶來救贖；此外，加入猶太人的行列，則可能會被認為跟他們一樣拒絕彌賽亞，也就是拒絕他們的上帝。

到了第二世紀，我們發現基督宗教跟猶太教變成兩個不同的團體，而且顯然對彼此都很有意見。基督徒發現自己陷入了某種尷尬局面。他們承認耶穌是《希伯來聖經》中所期盼的彌賽亞；同時，他們身處於一個珍視古老事物

而懷疑「現代」事物的世界，而為了讓他們的新主張獲得信賴，於是不斷引述猶太教的古老經典以作為他們的信仰基礎。這表示說，基督徒把《希伯來聖經》視為自己的經典。但《希伯來聖經》不是猶太人的嗎？於是基督徒開始強調，猶太人不僅輕蔑拒絕了自己的彌賽亞（並因此拒絕了自己的上帝），同時還誤解了自己的經典。我們因此發現一些基督教著作，例如被某些早期基督徒當作《新約》正典的〈巴拿巴書信〉（Letter of Barnabas），上面便強調猶太教一直都是個錯誤的宗教，猶太人被邪惡的天使誤導，以致於誤解了上帝頒布給摩西的律法，按照字面意義將其當成生活的法規，但事實上這些律法應該按照寓意的方式來解讀才對[9]。

最後，我們發現基督徒會用最嚴厲的口氣譴責猶太人，指責他們拒絕耶穌作為他們的彌賽亞。第二世紀的作者如游斯丁等人，便認為上帝之所以命令猶太人行割禮，是為了標示出這群人該受逼迫。我們同樣也在特土良、俄利根這些作者的著作中發現，他們認為公元70年耶路撒冷被羅馬人摧毀，是猶太人殺害了自己的彌賽亞的懲罰。撒迪斯的梅利托（Melito of Sardis）等作者則認為，猶太人殺害了基督，事實上是犯下了弒神的罪：

> 所有的國家和家族都注意了，請看！在耶路撒冷的中心發生了一件不尋常的謀殺案，就在這個委身於上帝律法的城市、在這個希伯來人的城市、在這個先知的城市、在這個被視為公義的城市裡。是誰被謀殺了？誰是謀殺者？說出來人可恥

---

9 —— 參閱 Ehrman, *Apostolic Fathers*, 2-3-83

> 了，但我必須說……那位將大地懸掛在空中的，自己也被懸掛起來了；那位立定諸天的，自己也被釘死了；那位堅固一切事物的，自己也被固定在樹上了。主受屈辱，上帝被謀殺，以色列的君王被以色列的右手所摧毀。
>
> ──〈復活節講道〉（Paschal Homily）94~96節 [10]

很顯然，我們發現這樣的描述，與原本那位巴勒斯坦的猶太人，那位遵守猶太習俗、向猶太同胞宣教、教導猶太門徒猶太律法真實意義的耶穌，有很大的差距。到了第二世紀，也就是基督教抄寫者在抄寫那些最終成為《新約》的文本的時代，大部分的基督徒都是來自異教的非猶太人。他們皈依這個信仰，並認為即使這個宗教最終是建立在《希伯來聖經》中那位猶太人上帝的信仰之上，它仍然是一個完全反猶太人的宗教。

反猶太的經文更動

在經文傳遞的過程中，第二、三世紀反猶太人的基督徒抄寫者起了一定的作用。其中一個最明顯的例子，是路加關於釘十字架的記載。耶穌為那些釘他十字架的人禱告：

> 到了一個地方，名叫「髑髏地」，就在那裡把耶穌釘在十字架上，又釘了兩個犯人：一個在左邊，一個在右邊。當下耶穌說：「父啊！赦免他們；因為他們所做的，他們不曉得。」
>
> ──〈路加福音〉23章33~34節

10──英文譯文出自 Gerald Hawthorne，此一講章的完整英文翻譯，請見Bart D. Ehrman, *After the New Testament*, 115-28.

然而，我們在最早的希臘文抄本（代號P^{75}的蒲草紙抄本，大約是公元200年左右的抄本），以及一些品質比較好的第四世紀抄本或後期的抄本中，都找不到這節耶穌禱告的記載。同時，這節禱告卻出現在西乃抄本和中世紀抄本等許多抄本上。因此，這裡的問題是：究竟是某個（或者是一些）抄寫者從原來的抄本上刪除了這個禱告的段落呢？還是某個（或者是一些）抄寫者將它安插到原本沒有的抄本上呢？

關於這個問題，學者長久以來就意見紛歧。我們在早期或品質優良的抄本上找不到這個段落，因而一直都有學者認為，這裡的記載不屬於原本的經文。有時他們會根據內部證據提出論證。如同我曾指出的，〈路加福音〉的作者同樣也寫下了〈使徒行傳〉，而類似的經節也出現在〈使徒行傳〉中第一個基督徒殉道的記載：司提反是在〈使徒行傳〉中唯一以長篇幅說明其處決過程的殉道者，他被指控褻瀆上帝，於是憤怒的猶太人用石頭打死他。司提反在臨終前如此禱告：「主啊，不要將這罪歸於他們！」（〈使徒行傳〉7章60節）

有些學者認為，有抄寫者不希望耶穌看起來比這位殉道者（司提反）更不寬容，因此在〈路加福音〉中加上了他的禱告，讓耶穌同樣也祈求上帝原諒他的行刑者。這是個精明的論證，但它並不那麼讓人信服，因為我們都同意，每當抄寫者試圖讓經文變得彼此相符時，他們都會重複兩段記載中的某些字句。然而在這個範例中，我們沒有發現這些相同的字句，只有類似的禱告而已。這顯然不是典型抄寫者用來「調和」經文的方法。

關於這點，還有個驚人的連結。路加本人在某些時候，會讓福音書中耶穌的經歷與〈使徒行傳〉中門徒的

經歷,具有某種相似性:例如耶穌和他的門徒都接受了洗禮、在洗禮時領受了聖靈,他們都宣揚福音並因此遭人拒絕、在猶太人領袖的手上受苦。耶穌在福音書上的遭遇,他的門徒在〈使徒行傳〉中也都遇到了。因此我們毫不意外(甚至可以期待),當耶穌的追隨者像他一樣被憤怒的當權者處決時,他也會向上帝禱告,祈求原諒他的處決者。

我們還有一些理由,可以用來推測〈路加福音〉第23章中耶穌祈求赦免的禱告是否為原文。例如在〈路加福音〉和〈使徒行傳〉中就強調,儘管耶穌是無辜的(就如同他的追隨者一樣),但那些人會反對他,也往往是出於無知。如同彼得在〈使徒行傳〉第3章中提到的:「弟兄們,我曉得你們做這事是出於不知,你們的官長也是如此。」(〈使徒行傳〉3章17節)或者是保羅在第17章裡面說的:「上帝監察蒙昧無知的世代。」(〈使徒行傳〉17章30節)[11],這不啻是耶穌禱告的最佳注解:「因為他們所做的,他們不曉得。」

如此看來,〈路加福音〉23章34節是原本就有的經文。那麼,為什麼會有抄寫者(或是許多抄寫者)想要將它移除呢?關於這點,理解抄寫者工作的時代背景就非常重要了。今日的讀者也許會奇怪耶穌到底是為**誰**禱告。他是為處決他的無知羅馬人禱告嗎?還是為那些一開始把他交給羅馬人的猶太人禱告呢?不論我們今日想以何種解釋來回答這個問題,在早期的教會中,這裡的解釋是很明確的。幾乎在所有討論這個禱告經文的教父著作中,都很明確將

11——**譯注** 此處的和合本譯文是:「世人蒙昧無知的時候,神並不監察。」顯然跟原意相反(God has overlooked the times of ignorance),此處翻譯根據作者原文。

這裡的禱告解釋為替猶太人而非羅馬人禱告[12]。耶穌向上帝祈求的，是原諒那些得為他的死負責的猶太人（或是猶太人領袖）。

如此一來，抄寫者會想要刪除這節經文的原因就很清楚了。耶穌竟然祈禱原諒**猶太人**？這怎麼可能？對於早期的基督徒來說，這個解釋會帶來兩個問題。第一，他們會想，為什麼耶穌要祈禱原諒這些冥頑不靈、故意拒絕上帝的人呢？這對許多基督徒而言是很難接受的。更有力的證據在於，許多第二世紀的基督徒相信，上帝並**沒有**原諒猶太人，因為如同前面所說的，他們相信上帝之所以容許耶路撒冷被摧毀，正是因為猶太人殺害耶穌。如同教會教父俄利根說的：「曾經讓耶穌歷經如此苦難的城市，正該完全摧毀，而猶太人的國家也該被推翻。」（《駁克爾蘇斯》4, 22）[13]

這些猶太人完全知道他們自己在做什麼，而且上帝顯然並沒有原諒他們。從這一觀點來看，耶穌要求原諒猶太人的話就變得很難理解了，因為猶太人並沒有被原諒。那麼抄寫者在遇到耶穌禱告「父啊！赦免他們；因為他們所做的，他們不曉得」的經文時要怎麼辦呢？為了解決這個問題，他們乾脆將這節經文刪除，這樣耶穌就沒有祈求原諒猶太人了。

還有另外一些段落，也有這些具反猶太情結的抄寫者更動文本的痕跡。其中最重要的一處是關於〈馬太福音〉

12──參考 David Daube, "For They Know Not What They Do," in *Studia Patristica*, vol. 4, ed. by F. L. Cross (Berlin: AkademieVerlag, 1961), 58-70, 與 Haines-Eitzen, *Guardians of Letters*, 119-23.

13──《駁克爾蘇斯》的英文譯文出自 Henry Chadwick 所翻譯的 *Origin: Contra Celsum* (Oxford: Clarendon, 1953)

中耶穌受審的場景,這段經文在後來甚至導致反猶主義。根據上面的記載,彼拉多宣稱耶穌是無辜的,並洗手表示「流這義人的血,罪不在我,你們承當吧」。猶太群眾因而高聲呼喊:「他的血歸到我們和我們的子孫身上!」(〈馬太福音〉27章24-25節)這句話在中世紀以後攻擊猶太人的暴動事件中,扮演了駭人的的角色,因為這些猶太人顯然將耶穌死亡的責任全都攬到自己身上了。

我們關注的經文異文是在下一節。彼拉多下令鞭打耶穌,並將他「交給人釘十字架」。讀到這一節的人,很自然就會認定是彼拉多親手將耶穌交給手下的士兵(羅馬人),然後釘上十字架。但更驚人的是,在一些早期的經文抄本中(包括西乃抄本上抄寫者做的修改),這裡的經文是被更動過的,為的是凸顯猶太人在耶穌死亡事件上的罪責。根據這些抄本,彼拉多「將他交給他們(也就是猶太人),因為**他們**要將他釘十字架」。這樣一來,猶太人便擔負起處死耶穌的全部責任了,這也是早期基督宗教中反猶太情緒所造成的一處經文更動。

有些反猶太人的異文比較輕微,不容易引起注意,除非有人加以提示。例如在〈馬太福音〉關於耶穌誕生的故事中,約瑟被告知,馬利亞所生的小孩要叫做耶穌(意思是「拯救」),因為「他要將自己的百姓從罪惡裡救出來」(〈馬太福音〉1章21節)。驚人的是,在某一敘利亞文的抄本上,這裡的經文變成了:「他要將**世界**從罪惡裡救出來」。同樣的,這裡顯然這是因為抄寫者對經文中提到猶太人會被救贖的觀念感到不自在而做的更動。

另一個與此相似的經文修改在〈約翰福音〉第4章。耶穌跟某位來自撒馬利亞的婦人講話,並告訴她:「你們所

拜的，你們不知道；我們所拜的，我們知道，因為救恩是從猶太人出來的。」（〈約翰福音〉4章22節）但在某些敘利亞文和拉丁文的譯本中，這裡的經文被更動過了，耶穌所說的變成了「救恩是從猶太地出來的」。換句話說，救恩並不是猶太人帶到這個世界上的，而是因為耶穌死在猶太地所帶來的。我們同樣會懷疑這是因為反猶情結造成抄寫者修改經文。

在這一簡短的回顧中，我最後要提出的例證是第五世紀的伯撒抄本。這份抄本比其他抄本還具有更多有趣且發人深省的異文。在〈路加福音〉第6章，法利賽人控告耶穌和他的門徒違反安息日的律法（〈路加福音〉6章1-4節）。但我們在伯撒抄本上發現了一則插入的故事，長度只有一節：「同一天，他看到一個人在安息日工作，就對他說：『喔，人阿，如果你知道你所做的是什麼，你是蒙福的，但如果你不知道，你就是受咒詛，且是違反律法的。』」要解釋這麼一則讓人深感意外且不尋常的故事，恐怕需要不少研究功夫[14]。但就我們在這裡的目的而言，我們只要注意到，耶穌在此是如此清楚表明了他的意思，而這在福音書中其他地方是從來沒出現過的。換句話說，當耶穌被指控違反安息日時，他會為自己的行為辯護，但他從來沒有說**可以**違反安息日的律法。但在這裡，耶穌卻很明白說道，如果這個人提得出違反安息日背後的合理原因，那麼他們的行為就是蒙福的，只有那些不知道自己在做什麼的人，才是錯的。同樣的，這段異文顯然也是跟早期教會中反猶主義的興起有關。

14──參閱 Ernst Bammel, "The Cambridge Pericope: The Addition to Luke 6.4 in *Codex Bezae*," *New Testament Studies* 32 (1986): 404-26.

異教徒與《聖經》經文

到目前為止，我們已經看過教會內部關於正確教義以及教會管裡（女性的地位）的爭論，對早期基督宗教抄寫者所造成的影響，也看過教會和猶太教之間的衝突所造成的反猶情緒，以及這一情緒如何影響那些傳抄新約經文的抄寫者。早期幾個世紀教會中，基督徒不僅要對抗內部的異端、防禦外部的猶太人，他們還認為自己與整個世界作戰，而這個世界絕大多數都充斥著不屬於基督宗教的異教徒。**異教徒**（pagan）一詞在歷史學家的用法中，並不一定帶有否定的意味，它只是指稱古代世界中那些信仰多神教的人而已。因而，所有非猶太教或基督宗教的人都是異教徒，這在整個帝國中大約占總人口的90~93%。基督徒有時會被異教徒攻擊，因為他們舉行不尋常的崇拜儀式，也因為他們接受耶穌作為上帝之子，且相信他在十字架上的死會帶來救贖。這樣的攻擊也不時影響了基督宗教中那些抄寫經文的人。

反對基督宗教的異教徒

在我們最早的記錄中，基督徒有時候會遭到異教暴徒和（或）當權者的暴力壓迫。例如使徒保羅就曾列了一份清單，講述自己因為基督的緣故所遭受的迫害，裡面提到「被棍打了三次」（〈哥林多後書〉11章25節），這是羅馬地方官對於被判定危害社會的人會施加的懲罰。同樣，保羅最早存留下來的書信中也提到，他的外邦人基督徒同伴在帖撒羅尼迦「因為你們也受了本地人的苦害，像他們受了

猶太人的苦害一樣」(〈帖撒羅尼迦前書〉2章14節)[15]。在後面這一例子中,很顯然逼迫並不是來自官方的,而是某些暴徒的行為。

事實上,在基督宗教前兩個世紀中,大部分異教徒的逼迫都來自於草根階級,而非來自於羅馬政府官方、組織性的逼迫。事實上,在最早的幾年間,基督宗教本質上並不是「非法」的。基督宗教沒有被判定為非法,而大部分的基督徒都不需要躲藏起來。關於他們必須躲藏到羅馬的地下墓穴以逃避逼迫,以及得透過神祕手勢來彼此問候(例如信仰的符號),事實上只是傳說而已。跟隨耶穌不違法、崇拜猶太人的上帝不違法、稱呼耶穌為上帝也不違法,與信徒私下聚集崇拜(在大部分的地方)不違法、向其他人傳揚基督是上帝之子的信仰也不違法。

但是,基督徒有時候還是受到迫害了。為什麼?

要了解基督徒為什麼會遭受迫害,我們首先必須了解羅馬帝國中的異教信仰。所有的異教信仰(當時有數百種宗教)都是多神論,崇拜許多神祇,並強調透過祈禱、獻祭等活動來崇拜這些神祇。大部分的時候,崇拜這些神祇的目的並不是為了確保崇拜者來世的幸福快樂,人們基本上更關心今生的生活。對大部分人而言,這才是更迫切、更危急的需求。這些神祇能夠提供人們自己無法保有的事物,例如確保穀物生長、家畜興旺、降雨充足、家人健康幸福、順利生育、戰爭勝利,以及和平繁榮。這些神祇保佑國家強大,並介入人類的生活,使人們過得有價值、長

15——關於早期壓迫基督徒的經典研究,參閱 W.H.C. Frend, *Martyrdom and Persecution in the Early Church* (Oxford: Blackwell, 1965),也可以參考 Robert Wilken, *The Christians as the Romans Saw Them* (New Haven: Yale Univ. Press, 1984).

久、安康。神祇這麼做僅僅是為了交換人們對祂的崇拜，也就是在國家的公民慶典中榮耀祂們，也在地方的社群或家族中崇拜祂們。

然而，一旦情況不妙，有戰爭或是旱災、飢荒、疾病等威脅時，人們便會認為這是個徵兆，表示諸神不滿意祂們所受到的尊崇。此時，什麼人會受到譴責、被當作是對諸神供奉不周的罪魁禍首呢？顯然就是那些拒絕崇拜諸神的人：基督徒。

當然，猶太人也不崇拜異教的神，但是他們長久以來就被當作是例外。猶太人不需要崇拜諸神，因為他們是個特別的民族，擁有自己的古老傳統，並虔誠地奉行[16]。但是基督宗教出現之時，並沒有被當成是個特別的民族，他們的成員可能來自猶太教或其他異教信仰，信徒之間沒有任何血緣或其他因素上的連結，唯一的共同處只有那獨特的宗教信仰和儀式。此外，他們還被當成是反社會的群體，因為他們聚集在自己的社群中，放棄家庭、拋棄朋友，也不參與公共節慶和異教的崇拜活動。

基督徒之所以被逼迫，是因為他們被視為對社會有害，他們不拜那些保護社會的諸神，而且還以看似反社會的方式群居。當天災來到，人們對自身安危感到恐懼時，還有什麼人比基督徒更容易被當成罪人呢？

只有在很稀有的情況下，羅馬地方行政官才會參與這些地方庶務（更遑論是皇帝自己了）。但是只要他們有參與其中，便會把基督徒直接視為危害社會的團體，因此需要被清除出去。他們會給基督徒機會，讓他們崇拜諸神（例如向

---

[16]——此外，在公元70年之前（也就是聖殿被摧毀之前），猶太人也會為了皇帝而獻祭，此一舉動被當成向國家效忠的象徵。

某一神祇獻香等等)以交換自己性命,如果他們拒絕,他們就會被視為冥頑不靈的老鼠屎,並受到相應的懲罰。

到了第二世紀中葉,異教的知識分子開始注意到基督宗教,並著文攻擊他們。這些著作不僅以負面的方式描述基督徒,同時還攻擊他們的信仰荒謬可笑(例如他們自認為崇拜猶太人的上帝,但卻拒絕遵守猶太人的律法),污衊他們的崇拜活動是如何可恥(例如基督徒會穿著灰暗的衣服聚集在一起,用「兄弟姊妹」相稱,彼此親嘴問候,並且吃喝上帝之子的血和肉以崇拜他們的神祇)。到底是什麼樣的人會這樣進行崇拜活動呢?往最壞的方面想,答案就呼之欲出了。異教的反對者認為基督徒參與了亂倫(也就是與自己的兄弟姊妹性交)、殺嬰(殺死上帝之子)、食人肉(吃他的肉、喝他的血)等等儀式。對今天的人而言,這些攻擊看起來完全難以置信,但是在一個崇尚得體以及公開的社會中,這種指控便很容易被接受。基督徒被當成是一群窮兇惡極的人。

在知識分子對基督徒的攻擊中,大多數的火力都集中在這個看似新奇且在社會上名聲狼籍的創立者身上,也就是耶穌本人[17]。異教的作者指出,耶穌出身微寒,處於社會的低下階層,他們嘲笑基督徒竟然會認這種人為值得崇拜的神。他們認為,基督徒崇拜的,是個愚蠢到宣稱自己是神、卻被釘上十字架的罪犯。

從第二世紀末開始,開始有些作者會去閱讀基督宗教的著作,以增強自己的論點。異教批判者克爾蘇斯有次在探討他攻擊基督宗教的基礎時便提到:

---

[17]——更完整的討論,參考Wayne Kannaday, *Apologetic Discourse of the Scribal Tradition* (Atlanta: Society of Biblical Literature Press, 2004), esp. chap. 2.

我們不需要其他證據,這些反對的理由就來自於你們自己的著作:你們自己就已經反駁自己了。

——《駁克爾蘇斯》2, 74[18]

這些基督教著作有時候會被拿來嘲笑,如同異教徒波非利(Porphry)提到的:

> 這些福音書作者根本就是虛構故事的作家,而不是耶穌生平的觀察者或見證人。在描述耶穌的受難和釘十字架的情節時,四本福音書之間的記載都互相抵觸。
>
> ——《駁基督徒》(Against the Christians) 2, 12-15

克爾蘇斯還說,為了回應這類攻擊,基督徒的抄寫者甚至竄改自己的經文來省卻麻煩,行徑之明顯,只要是訓練良好的教外人士都看得出來:

> 有些信仰者,就像爛醉的人一樣,會自己跟自己作對。為了避免被別人批評無法回應,竟然竄改福音書上三、四個地方,甚至更多的內容。
>
> ——《駁克爾蘇斯》2.27

我們不需要靠那些反對基督宗教的異教徒,就可以找出抄寫者因著異教反對者而偶爾更動經文的證據。在我們現有的《新約》抄本傳統上,就有幾處異文是這類抄寫者所造成的[19]。

在參考下列幾處相關經文前,我要先指出,這些異教

18——英文譯文出自 R. Joseph Hoffman (Amherst, NY: Prometheus, 1994).
19——更完整的探討,參閱注解17中Wayne Kannaday 的著作。

徒對基督宗教及其創立者的攻擊，基督徒並不是毫無反擊的。相反的，第二世紀中葉以後，逐漸有知識分子接受這個信仰，於是基督徒便寫下了許多護教的理性抗辯。有些基督徒作者是早期基督宗教研究者較熟悉的，如殉道者游斯丁、特土良和俄利根等，有些則比較不為人所知，例如亞他那哥拉（Athenagoras）、亞里斯底得（Aristides）、〈致丟格那妥書信〉（Letter to Diognetus）的匿名作者等等。但無論如何，他們為信仰的抗辯都非常有價值[20]。總體來看，這些基督教知識分子的目的是為了呈現那些異教攻擊者的論點有何錯謬，並強調基督宗教不但對社會無害，還是促進社會團結的接著劑；基督宗教的信仰不僅是理性的，而且還是世界上唯一真實的宗教；耶穌就是上帝真正的兒子，他的死亡帶來救贖；他們還極力證明早期基督教著作的本質是真實的啟示作品。

那麼這些早期基督宗教「護教」運動，究竟怎麼影響那些第二、三世紀的經文抄寫者呢？

護教與經文更動

雖然我當時沒有提到，但我們已經看過一處顯然是出於護教動機而被抄寫者更動的經文了。我們在第五章看到，〈馬可福音〉1章41節原本提到，有位痲瘋病患靠近耶穌，並希望得到醫治，結果耶穌生氣了，並伸出他的手碰觸那病患，說：「潔淨了吧！」抄寫者發現，在這個情境下要描述耶穌生氣的情緒，有點讓人困擾，因而將經文修改成耶穌對那個病患「動了慈心」。

20——參閱 Robert M. Grant, *Greek Apologists of the Second Century* (Philadelphia: Westminster Press, 1988).

抄寫者會更動經文的原因，或許不僅僅是為了讓一段難以理解的經文變得比較容易理解。在譏評基督宗教的異教徒與捍衛基督宗教的知識分子之間，常見的爭論中之一，便是關於耶穌的行為舉止，以及他的行為是否配稱為上帝之子。我要強調，這裡的爭論重點並不在於一個人是否可能同時是人也是神。基督徒和異教徒對這點都沒有疑義，畢竟在異教徒中，也有關於神變成人並與人類互動的故事。問題在於，耶穌的行為是否符合神（在變成人的時候）應該有的行為。或者說，問題在於他的行為是否反而會摧毀他是上帝之子的可能性[21]？

　　在這個時期，大部分的異教徒都相信，諸神不會受到人類那些瑣碎或一時衝動的情緒所影響，他們超越於一切事物之上[22]。那麼，究竟要怎麼判斷一個人是否是神呢？很顯然，他必須展現超人的能力（有超人的智慧或是超人的力氣），但同時，既然他宣稱自己來自於天界，他的行為表現也必須與神相稱。

　　在這個時期有許多作者宣稱，上帝不會「生氣」，因為這是人類對其他人的憤怒、一種被誤解的感受，或是出於其他瑣碎事項的情緒。基督徒當然可以宣稱上帝因為祂子民的錯誤行為而「生氣」，但是基督宗教的上帝同時也必須超越一切暴躁的情緒。在耶穌與痲瘋病患的故事中，並沒有明顯會讓耶穌生氣的理由。如果我們想到，在經文被修改的時候，基督徒正與異教徒激烈爭論關於耶穌的行為究竟配不配得被稱為神，我們就會發現，這很有可能是

21——參閱 Eugene Gallagher, *Divine Man or Magician: Celsus and Origen on Jesus* (Chico, CA: Scholars Press, 1982).

22——參閱 Dale B. Martin, *Inventing Superstition* (Cambridge: Harvard Univ. Press, 2005).

抄寫者基於這個爭論而更改的。換句話說，這也許是出於護教動機而產生的經文異文。

另一處〈馬可福音〉上的經文異動出現在幾章之後，這是一段廣為人知的記載：對於耶穌為什麼能夠講出這麼讓人驚歎的道理、施行這麼驚人的奇蹟，耶穌的同鄉感到十分驚奇。他們驚訝地說：「這不是那木匠嗎？不是馬利亞的兒子雅各、約西、猶大、西門的長兄嗎？他妹妹們不也是在我們這裡嗎？」（〈馬可福音〉6章3節）。他們訝異為什麼這個跟他們一起長大、家人也都熟識的人，竟能夠做出這樣的事情？

這是《新約》唯一一次稱呼耶穌為木匠的地方。TEKTŌN 這個單字在其他希臘文文獻中，是用來指稱以雙手製造東西的人，例如在後來的基督宗教著作中，就提到耶穌是製作「軛與大門」的人[23]。我們不要把耶穌想像成是作工精細的工匠。也許「體會」這個詞彙最好的方法，是以我們熟悉的事物來比擬：我們可以想像耶穌就是一個建築工人。這種出身的人怎麼可能是上帝的兒子呢？

反對基督宗教的異教徒會特別認真看待這樣的問題，事實上，他們知道這個問題是個修辭學上的問題：耶穌如果是個TEKTŌN，他顯然就不可能是上帝的兒子。異教批評者克爾蘇斯特別在這一點嘲笑基督徒，他把「木匠」耶穌跟他被釘在十字架上的木樁上互相連結，還嘲笑基督徒所信仰的是生命之「樹」：

在他們的著作中，到處都提到生命之樹……我猜這大概是因為他們的主是被釘在十字架上，而且

23— ㅤㅤDialogue with Trypho, 88.

> 他的職業還是個木匠。所以如果他剛好是被推下懸崖，或是被推到坑裡，或是被繩子勒死，或者說，如果他剛好是個鞋匠、石匠或鐵匠，那麼在天上大概會有個生命之懸崖、救贖之坑、永生之繩、祝福之石、愛之鐵塊，或是神聖獸皮之類的東西吧。如果有老女人在哄騙小朋友入睡時講這一類的故事，難道她不會感到可恥嗎？
>
> ——《駁克爾蘇斯》6, 34

克爾蘇斯的基督宗教對手俄利根，就很認真看待這個「木匠耶穌」的攻擊。奇怪的是，他並沒有試圖為之辯解（他通常都這麼做），而是乾脆全部否認：「克爾蘇斯在這點根本就是瞎了，教會中根本沒有任何一部福音書提到耶穌是木匠。」(《駁克爾蘇斯》6, 36)

這到底是怎麼一回事？如果不是俄利根忘記了〈馬可福音〉6章3節的記載，就是他手上的經文版本**沒有**提到耶穌是木匠。結果，我們手上剛好有這種被修改過的抄本。在一份最早的〈馬可福音〉抄本（編號為P^{45}，大約可以推溯到第三世紀初期，也就是俄利根的時期），以及其他許多後期的經文抄本中，這節經文有點不同。在這裡，耶穌同鄉問的是：「這不是那木匠的**兒子**嗎？」這樣一來，耶穌就不是木匠本人，而是木匠的兒子了[24]。

一如俄利根抗辯耶穌從來沒有被稱為木匠，我們也可以想像為什麼抄寫者會修改這邊的經文，讓它跟〈馬太福音〉13章55節的描述更接近，並且反駁異教徒對耶穌的攻

---

[24]——在抄本上，此處有一個破洞，但如果根據字母空格數來看，可以推測出這是它上面原來的讀法。

擊，也就是認為他不可能是神子，因為他只是個階級低下的TEKTŌN而已。

另一個為護教而更動的經文發生在〈路加福音〉23章32節討論耶穌被釘十字架的地方。在英文新標準修訂版（NRSV）譯本中，這裡是「有兩個犯人也一樣，被帶過來一起處死」。但這裡的希臘文句子也可以翻譯成：「有兩個，也一樣是犯人，被帶過來一起處死」。如果有抄寫者看到這裡希臘文的模糊性之後，認為有必要（因著某些護教的原因）重新修改文字的順序，以明白指出犯人並非耶穌，而是另外兩位，那我們也不會太意外。

在經文傳統中，還有其他更動顯然也是如此。抄寫者想要顯示耶穌是真正的上帝之子，所說的話不可能「犯錯」，特別是關於未來的事（既然是上帝的兒子，他就應該知道未來會發生什麼事）。這也很可能是我們先前討論過〈馬太福音〉24章36節被更動的原因，因為在那裡，耶穌明白提到沒有人知道末日何日何時會來，「連天上的使者也不知道，子也不知道，唯獨父知道」。在我們手上許多的抄本中，都省略了「子也不知道」這句話。原因不難猜測，如果耶穌不知道未來會發生什麼事情，那麼基督徒宣稱他是上帝的說法就會大打折扣了。

有個比較不明顯的例子，出現在〈馬太福音〉後面對十字架場景的描述。我們在〈馬太福音〉27章34節中看到，耶穌被釘在十字架上的時候，人們給他喝混合著膽汁的酒。然而大部分的抄本提到他喝的不是酒，而是醋。這個修改也許是為了與《舊約》（〈詩篇〉69章22節）互相調和的結果，因為作者引用了這段經文來解釋這個事件。但人們也可能會懷疑，是不是還有其他原因會導致抄寫者進行

修改。有趣的是，〈馬太福音〉26章29節在描述最後的晚餐時提到，耶穌在把酒分給他的門徒之後，便明白表示他將不會再喝酒，直到他在父的國度喝新酒的日子。那麼，在27章34節中將酒改成醋，會不會是為了確保耶穌的預言正確，以示他之後真的就沒再喝酒了？

我們也可以參考一下耶穌在受審時對猶太大祭司的預言那段經文的修改（〈馬可福音〉14章62節）。當耶穌被問到他是不是「那當稱頌的兒子基督」時，他回答道：「我是。你們必看見人子坐在那權能者的右邊，駕著天上的雲降臨。」現代學者把這句話視為耶穌親口說過的話，或至少包含了他親口說的話，但這一句話卻曾讓許多第一世紀末的基督徒感到不安。因為人子並沒有乘著雲彩從天上降臨，為什麼耶穌會預言祭司本人將要親眼看見他降臨呢？就歷史的角度來看，耶穌說大祭司將會看到，意思就是在他有生之年會發生。但很顯然，在第二世紀護教的背景下，這可能會被當成是一項失敗的預言。因此早期有一份〈馬可福音〉抄本，就毫不意外地把這段讓人不快的經文給刪除了。如此一來，耶穌所說的話，就變成大祭司將要看見人子與天上的雲彩一同坐在那全能者的右邊，完全不會提到那即將再臨事實上卻沒有來的耶穌。

總結來說，在我們現有的抄本中，有許多地方的經文都顯示出早期基督徒的護教動機，特別是關於他們信仰的創立者耶穌本人之時。就如同早期教會的神學爭論一樣，關於女性的地位，以及基督徒和那些瞧不起基督宗教文化的猶太人和異教徒之間的劇烈爭論，都在在影響到那些最後被納入《新約》的經文。於是《新約》這本書（或者說這

些書）在第二、三世紀的非專業抄寫者所複製過程中，便因為抄寫者所處的時代背景而不時受到更動。

這是林狄斯方（Lindisfarne，位於英格蘭諾森伯蘭郡東北方的外海）拉丁文抄本中，〈約翰福音〉的首頁。這是現存最著名同時也是裝飾最華麗的抄本。

CONCLUSION

結論：修改《聖經》

抄寫者、作者與讀者

在本書一開始,我說明了自己對《新約》的文本問題產生興趣的原因,以及為什麼這對我這麼重要。而這麼多年來我仍對新約文本滿懷興趣,我想原因就在於它本身的神祕性。就許多方面而言,經文鑑別學學者的工作就如偵探,不但要解決難題,也得去發掘證據。證據本身通常很模糊,可以用許多種方式來解釋,但對於每一單一案件,都得找出最好的答案。

我越是研究《新約》的抄本傳統,就越理解到這些經文在傳抄者手上那幾年,是如何被徹底更動過。抄寫者不但保存了經文,也更動了經文。當然,現存抄本中所發現的數十萬種經文修改,大部分都無關緊要、影響不大,頂多顯示這些抄寫者無法把字拼對或是無法保持專注,沒比我們好到哪去。

然而,如果說(就像人們常說的那樣)這些經文更動對於經文意義或是可導致的神學結論完全沒有實質關連,那就錯了。我們已經看到,事實上剛好相反。在某些案例中,經文的意義之所以懸疑未決,常是取決於讀者如何解決一個經文問題:耶穌是否生氣了?他在面對死亡時是煩躁不安的嗎?他有告訴門徒,他們可以喝下毒藥卻不會受到傷害嗎?面對犯姦淫的人,他是否只給對方一個溫和的警告就放她走了?三位一體的教義有明確出現在《新約》上嗎?耶穌是否真的在《新約》中被稱為「獨一神」呢?《新約》是否真的提到,即使是神的兒子也不知道末日何時會來到嗎?這些問題還可以繼續列下去,而人們要如何解決抄本傳統中的難題,都跟上述問題息息相關。

我得一再說明,這些問題的解決方法並非顯而易見的,那些能幹、好意且睿智的學者,在檢視同一段經文證據時,常會得到完全相反的結論。這些學者並不只是一群躲在少數幾間圖書館裡,古怪、年老、對世事漠不關心的學究;他們有些人在社會和文化上是非常有影響力的。《聖經》是西方文明史上公認最有影響力的書籍,但我們說自己**擁有**《聖經》是什麼意思呢?並不是每個人都能真正閱讀《聖經》原文,即使有人可以,也很少有人真正看過一份抄本,更談不上許多抄本了。那麼我們怎知《聖經》原本寫些什麼呢?有些人通過了學習古代語言的門檻(希臘文、希伯來文、拉丁文、敘利亞文、科普特文等等),並且窮盡畢生的專業生涯一一檢視那些抄本,以決定新約作者真正寫的是什麼。換句話說,有些人突破了關卡,投入經文**鑑別**學的工作,並根據大量不同的抄本(其差異多達上千處),重建經文「原文」。之後,才有人把這些經過判斷的經文(例如〈馬可福音〉1章2節、〈馬太福音〉24章36節、〈約翰福音〉1章18節、〈路加福音〉22章43-44節等原文問題),從重建好的希臘文翻譯成英文。最後這英文譯本才是你所閱讀的(不只是你,還有數百萬跟你一樣的人)。那麼這數百萬人如何知道《新約》上寫的究竟是什麼呢?他們「知道」,是因為學者**告訴**他們。但我們並不知道學者的名字、身分、背景、資格、偏好、神學或個人意見。萬一翻譯者選錯了原文的文本呢?這之前就發生過,在英王詹姆士欽定譯本中,有多處的希臘文是來自於伊拉斯姆的版本,而這版本又是根據一份十二世紀的抄本,而這抄本還是我們迄今見過最糟的一份!難怪現今的譯本經常跟英王詹姆士欽定譯本翻得不一樣。許多相信《聖經》的基督徒寧可假裝它完全沒問

題,因為他們認為上帝啟示的是詹姆士譯本,而不是希臘文原文!(就如同古老的格言說:「如果英王詹姆士欽定譯本對聖保羅而言已經夠好了,對我們來說就夠好了。」)

但事實不總是盡如人意,在這個問題上,我們必須面對現實。英王詹姆士欽定譯本不是上帝賜下的,而是十七世紀初一群學者根據一份錯誤的希臘文文本所翻譯出來的[1]。後來的譯者所根據的是比較好的希臘文文本,但也不是最好的。即使你手上所持有的譯本,不論是新國際版(NIV)、標準修訂版(RSV)、新標準修訂版(NRSV)、新美國標準版(NASV)、新英王詹姆士欽定版(NKJV)、耶路撒冷聖經(Jerusalem Bible)、好消息聖經(Good News Bible),還是其他版本的聖經,都曾經受到本書提過的那些經文問題影響,它們根據的底本**都是**那些被修改過的經文。這些現代譯本上的內容,還有一些地方仍然有可能不是經文原文(如同我曾經提到的〈馬可福音〉1章41節、〈路加福音〉22章43-44節、〈希伯來書〉2章9節等處)。有些地方,我們甚至不知道原文究竟為何,例如那些聰明且受高深訓練的經文鑑別學學者持續爭議之處。有些學者甚至不再把「原文」當作是一件有意義的事情了(原因已在第二章提過)。

我個人認為,這一觀點可能有點太極端。但我的意思並不是認為在重建經文原文時,所有問題都有辦法克服。例如如果保羅口授給加拉太地區教會的信件時,負責抄寫的人員因為房間中有人咳嗽而聽錯了,那麼這裡的「原文」抄本就已經有錯了!奇怪的事情總會這樣發生。但儘管有許多不可臆測的困難,我們手上還是有《新約》每一

---

[1] 關於近來的討論,參閱Adam Nicolson, *God's Secretaries: The Making of the King James Bible* (New York: HarperCollins, 2003).

卷經卷的抄本,這些抄本都來自更早的抄本,而那些抄本又是來自於更早的抄本。這個經文傳遞的過程最終會停止在**某處**,終究會有一個抄本,如果不是作者本人就是他的秘書「親自」寫下的手稿。這手稿是印刷術發明之前十五個世紀以來,所有抄本中的第一份。因此,討論原文文本,不會是一件「無」意義的事情。

當我還是個學生,剛開始思考這十五個世紀以來文本的抄寫和更動時,我總是回到這個事實:不論我們對這些基督教的抄寫者(早期或是中世紀的抄寫者)有什麼意見,我們都得承認,他們除了抄寫經文,還更改經文。有時他們不是故意的,只是因為疲勞、不專注或偶爾笨手笨腳所造成的。但有時他們的確是有意修改的,希望經文能正確強調他們所相信的東西,例如關於基督的本性、婦女的在教會中的地位,或是猶太對手的邪惡性格等等。

抄寫者修改了《聖經》,這個想法在我繼續深入研究經文之後變得更加確定,而這也改變了我理解經文的方式。

尤其是,如同我在一開始所說,我開始將《新約》視為人為產生的書籍。我知道我們手上這本真真實實的《新約》,其實是人手所寫下,並藉由抄寫者的手所傳遞的書籍。並且我開始認為,不僅是抄寫者的文本,即使是原始的文本也是人為的產物。這與我年輕時代作為一個「重生」的基督徒對《聖經》的觀點極為不同,當時我相信《聖經》是上帝無誤的話語,且經文本身透過聖靈的啟示傳遞給我們。但我在研究所時瞭解到一件事:即使上帝真的啟示了《聖經》經文,我們也沒有這些原文。所以上

帝啟示的《聖經》，並不是我們手上的這本《聖經》，因為那些據說是由上帝啟示的文字，已經被更動過甚至遺失了。此外，我也開始認為早期自己對啟示的觀點不僅不適切甚至還可能是錯的。我認為，相信上帝啟示《聖經》的唯一理由，是祂的子民要確實擁有祂所說的話，但如果祂真的希望人們確實擁有祂的真實話語，不但應該在開始時施展奇蹟來啟示它們，也應該施展奇蹟完整保存住這些話語。既然祂沒有保留下這些文字，對我而言，結論不可避免的就是祂並沒自找麻煩地啟示它。

當我越是回顧這些事物，我就越覺得《新約》作者與後來那些負責傳抄的抄寫者一樣。這些作者同樣是人，擁有自己的需要、信仰、世界觀、意見、愛恨、期待、欲求、處境與問題，而這一切都會影響他們書寫下來的東西。此外，這些作者與後來的抄寫者相像之處還有更具體的層面。他們也是基督徒，繼承了關於耶穌及其教導的傳統，學會關於基督教救恩的訊息，並相信福音的真理，然後將這樣的傳統寫入他們的著作中。驚人的是，一旦將他們視為一般人，跟一般人一樣擁有自己的信仰、世界觀、處境以及其他因素，就會發現這些作者其實是透過**不同的**文字來傳遞這些繼承的傳統。馬太就跟馬可不同，馬可也跟路加不同，而路加跟約翰、約翰跟保羅、保羅跟雅各等，也都各不相同。抄寫者會更動傳統的經文，有時候甚至會「換句話說」來替代某些原本的內容；《新約》的作者也是，他們在訴說故事時會加入自己的意見，以**自己的**話來記錄自己的回憶，而不僅僅是把他們聽到的話寫下來。他們會針對書寫的對象、時間、地點，選取最適當的語言，來承載他們想要傳遞的訊息。

因而我開始認為,既然每位作者都不相同,那麼我們就不該認為他們會抱持相同意見。因為這就好像說,我在這本書所寫的意見,一定會跟另一位作者在他經文鑑別學著作上的看法一模一樣。但事實上,我們描述的可能是不同的事情。你要如何分辨呢?只能細心閱讀我們的著作,檢視每個人所要說的,而不是假裝我們所說的都是一樣的事情。我們所說的,通常都很不一樣。

《新約》作者的著作也是一樣。我們可以從非常具體的方式來看。如同我在先前指出的,從十九世紀以來,對大部分的學者而言,〈馬可福音〉很顯然是第一本寫下來的福音書,而馬太和路加都曾經引用〈馬可福音〉,作為耶穌故事的其中一個資料來源。首先,這樣的看法並不極端,因為作者必須從某處獲得故事的材料,事實上路加自己也說過,他在寫下這些作品時,已閱讀並使用了一些更早期的記錄(1章1-4節)。此外,這表示說,我們因此得以比較馬可和馬太、路加所記載的共同故事有何差異;藉由這番比較,我們可以發現後來這些作者是如何**修改**〈馬可福音〉的。

投入這種偵探般的工作十分有趣也非常具啟發性。後來的作者有時候會完整引用馬可的語句,有時候則會作一番修改,有時甚至會大幅修改。就這方面而言,他們跟那些修改經文的抄寫者沒有兩樣。本書我們已經提到一些這樣的範例了。例如馬可筆下的耶穌,在面對死亡時可謂極其痛苦,他告訴門徒他的靈魂「甚是憂傷,幾乎要死」,並俯伏在地祈禱,三次祈求上帝將受苦的杯拿走;他在前往十字架的路上,全程保持沉默,在十字架上被所有人(包括兩位強盜)嘲笑時也沒不發一語,直到最後才痛苦地大喊

「我的神、我的神,為什麼離棄我?」然後就斷氣了。

路加手上握有有這個版本的故事,但是他卻大幅修改,移除了馬可關於耶穌極度憂煩的記載,以及耶穌自己所說他憂傷幾乎要死的話。耶穌沒有俯伏在地,而是跪下來;他沒有三次祈求苦杯移除,而只祈求一次,同時還加上「若你願意」這幾個字。在前往十字架的路上,他沒有全程保持靜默,而是告訴一群哭泣的婦女,叫她們不要為他哀哭,而要為即將降臨到她們身上的命運哭泣。在被釘十字架時,他並非默不作聲的,而是祈求上帝原諒那些主事者,「因為他們所做的,他們不曉得」。在十字架上,他也沒有不發一語,一個強盜嘲笑他(而非如〈馬可福音〉上所說的兩個),另一個則祈求他幫忙,而耶穌以十分篤定的語氣回答將來的事情:「我實在告訴你,今日你要同我在樂園裡了。」最後,耶穌也沒有質問上帝為什麼離棄他,甚至沒有任何大呼小叫的記載。他平靜地禱告,完全相信上帝的幫助與照護:「父阿!我將我的靈魂交在祢手裡。」

路加修改了敘述,而如果我們想知道路加要強調什麼,就要嚴肅看待他所做的更動。但人們大多沒有認真看待這些更動。我後來才理解到,大家假裝路加所說的跟馬可完全一樣。馬可要強調的是,耶穌在面對死亡時完全被遺棄以及幾乎絕望的情境。不同詮釋者會提出不同解釋來說明**為什麼**這是馬可想要強調的;其中一種解釋認為,馬可想要強調的是上帝的作為非常神祕,而這看似深奧難解的苦難(耶穌最後彷彿陷入了懷疑的痛苦:「為什麼離棄我?」)卻帶來了真實的救贖。至於路加,他想傳達的是另一項課題。對他來說,耶穌並沒有陷入絕望,他非常平靜且自

制,知道在他身上發生了什麼事、為什麼會發生,以及接下來還會發生什麼事(「今日你要同我在樂園裡了」)。而路加為什麼要以這種方式來描寫面對死亡的耶穌,詮釋者同樣給出不同的意見:也許路加希望給予受逼迫的基督徒一個典範,告訴他們應當如何面對死亡,儘管受盡折磨也完全相信上帝站在他們這邊(「我將我的靈魂交在祢的手裡」)。

我的重點是,路加修改了他所繼承的傳統。如果讀者沒有理解到這點,他們就會完全誤解路加(例如他們經常假設馬可對耶穌的描寫和路加是一樣的)。如果這兩位作者要說的不一樣,那麼假設他們所說的都一樣就不對了。例如我們不該把馬可所說的、路加所說的,甚至連同馬太、約翰所說的都混在一起,然後說這些福音書作者提到的**所有**事情,就是耶穌說過、做過的事情。如果有人用這種方法來解釋福音書,他就是不讓作者保有自己的話語。這樣的人不是透過閱讀作者的文字以了解他的訊息,這樣的人也不是在讀福音書本身。他是在製造一本同時兼容《新約》四部福音書的作品,這是 本新的福音書,不同於我們現有的福音書。

路加修改比他更早的文本(〈馬可福音〉),這樣的想法在早期基督宗教的作者中並不是唯一的。事實上,這是所有《新約》作者,以及其他《新約》之外的基督教文獻作者都在做的事情(事實上,各地的各式作者都會這麼做)。他們修改自己的傳統,並以自己的話語來詮釋原本傳統的話語。像約翰的福音書就與其他三本福音書大相逕庭,〈約翰福音〉上的耶穌從來沒有說過比喻,沒有任何趕鬼的記載。在約翰的記載中,耶穌經常對於自己的身分做出長篇論述,並以「神蹟」來證明他所說關於自己的話是真的,

這和其他福音書很不一樣。至於保羅,他的訊息則跟福音書上的又像又不像。例如他沒有提到太多關於耶穌說過的話或行為,但他將焦點放在某些關鍵事件上,也就是基督在十字架上的死,以及從死裡復活。雅各的訊息跟保羅的不同;而保羅的訊息則跟〈使徒行傳〉的不同;約翰〈啟示錄〉的訊息也不同於〈約翰福音〉的訊息;還有其他更多類似的狀況。每個作者都是活生生的人,每個作者所帶來的都是不同的訊息,每個作者也都將自己的話加入他既受的傳統裡。就某種意義上而言,每位作者都修改了他所繼承的「經文」。

當然,這也是那些抄寫者所做的事情。這在某一層面來說也許挺諷刺的,因為比起《新約》作者本身,抄寫者對經文的修改可說是**比較不**那麼過分的了。當路加在撰寫他的福音、並引用〈馬可福音〉作為來源時,他的目的不是單純為後人複製〈馬可福音〉,而是打算根據另一個他所聽到、讀到的耶穌傳統來修改〈馬可福音〉。至於後來的抄寫者,主要的興趣不過是複製他們眼前的那些經文。大體上而言,他們並不將自己當成作者來寫新書,而是當成抄寫者在重製舊書。他們之所以修改(至少是那些有意的修改),無疑是想改善文本,因為他們相信之前的抄寫者錯誤改動了文本上的文字。大體上而言,他們的立意是保存傳統,而非改變傳統。

他們的修改有時是出於無心,有時則是有意為之。在許多地方,抄寫者有時修改他們所繼承的傳統,是為了讓經文說出原本被期待說出的話。

隨著時間過去,我仍然繼續研究《新約》文本,但我漸漸不再那麼強烈地批判這些修改經文的抄寫者。一開

始,當我發現抄寫者會修改文本上的文字,將自己的話而非原作者的話加入文本中時,的確讓我有點訝異甚至難堪,因為這些無名抄寫者所做的修改竟然這麼多。但後來我慢慢了解到,他們對文本所做的事其實跟我們每個人在閱讀文本時會做的事情其實沒差多少,於是我對這些經文抄寫者的看法也就不再那麼嚴厲了。

我越是研究,就越發現閱讀一份文本必然包含著對文本的詮釋。在我進行研究之初,我對閱讀抱持著一份單純的觀點:閱讀一份文本的目的,就只是讓文本「為自己說話」,並去發掘當中字句所包含的意義。事實上,我後來才了解到,意義並不是內在的,而文本並不會為自己說話。如果文本真能為自己說話,那麼每個人只要真誠且坦率地閱讀文本,對於文本所說的都會得出相同意見。但事實上,人們對文本的詮釋很多,並且**沒有**得出相同意見。對於《聖經》上的文本也是如此:只要看一下人們用以詮釋〈啟示錄〉的數百種甚至上千種方法就好了,或者想一下基督教林立的教派,每個教派都充滿睿智、好意的人,他們根據《聖經》,相信教會應當以某種方式來組織與運作,結果大家得出結論完全不同(浸信會、五旬節教會、長老會、羅馬天主教、弄蛇教派、希臘正教等等)。

或者回想一下,近來是否為了《聖經》而投入激烈爭論。是否某人對某一節經文提出了自己的解釋,結果卻讓你大呼奇怪:「他究竟是怎麼得到這個結論的?」在討論同性戀、婦女在教會中的地位、墮胎、離婚甚至美國的外交政策時,這樣的事情總是會在我們周遭發生,意見不同的兩邊都會引用《聖經》(有時候甚至是相同的章節)來為自己背書。難道這只是因為有人比較任性、比其他人駑鈍,

不能理解經文上明確記載的事情而已嗎?當然不是,《新約》的文本不只是文字的集結,他承載的意義對每個讀者而言也不都是顯而易見的。當然,經文必須透過解釋才有意義,而不只是閱讀它,彷彿這些經文不用經過詮釋就會自動洩漏自己的意義一樣。當然,不僅《新約》的文獻如此,每一種文本都是這樣。為什麼人們對於美國憲法、《資本論》或《米德鎮的春天》的見解差異這麼大?文本不會直接對誠實的探尋者揭露自身的意義。文本必須經過詮釋,被那些活生生的人詮釋,這些人只能透過自己的知識來解釋文本,以「換句話說」來解說文本、了解文本。

然而,一旦讀者「換句話說」,他們就做了修改。這並不是閱讀過程中可以自由選取的,彷彿你可以選擇要或不要。要使文本有意義,唯一辦法便是閱讀他,而閱讀的唯一辦法便是用其他的話來詮釋它,而要用其他的話來詮釋的唯一辦法便是要取得其他的字彙,而你要能使用其他字彙的唯一辦法便是你要擁有自己的生命經驗,擁有自己生命經驗的唯一辦法便是滿足自己的欲望、期待、需要、信仰、觀點、世界觀、意見、喜愛的或不喜愛的事物,以及其他所有使人成為一個人的事物。因而,閱讀文本,必然會更動文本。

這也是《新約》抄寫者所做的。他們閱讀那些可得的文本,以其他字彙來詮釋它。有時他們以其他字彙按照**字面意義**詮釋它。從一方面來說,這就跟我們每次閱讀文本時所做的事情一樣。但就另一方面來說,他們所做的事情跟我們又非常不同,因為當我們在自己心中以其他字彙來詮釋文本時,並沒有實際去修改書上的文字,但是這些抄寫者有時候真的會這樣做。他們修改上面的文字,於是後

來讀者會讀到完全不同的文字,結果讀者又得用另外的文字來詮釋和理解文本。

就這一觀點來說,我們不會用抄寫者的方式去修改《聖經》。但就更根本而言,我們在閱讀《聖經》時怎麼修改經文,他們也用同樣的方式在修改經文。因為他們就跟我們一樣,都試圖理解作者所寫下的作品,想要明白作者文本上的話語對他們而言有什麼重要性,以及這些重要性能為他們自己的處境和生活,帶來什麼樣的意義。

謝辭

我要向下列四位聰明且細心的學者致謝，他們讀過了我的手稿，並建議／敦促我修改其中一些地方：康乃爾大學的金姆・海涅-艾岑（Kim Haines-Eitzen）、明尼蘇達伯特利學院的麥克・荷姆斯（Michael W. Holmes）、羅耀拉聖母大學的傑佛瑞・西克（Jeffrey Siker），以及我的妻子莎拉・別克維斯（Sarah Beckwith），她是杜克大學的中世紀教授。感謝有這些讀者，讓學術界變得讓人如此愉快。

我還要感謝舊金山Harper出版社的編輯約翰・魯東（John Loudon），他對這個計畫的鼓勵與支持；感謝米琪・慕德林（Mickey Moudlin），她甚至把工作帶回家裡才得以完成編輯校對的工作；並感謝羅傑・佛利特（Roger Freet），他細心閱讀並給予有用的評論。

除非另有提及，經文皆為筆者自行翻譯。

我將此書獻給我亦師亦友的指導教授布魯斯・麥茨格（Bruce M. Metzger），他引領我進入這個領域，我在撰寫時依舊不斷受到他的啟發。

# APPENDIX

附 錄

訪談巴特‧葉爾曼

你在簡介中提到，在充滿孤寂感受的年輕歲月裡，曾經出現「重生」的改宗經驗。但其實，在許多宗教的改宗故事中，這是一個普遍的主題。許多人都會在身處於個人危機的時刻皈依某種信仰。這到底是怎麼一回事呢？

我想，只要是人，就會感受到某種有限性。在本質上，我們就是受限、孤立、不完整的存在。這是為什麼我們會需要、渴望或是愛我們的家庭、朋友、活動、娛樂、享受以及其他事物。有些人的空虛感比他人更為強烈，並會試圖以某些方式來填補這個空洞，例如全心投入自己的工作，不斷尋找娛樂或身體的歡愉，或是身處於多重的親密關係，有可能合法也有可能不合法。

其中，宗教也是人們常拿來處理空虛感的方式，特別是福音派基督教這樣的宗教，它十分強調個人與上帝的關係。當我還是個福音派基督徒時，我認為上帝是我生命的一部分，而祂填滿了我內心的空洞。

但相信上帝同時也得一併遵從一些教義和信仰，而這些信仰根植於某些發生過的歷史事件，像是以色列人的歷史或是歷史上耶穌的生活等等。此外，這些信仰還包含了對《聖經》的觀點，相信《聖經》提供了絕對無誤的啟示和指引，不僅過去是如此，對於如何與上帝建立關係也是如此。我在研究生的階段，便開始認真研究這些歷史事件以及《聖經》的本質，我發現我對這些信仰根基的態度，

並不像我過去所認為的那樣確定。

最後,我把《聖經》視為一本人為的書籍,從人的觀點寫成,而且這些觀點通常還不一致。《聖經》的作者也是人!他們有喜歡跟不喜歡的事物,有自己的意見、觀點和偏見,就跟我們一樣,而這些事物都在在影響了他們看待這個世界的方式。我的信仰所深切依賴的那本「絕對無誤」的書籍,現在看起來很可能有誤。因此,我過去根植於《聖經》的那個信仰開始瓦解。經過了許多年的認真思考,最後我理解到,我再也無法相信我信仰中的那些歷史事件了。

這件事並不足以使我離開基督教信仰,但它的確使我遠離了福音派基督教,進入一個比較「主流」的信仰形式,相信《聖經》以某種形式傳達了上帝的話語,但不是一本精確記錄著上帝話語的書籍。在此之後,再加上某些原因,最後我發現自己無法繼續做基督徒。

人們常問我,在經過這幾年來的扎實研究之後,我現在所信仰的究竟是什麼。我大概從七、八年前起,就成了不可知論者。每當我這麼表示,人們通常會說,他們覺得這樣很可悲,因此,也許我還要附加說明:我一點都不覺得可悲。我覺得我對「真理」的掌握比以前更好,並且對於這世界以及和真理之間的關係,比過去理解得更充分。就如同我常說的,我有美好的人生:聰明而美麗的妻子、兩個優秀的孩子、非常棒的教授職位、聰穎的學生、許多時間可以休閒和寫作(雖然總是還不夠用)等等。因此,我認為我事實上是個「非常快樂的不可知論者」。

如果要你回到基督教信仰,或是某種形式的宗教信仰的話,你認為首當解決的問題有哪些?

對我來說,最大的宗教問題並不是我在本書中所提到的那些。如同我在前面所提到的,我在此書處理的問題牽涉到我對《聖經》的理解,而《聖經》並沒有為我們提供信仰和行為上絕對無誤的指引。一旦我理解到我們沒有原本的《新約》原文,甚至沒有任何原文的第一手資料,我不得不放棄過去相信《聖經》包含上帝無誤話語的信念(也就是我在本書第一章提到的那些理由)。但我仍是個基督徒,相信基督是救贖的道路。

我在本書中沒有解釋的,是最後我完全離開了基督宗教,並成為不可知論者(這我打算在下一本書中解釋)。因為我發現,我無法確認自己是否還相信上帝。

使我成為不可知論者的最大關鍵,跟《聖經》無關,而是跟世上的痛苦、苦難有關。我後來發現,如果真有良善且慈愛的上帝積極地參與這個世界,那我們根本無法解釋那些如此猖獗的惡何以存在,不論是大屠殺(而且現在還在發生)、慘無人道的虐待、戰爭、疾病、暴風、海嘯、誹謗、數百萬餓死的無辜兒童,或是其他你想得到的。

對我來說,如果要我重新信仰上帝,我要理解為什麼會有這樣的上帝,給予世界這麼多苦難。我還要說,我知道大部分基督徒和其他宗教信仰的人如何回答這個問題。對於這個問題有許多答案!但沒有一種能讓我滿意。最後,在看到世界上如此無情的痛苦和苦難之後,我不知道我們如何能說上帝存在。

也許我應該說明,我並不認為使別人同意我的論點是

我這一生的使命。我總是很開心地與人們談論他們的信仰，保持誠懇且開放的態度，並跟他們分享為什麼我放棄了自己的信仰。我不認為那些有信仰的人缺乏理智（我太太遠比我聰明，而她仍舊信仰著上帝），我也不認為自己不信上帝就是邪惡的。我們在宗教對話中，需要的是坦率、真誠分享彼此的觀點，而不是堅持每個人都得跟我們一樣相信或不相信。

為什麼許多人，甚至包括一些可以接觸到《聖經》抄本但依舊非常保守的學者，仍堅持《聖經》是無誤的？為什麼所有的基督教信念會要以《聖經》無誤作為信仰預設的根基呢？

　　事實上，關於《聖經》無誤，這完全是個現代觀點，而非自古以來的「傳統基督教」觀點。許多基督徒，特別是我所處的那個美國南方基督教世界，對此並不了解，他們只是相信《聖經》是基督教信仰的核心而已。但這是錯的。事實上，今日福音派和基要派基督徒所秉持的《聖經》無誤觀點，只不過是上個世紀由於美國基督教界的紛爭發展出來的。

　　我告訴我的學生，關於《聖經》是否無誤的問題，我們可以有兩種方法。一種是我年輕時所採用的，也就是單純相信它是無誤的。如果你採用這種看法，那麼《聖經》上所有看起來有問題的地方一定都是正確的，因為《聖經》上絕對不會有錯誤。這種方法我覺得一點都沒有說服力，因為這個預設是現代基要派神學家發明的，而不是傳

統基督教對《聖經》的觀點。因此，如果我只是想要去假設出一個信仰（關於上帝、基督和《聖經》），而不是理性地思考它，那麼關注這些事情有什麼益處呢？有人反駁說：「你怎麼可以質疑上帝呢？」我的回答是，我不是在質疑上帝，我在質疑你關於上帝的意見。

另一種研究無誤問題的方法，是對於《聖經》（或是其他書）是否有錯保持中立的態度，單靠自己閱讀來檢驗。如果內容有任何錯誤，那麼它就不是無誤的！

一旦你放開心胸，接受《聖經》中可能有不協調、矛盾、地理錯誤、虛構歷史、科學上的錯誤或是其他錯誤，你就會發現它們。這些錯誤就在那裡，到處都是。

簡而言之，我認為研究基督宗教（羅馬天主教、東正教、主流新教、福音派等任何一種基督宗教）或其他信仰的最好方式，便是保持開放的心胸（當然，要確保你真的有用心）！那些相信上帝的人，一定是相信上帝會給我們智慧去思考。因此，當人們穿過大門進入他們的宗教時，應該在門口好好檢查一下自己的腦袋。

你過去認為《聖經》中的確承載了上帝的話語，後來在普林斯頓的時候，你開始將《聖經》視為「從頭到尾都是人為的書籍」。為什麼這兩者一定非此即彼不可呢？

事實上，我不認為這兩者一定非此即彼不可。而我所認識的基督徒思想家，事實上大都認為《聖經》兩者都是：它既是一本包含上帝話語的書籍，也是一本人手所完成的書籍。

我在高中剛開始成為基督徒的時候,我認為(並且被教導)《聖經》是未經人手所污染的,它從頭到尾都是神聖的。大學的時候,慕迪聖經學院也是如此教導的,我們稱之為《聖經》的「完全字句啟示」(verbal plenary inspiration)。意思是說,逐字逐句,並且從頭到尾,都是出於啟示。

現在我理解到,大部分歷史上的基督徒(事實上,是非常大部分的基督徒)從來沒有想過以這種方式來看待《聖經》。而今日基督教思想家大多也不會這樣想。各式各樣的基督徒以各式各樣的方式來理解《聖經》,但是對於大部分的基督徒而言,它在某種程度上都承載了上帝的話語,即使這些字句是由人類作者所寫下。

在我研究所期間以及畢業之後,我不再是個福音派基督徒。當時我開始接觸更多主流基督教教派(長老會、信義宗、英國國教),而這也成為我或多或少接受的觀點。

但我最後發現,即使是這種比較廣義的《聖經》啟示觀點,我也沒辦法繼續相信了。最大的原因是基於我的研究:我開始將《聖經》視為人類作家所書寫下來的書籍,而如果它是「啟示」的,它受「靈感」啟發的過程跟其他神聖的書籍(古蘭經、薄伽梵歌、基督教旁經等)或其他偉大文學著作(莎士比亞、彌爾頓、鄧恩)並沒有兩樣[1]。許多《新約》經卷(例如〈馬可福音〉、〈約翰福音〉、〈加拉太書〉等)都是宗教天才的著作,有時候我們要退後一步崇敬地讚歎它們的美善和力量。但在我看來,這些毫無疑問都是人為的書籍。它們充滿了個人的偏見、觀點、意見和想法,而且

---

[1] 譯注 英文 inspire 可譯為「啟示」亦可譯為「靈感」。

通常不同經卷意見也會彼此衝突（這是我其他著作中想要呈現的）。這也是為什麼我們常常很難回答「《聖經》上對X的看法為何？」這樣的問題。因為《聖經》上對於"X"通常會有很多看法，而對於"Y"或"Z"也是一樣。

你本書所提獻的布魯斯・麥茨格，也就是你的經文鑑別學指導教授，曾經提到這些《聖經》上的異文對於基督教信仰的本質沒有任何的影響（例如耶穌肉身的復活或三位一體）。為什麼你會認為這些你在抄本上發現的抄寫者錯誤會危及到基督教正統的核心價值呢？

布魯斯・麥茨格是近代最偉大的學者之一，而我將此書提獻給他，因為他不但啟迪我進入《聖經》批判領域，同時也在這個領域中訓練我。我對他深感尊敬和欽佩。但即使我們對一些重要的宗教問題可能會有不同觀念（他是堅定的基督徒，而我不是），我們對一些非常重要的歷史、經文問題仍然意見一致。如果將他和我關在同一個房間裡，並要求我們針對原始《新約》經文的概括寫生出一份共同的看法，我們可能不會有太多不同意見。在這數千種經文異文中，也許不同的就只有十幾、二十幾處而已。

而我在本書中主張的立場，事實上並不與麥茨格教授的立場完全衝突，也就是基督教信仰的本質不會受到《新約》抄本傳統的經文異文所影響。我認為，他的意思應該是，即使一、兩個用以證明信仰的經文段落有爭議，仍有其他經文可用來證明同樣信仰。我想這大多是真的。

但我從另一個角度來看待這個問題。我的問題並不是關於基督教傳統的信仰，而是關於如何詮釋《聖經》上的

經文。而我的論點是，如果你修改了經文上的字，那麼你就修改了整個段落的意思。麥茨格教授和我都同意，大部分的經文異文對於整段經文的意義沒有什麼影響。但有些經文異文（如同我們曾經探討過的）對於整段經文的意義至關重大。而整本《新約》神學，有時甚至會受到這些個別經文段落的影響。

在我看來，這個問題很嚴重：〈路加福音〉真的有教導贖罪的教義嗎（也就是說，基督的死能償還原罪嗎）？〈約翰福音〉有教導基督是「獨一神」本身嗎？三位一體的教義明確記載在《新約》之中嗎？這些或其他的關鍵神學議題都取決於你認為哪一種經文異文才是原文，哪一種異文是早期修改文本的那些抄寫者所創造出來的。

如今有這麼多不同研經用的《聖經》版本，有些甚至還加上注記，標示出歷史精確度有疑義的經文。為什麼大部分讀者仍忽略了你在本書上所提出的這些《新約》問題呢？

這是個大問題，也是我一直在懷疑的問題。我猜答案很簡單：大部分的人沒有去讀上面的注記。

事實上我在本書中所解釋的問題對於聖經學者而言一點都不是「新聞」。這些都是學者多年來所熟知、探討過的。這些都是事實：我們有許多個世紀以來數千份希臘原文的《新約》抄本；這些抄本在許多地方都各不相同；大部分的差異並不會影響經文意義，但有些則常重要。有些影響到對作者意圖的理解，有些甚至影響到整段甚至全書的詮釋。

為什麼這對《製造耶穌》的讀者卻是個「新聞」呢？很大的原因是學者（以及基督教的牧師和教師）大多不願或無法跟廣大的聽眾傳達這些訊息。但這都是《新約》讀者有權知道的！它不應該僅僅被困在《聖經》譯本或其他相關書籍的注記中，而應該由基督教領袖或教師在宗教教育的課程上大聲說出來。不論是以宗教的角度或以文化的角度來看待它，《聖經》都是我們文明中最重要的一本書，因此這個訊息對於我們理解《聖經》是非常重要的。

在《舊約》或甚至是《古蘭經》中，是否也發生過一樣的經文錯誤呢？

《希伯來聖經》更是充滿了許許多多的經文問題，例如根據出土的死海古卷，就比當時所知的最早抄本還要早個一千年。即使中世紀猶太人抄寫者的細心和準確程度讓人難以置信，在早期幾個世紀中（例如基督教剛開始的時候或更早之前），抄寫者仍難免在他們的文本中犯下某些錯誤。只要參考一份比較好的現代希伯來《聖經》譯本（例如NRSV）就可以發現，在〈撒母耳記上〉、〈撒母耳記下〉的注解中，有許多句子翻譯者不知道原文究竟為何。而這還不包括那些有趣的經文，例如〈約伯記〉中有些地方，翻譯者甚至不確定某些字的意思，因為它們太少見了。

但有一點不同的是，《希伯來聖經》的原文抄本遠比《新約》抄本還少。標準版的《希伯來聖經》（希伯來文），根據的是一份大約公元1000年左右的抄本。而標準版的《新約》，根據的是數千份可回溯至公元第二世紀的抄

本。很顯然，當中世紀的猶太人在抄寫《聖經》時，會把舊抄本銷毀。而基督徒不會這麼做，因此有許多《新約》的抄本；而抄本越多，你就越容易在上面找到錯誤！

在我寫完這本書之後，我開始收到各式各樣的人寄來的電子郵件。大多數寄件者都想告訴我，即使《新約》中有經文問題，這本他們所**崇敬**的書仍然是完美無瑕的，不會犯錯也沒有任何經文錯誤。大部分時候，這些寄件者還會希望我改信《摩門經》甚至是位於光譜另一端的《古蘭經》。

我的觀點是，每種宗教文獻都是人手所寫的，而人不總是完美的。任何強調某宗教書籍是完美的人，提出的都是信仰陳述，而不是事實的陳述。人們**相信**它們的聖典是完美的，但很少有人（包括那些寄信給我的善心人士）會真正對文本進行深入研究，如同我們這些新約學者對《新約》聖經所做的研究。如果他們真的如此去做，會發現什麼呢？我的直覺是，他們會發現所有宗教天才的著作，都是人手所做的，這些著作上還深深烙印著這些人的痕跡。

讀者回應

　　關於《製造耶穌》，我最常被問到的問題是，對於這本書在媒體上和書店中所獲得的驚人成功，我是否感到非常驚訝。當然，對於它所受到的關注，我都感到非常高興：這本書連續九週登上《紐約時報》暢銷排行榜，同時還讓我有機會上不同電台與電視節目（甚至包括喜劇劇場）。我是否感到驚訝呢？人們會這樣問，似乎是因為這看起來就不像那種會在暢銷排行榜上看到的書。畢竟它是探討《新約》希臘文抄本的書。

　　但說實話，本書會引起那麼大的興趣，我一點都不感到驚訝。畢竟這本書提供了《聖經》背後許多有趣且人們大多不知的資訊，而《聖經》是西方文明史上一本最多人閱讀、尊崇、研究、宣講（而且誤解）的書籍。大部分的人並不知道，我們其實並沒有《新約》各經卷的原文抄本，而我們確實擁有的抄本大多是好幾個世紀以後的抄本。這些抄本存在著錯誤，使得我們常常難以判斷《新約》作者到底寫了些什麼。甚至有些地方是完全不可能知道。

　　關於《製造耶穌》最為驚人的一件事，是它所呈現的資訊是學者長久以來（甚至是好幾個世紀以來）就知道的事情，但學術界以外的人大多沒聽過。這也是我一開始想要寫這本書的原因：我想要向那些對於《聖經》抱持著宗教或文化興趣（不論是否相信《聖經》，這都是一本非常重要的書籍）的非學術界的人士，解釋這樣的資訊。

　　讓我訝異的是，關於本書，我收到了許多反應非常正面（且充滿感激）的電子信件和信函。坦白說，我原本以為會收到一些基督徒寄來充滿怨恨的信件，就像當初有些基

督徒,對於我參與〈猶大福音〉的出版工作感到非常反感一樣。但事實上,我收到的負面回應其實非常少。在我所收到的上百封信件中,幾乎每一封都讓人非常愉快。

另一種回應是我料想不到但經常出現的,這來自於那些跟我有類似屬靈經驗和歷程的人。我以在本書一篇屬靈自傳為開頭,在其中解釋了在我離開福音派基督教的堅定信仰(相信《聖經》的神啟和無誤)時,為什麼《新約》的經文問題會扮演如此重要的角色。結果,有許多人的經驗跟我非常類似(雖然說最後進入學術界的人很少),他們很感謝我願意把自己的經驗分享出來。

有些人寫信來是希望知道我現今對宗教的看法。我在本書中並沒有真正去處理這個問題,因為我後來的屬靈經驗跟我在書中提到的問題無關。簡單來說,在經過幾年的掙扎、祈禱、認真思考、研究和書寫,最後我在七、八年前成為一個不可知論者。對我來說,這是非常困難的一步,充滿了各式各樣起伏不定的情緒掙扎。但如今我已經來到了另一端,對於自己和這個世界,我都感到非常平靜;我感覺自己比以往更了解這個世界、人類和宗教等一切事物。因此,如同我在訪談中提到的,我比以往更快樂,並且有著美好的人生!即使如此,喪失信仰對我而言還是有點讓人感傷的(對所有事情都擁有篤定的答案似乎比較讓人好過一點,我總是這樣懷念著過去的時光),但這也不全然讓我感到傷心,因為現在,我感覺自己從過去拘謹的信仰中解脫出來了。所以,我一般都會說自己是個快樂的不可知論者。

我會在近期出版的另一本書,探討世界上的苦難議題,以及《聖經》作者如何以不同的方式處理這個問題(如

果掌管世界的上帝是善的,為什麼世界上的痛苦和苦難會這麼多),進而談到自己最後為何轉向不可知論的世界觀。對於這個問題,當然有許多不同答案,甚至在《聖經》中也有許多不同答案,但這些答案最終都不能讓我滿意,導致我再也無法相信上帝,甚至無法確信祂是否存在。當然,這是**下一本**書要探討的。

關於《製造耶穌》一書,我收到的讀者回應中,有個問題是最常見的。而且,坦白說,那是我從來沒有預料到的問題。有許多人問我,哪個英文譯本的內容跟「原文」內容最為接近,也就是經文是未被抄寫者修改過的?仔細想想,我覺得我當初**應該要**要考慮到這個問題才對。我之所以沒有想到,是因為我非常清楚(就如同這個領域中的其他學者一樣),所有現代的譯本都注意到了抄本上的經文問題,因而**所有的**現代譯本都企圖回復到最「原始」的經文(對於翻譯者來說,這畢竟並不是「新聞」!)。

然而,這仍不失為重要的問題,因此在這裡我要提出答案,而這也是我過去一向給予的答案:我個人偏好的現代英文《聖經》譯本是NRSV,而我特別喜歡的編排版本是Harper Collins Study Bible。我想這是一份非常審慎的譯本,由世界上最好的《聖經》學者所翻譯,他們來自於各種宗教和神學背景,因此這一譯本不會特別偏袒任何一種神學觀點。

當我說我收到許多關於《製造耶穌》的正面回應時,我的意思並不是沒有人對本書有負面的回應。遠非如此!但大部分給予負面批評的人,都不是來找我討論的(不論是一般人或是學者)。

還有個批評也偶爾會出現,他們認為我在本書中加以

拒絕的福音派《聖經》觀點並非出自最好的福音派學者。坦白說，我發現這一反駁有點奇怪，因為本書並非專門探討（更不要說反駁或攻擊了）福音派學者的觀點。本書只是提到我自己的福音派《聖經》觀點（即使聰明的福音派神學家可能會有更精妙的見解，但書中提到的這些觀點在福音派基督徒中還是被普遍接受的），並解釋為什麼我最後會由於《新約》的抄本而發現這一觀點有問題。

就我所知，《聖經》學者對本書最大宗的反對意見（就我所知，目前只有福音派的學者會這麼說），就是《製造耶穌》一書會導致人們誤以為《新約》經文的問題遠比實際上的還多。我對這個反對意見甚感驚訝，因為他們關心的是本書會讓人「誤以為」的東西，而不是書中**真正**說的東西。事實上，這些提出反對意見的學者想要強調的東西，我在書中就已經提過很多次了，例如大部分《新約》抄本傳統上的經文異文都不會有重大影響，它們不會更動到文本原來的意思，在詮釋的時候也完全無關緊要。大部分的修改都只是拼字上的錯誤。但為什麼我要在書中大篇幅探討這些一點都不重要的經文差異呢？它們一點都不重要！

我和這些批評者意見不同的地方是針對另外的經文異文，也就是那些有影響的部分。事實上，有些經文異文非常重要，有些影響到整節經文，有些則影響到整個段落，有些甚至影響到整部經卷的詮釋。這些對我來說才是真正重要且應該要知道的。

因此，為了回答這些不時會出現的反對意見，讓我在此陳述那些《新約》文本中對我而言非常顯著的事實，作為我對本書的總結：

・我們手上沒有任何一卷《新約》原文，我們只有抄本。光是希臘文（也就是這些經卷的最初使用的文字）的抄本就有五千多份。

・大部分抄本都是在原文寫下之後好幾世紀的產物。

・因著抄寫者無心之過或有意的修改，所有的抄本都包含著或大或小的各種錯誤。

・大部分的經文更動都是瑣碎且無足輕重的，對於該經文段落的意義沒有什麼重要性。

・然而，有些經文更動則非常重要。有些時候一節、一段，甚至是全書的意義，都取決於學者選擇哪一種異文才是「原文」。

・這些決定有時候很容易，有時候卻很難，即使對那些投注多年心力研究這個問題的學者也是如此。

・因此，對於許多《新約》段落，學者還在持續爭辯究竟何者才是原文。或許有些地方我們永遠也不會知道作者當初寫下的究竟是什麼。

這就是我在本書中想要傳達的主要訊息。《製造耶穌》之所以與其他相關主題的數百種書籍不同，是因為這本書傳達的對象不是那些已經知道這些訊息的學者，而是那些無法接觸到《聖經》抄本上的古代語言（例如希臘文、拉丁文、科普特文、敘利亞文等等）的一般《聖經》讀者。他們不是學者，但他們毫無疑問非常有興趣知道（而且也有權知道）《新約》從何而來，以及在這數百年來，它是如何複製、傳遞至今的。

著名的抄本

這是世界上最古老和最重要的《新約》抄本，這些抄本主要有三個不同種類：

・寫在蒲草紙上的抄本會加上代號P，例如P^{52}，意思是「第52份被收錄的蒲草紙抄本」。

・書寫在羊皮紙上（或其他動物皮）並以大寫字體書寫的抄本，以阿拉伯數字表示，最前面會附加一個0，例如0191，表示「第191份被收錄的大寫抄本」。

・羊皮紙小寫抄本，以阿拉伯數字表示，但最前面沒有0，例如33表示「第33份被收錄的羊皮紙小寫抄本」。

P^1——這是第一份被收錄的抄本破片，大約可以追溯到第三世紀，上面的經文為〈馬太福音〉第1章。這抄本目前存放在賓州大學的博物館中。

P^{45}——這是《新約》最古老的多卷合訂抄本（雖然只是片段而已），大約可以追溯到第三世紀的前半葉。上面的內容是全部的四福音和〈使徒行傳〉。大部分的內容存放在愛爾蘭都柏林的東方博物館（Chester-Beatty Library）。

P^{46}——這是保羅書信最古老的多卷合訂抄本，可以追溯到公元200年。目前主要存放在愛爾蘭都柏林的東方博物館。

P^{52}——這是《新約》最古老的抄本片段，上面的經文是〈約翰福音〉第18章，可以追溯到第二世紀的前半葉。目前存放在英國曼徹斯特的約翰・里蘭圖書館（John Ryland Library）

P^{72}—這是最有價值的大公書信抄本之一，上面有部分的〈彼得前後書〉和〈猶大書〉。大部分存放在科隆的波美圖書館（Bodmer Library）。

P^{75}—據稱是最有價值的蒲草紙福音書抄本，上面有部分的〈路加福音〉和〈約翰福音〉。目前存放在科隆的波美圖書館。

01—這就是有名的西乃抄本。由提申道夫在西乃山下的聖凱薩琳修道院所發現。這抄本可以追溯到第四世紀，上面的內容包含全部的《新約》。這份抄本目前陳列在倫敦大英圖書館。

02—這是亞歷山大抄本，因為它由埃及的亞歷山大主教獻給英國的查理一世（Charles I），因此學者稱為亞歷山大抄本。上面包含了大部分的《新約》經文，目前陳列在倫敦大英圖書館。

03—這或許是品質最佳的《新約》抄本，也就是梵諦岡抄本。大約可以追溯到第四世紀，包含了大部分的《新約》經文，目前存放在羅馬的梵諦岡圖書館。

04—這是一份「重寫本」抄本，稱為以法蓮抄本，可以追溯到第五世紀。所謂的重寫本，便是把上面原來的《新約》文字塗抹掉，在上面重新寫上一位敘利亞的神學家的著作。該抄本可以追溯到第五世紀，目前存放在巴黎的國家圖書館。

05—此抄本稱為伯撒抄本，也是最為有名的《新約》抄本之一，上面的經文形式與其他現有的經文抄本差異頗大。這是一份第五世紀的抄本，上面包含了福音書、〈使徒行傳〉，目前存放在英國的劍橋大學圖書館中。

020——此抄本稱為皇家抄本（Codex Regius），儘管他的成書時間相對上來說比較晚（第八世紀），其保存的經文形式仍非常優良。目前存放在巴黎的國家圖書館中。

045——這是第九世紀的抄本，稱為阿陀斯戴奧尼索斯抄本（Codex Athos Dionysius），後來印刷所使用的公認經文，最早的經文形式也可追溯至此。目前存放在希臘阿陀斯山上的戴奧尼索斯修院中。

33——這是第九世紀的小寫抄本，保存了相當好的《新約》經文。目前存放在巴黎的國家圖書館。

892——這是另一份品質非常優良的第九世紀小寫福音書抄本，目前存放在倫敦大英圖書館。

非《新約》原文的前十大排行榜

有些非常著名的《新約》經節其實並非原始文本，而是後來抄寫者加上去的。這些後加的內容可在中世紀後期的抄本上找到，但並未出現在最早的幾個世紀中的抄本。然而由於一些著名的英文《新約》譯本（例如英王詹姆士欽定譯本等）所根據的是較後來的抄本，這些經節因而變成英語世界《聖經》傳統的一部分。下列是其中一些原本不在《新約》上的經節：

〈約翰壹書〉5:7 在天上作證的有三：就是父、道及聖靈，這三個都歸於一。

〈約翰福音〉8:7 你們中間誰是沒有罪的，誰就可以先拿石頭打她。

〈約翰福音〉8:11 我也不定你的罪。去吧，從此不要再犯罪了！

〈路加福音〉22:44 耶穌極其傷痛，禱告更加懇切，汗珠如大血點滴在地上。

〈路加福音〉22:20 飯後也照樣拿起杯來，說：「這杯是用我血所立的新約，是為你們流出來的。」

〈馬可福音〉16:17 信的人必有神蹟隨著他們，就是奉我的名趕鬼；說新方言；

〈馬可福音〉16:18 手能拿蛇；若喝了什麼毒物，也必不受害；手按病人，病人就必好了。

〈約翰福音〉5:4 因為有天使按時下池子攪動那水，水動之後，誰先下去，無論害什麼病就痊癒了。

〈路加福音〉24:12 彼得起來，跑到墳墓前，低頭往裡看，見細麻布獨在一處，就回去了，心裡希奇所成的事。

〈路加福音〉24:51 正祝福的時候，他就離開他們，被帶到天上去了。

製造耶穌：史上NO.1暢銷書的傳抄、更動與錯用

作　　者	巴特．葉爾曼 Bart D. Ehrman
譯　　者	黃恩鄰
全書設計	黃子欽
行銷企畫	陳詩韻
責任編輯	宋宜真
編輯協力	黃逸杉
總 編 輯	賴淑玲
社　　長	郭重興
發行人兼出版總監	曾大福
出 版 者	大家出版
發　　行	遠足文化事業股份有限公司
	231　新北市新店區民權路108-4號8樓
	電話　(02)2218-1417　傳真　(02)2218-8057
	劃撥帳號　19504465　戶名　遠足文化事業有限公司
印　　製	成陽印刷股份有限公司　電話(02)2265-1491
法律顧問	華洋法律事務所　蘇文生律師
定　　價	350元
初版一刷	2010年 10 月
初版五刷	2015年 2 月

◎有著作權‧侵犯必究◎
—本書如有缺頁、破損、裝訂錯誤，請寄回更換—

MISQUOTING JESUS: The Story Behind Who Changed the Bible and Why
by Bart D. Ehrman
Copyright © 2005 by Bart D. Ehrman
Complex Chinese Translation copyright ©2010
by Walkers Cultural Enterprises Ltd. (Common Master Press)
Published by arrangement with HarperSanFrancisco,
an imprint of HarperCollins Publishers
through Bardon-Chinese Media Agency
博達著作權代理有限公司
ALL RIGHTS RESERVED

製造耶穌：史上NO.1暢銷書的傳抄、更動與錯用/
巴特・葉爾曼（BART D. EHRMAN）作；黃恩鄰譯 ——
初版 —— 臺北縣新店市：大家出版：遠足文化發行
2010.10　面；公分
譯自：MISQUOTING JESUS: THE STORY BEHIND WHO
CHANGED THE BIBLE AND WHY
ISBN 978-986-6179-03-7　（精裝）

1. 聖經研究

241.01　　　　　　　　　　　99017599